ein Ullstein Buch

ÜBER DAS BUCH:

Herrmann Mostars wohl bekanntestes Buch ist ein fröhlicher Geschichtsunterricht, vorgetragen von einem unprofessoralen Spötter, der die These vertritt, daß es die Menschheit niemals ohne den Klatsch zu einer echten Weltgeschichte gebracht hätte. Der lächelnde Chronist berichtet und berichtigt vermeintliche Heldentaten und entlarvt manch königliches Pathos als allzumenschliche Heuchelei, denn schon in der Antike geschahen zwischen römischem Himmel und römischer Erde Dinge, von denen unsere heutige Schulweisheit sich nichts träumen läßt. Mit Wonne und Weisheit schaut Mostar hinter die Kulissen unserer Vergangenheit und spießt bei den Hauptakteuren des fragwürdigen Unternehmens, das man Weltgeschichte nennt, mit spitzer Feder ihre höchst private Weltgeschichte auf.

DER AUTOR:

Gerhart Herrmann Mostar, geboren am 8. September 1901 in Gerbitz (Anhalt), besuchte Lehrerseminar und Universität und war in Halle als Lehrer tätig. Ab 1921 arbeitete er als Redakteur in Bochum, Berlin und München und kam über den Journalismus zum Bücherschreiben. 1933 emigrierte er nach Österreich, lebte später in der Schweiz, in Italien und auf dem Balkan. 1945 kehrte er nach Deutschland zurück, gründete und leitete das politisch-satirische Kabarett *Die Hinterbliebenen*. Von 1948 bis 1954 war er Gerichtskommentator am Süddeutschen Rundfunk. Herrmann Mostar starb am 8. September 1973 in München.

Weltgeschichte höchst privat

Ein Buch von Liebe,
Klatsch und sonstigen
Menschlichkeiten,
berichtet und berichtigt durch

Herrmann Mostar

ein Ullstein Buch

ein Ullstein Buch
Nr. 22353
im Verlag Ullstein GmbH,
Frankfurt/M – Berlin

Ungekürzte Ausgabe

Umschlagentwurf:
Elżbieta Woźniewska-Krüger
Illustration: Beate Brömse

Taschenbuchausgabe mit Genehmigung
der F. A. Herbig Verlagsbuchhandlung

Printed in Germany 1990
Gesamtherstellung:
Ebner Ulm
ISBN 3 548 22353 2

November 1990

Vom selben Autor
in der Reihe
der Ullstein Bücher:

Und schenke uns allen ein
fröhliches Herz (22313)
Unschuldig verurteilt (34670)
Das galante Rätselbuch (40054)

CIP-Titelaufnahme
der Deutschen Bibliothek

Mostar, Herrmann:
Weltgeschichte höchst privat: ein Buch
von Liebe, Klatsch und sonstigen
Menschlichkeiten / berichtet u. berichtigt
durch Herrmann Mostar. – Ungekürzte
Ausg. – Frankfurt/M; Berlin: Ullstein,
1990
(Ullstein-Buch; Nr. 22353)
ISBN 3-548-22353-2
NE: GT

INHALT

ERSTES KAPITEL
ODER DAS ALTERTUM

Auch der Klatsch hat edle Ahnen:
Juden, Götter, ja Germanen!

Am Anfang der Menschheitsgeschichte steht der Klatsch; denn ohne den Klatsch hätte es die Menschheit niemals zu einer Geschichte gebracht.

Unsere christliche Auffassung bezeichnet Gott selbst als den Schöpfer des Menschen und erweist sich also in diesem Punkte als sehr optimistisch; skeptischere Religionen machten bekanntlich höchstens irgendeinen Halbgott, zuweilen aber sogar den Teufel selbst für die in ihrem Werte so umstrittene Erfindung des Homo sapiens verantwortlich. Wenn indessen ein ebenso gläubiger wie geistreicher Schriftsteller unserer Tage aus solch göttlichem Ursprung unseres Stammvaters den Schluß zieht, Adam sei mithin eine geschichtliche Figur, so irrt er. Gott setzte den ersten Menschen ins Paradies, wo er zwar ewig leben und genießen, nicht aber zeugen und sterben sollte; und da es ohne Zeugen und Sterben keine Geschichte gibt, war der originale Adam also geschichtslos gedacht. Für Eva, hierin schon damals gleichberechtigt, gilt sinngemäß dasselbe. Und es ist geradezu erstaunlich und angesichts unserer späteren Entwicklung beschämend, welche Erwartungen der Schöpfer in diese unsere geschichtslose Form gesetzt hat. Denn die Ergebnisse seiner ersten fünfeinhalb Tagewerke, also so großartige Dinge wie das Licht, den Himmel, die Erde, das Meer, die Pflanzen, die Gestirne und die Tiere, bezeichnete er nach dem ersten Buche Mosis gleichwohl nur eben als »gut«; erst als er das Menschenwesen geschaffen hat, heißt es triumphierend: »Und siehe, es war *sehr* gut!«

Wer brachte es nun dahin, daß wir solch hochgespannte Erwartungen nicht erfüllen konnten? Die Schlange, sagt der alte Bericht, und die Theologen haben seither immer verkündet, die Schlange sei hier das Symbol der Lüge. Aber die Schlange hat ja gar nicht gelogen; sie hat nur geklatscht.

Wie war es denn? Die Weisung, die Adam erhielt, lautete wörtlich: »Du sollst essen von allerlei Bäumen im Garten; aber von dem Baum der Erkenntnis des Guten und Bösen sollst du nicht essen, denn welches Tages du davon issest, wirst du des Todes sterben.« Nun, dergleichen sprach sich natürlich im Paradies herum, und es sprach sich genauso natürlich nicht ganz genau herum; zumindest wußte man nicht, welcher der Bäume eigentlich verboten war, und es war auch in paradiesischen Gesellschaftskreisen nur selbstverständlich, daß man versuchte, es herauszubekommen. Und es war die Schlange, also ein sehr weibliches Wesen, das sich der so schweren wie schönen Aufgabe mit Wonne unterzog. Wie aber sollte, wie aber konnte sie es herausbekommen?

Nun, wenn die Frau Müller von heute erfahren will, mit wem es der Gatte der Frau Lehmann von heute eigentlich hat – dann geht sie zu Frau Lehmann und flötet: »Liebste Freundin, ich habe gehört, daß dich dein Mann mit drei anderen Frauen betrügt!«, und dann kreischt Frau Lehmann auf: »Also drei, das ist eine ganz gemeine Übertreibung!«, und dann weiß Frau Müller genug. Und ebenso ging halt die Schlange von damals zu Eva und fragte süß und mitleidig, sie habe gehört, daß Herr Adam und Frau von keiner Frucht im Garten essen dürften, und ob das denn wahr sei, und ebenso antwortete Eva: »Aber woher, das betrifft doch nur den Baum der Erkenntnis!« – und die Schlange wußte genug. Das war des Klatsches ewige Kriegslist; Lüge war es nicht. Es war ja etwas dran. Und daß am Klatsch immer etwas dran ist: das eben macht ihn viel läßlicher, lasterhafter und lockender als die Lüge.

Und sofort wird der bisher passive Klatsch aktiv. Aber woher denn, sagt nämlich die Schlange, sterben werdet ihr nicht, sondern Gott gleich sein und wissen, was Gut und Böse ist. Und auch das ist keine Lüge, denn fast genauso kommt es: Adam und Eva pflegen der Liebe, und das ist noch immer der einzige Augenblick, in welchem der junge Mensch glaubt, Gott gleich zu sein, und in welchem er zugleich ganz genau fühlt, daß es zwar gut *tut*, aber nicht gut *ist*. Und es wäre ganz genauso gekommen, wie es die Schlange versprach, wenn sich der Schöpfer nicht seinerseits eine kleine Kriegslist erlaubt hätte: wie er später erklärt, war es gar nicht der Baum der Erkenntnis, der Unsterblichkeit verlieh, sondern der Baum des Lebens – den Adam also glatt übersehen haben muß.

Aber nun ist es zu spät; von nun an brennt in der Süße der Liebe die Bitternis des Todes, nur in der Hingabe brechen die Augen wie im Sterben; der Mann wie das Weib, die da schwören: ich liebe dich ewig!, die da seufzen: es ist wie im Himmel! – sie zeugen im gleichen Nu das Vergängliche und Irdische. Und wie die Menschen nun durch die Paradiesespforte schreiten, hinaus auf den nackten Acker, den sie urbar machen, den sie erkämpfen und behaupten müssen durch Erfindungen und Kriege, durch Schweiß und Blut, da durchschreiten sie zugleich die Pforte zur Geschichte. Wie sie aber auch gemacht werden wird, diese Geschichte der Menschheit, diese Weltgeschichte, die nun beginnt: sie wird nicht nur Kampf ums Leben sein, sie wird immer gemacht werden um der Liebe willen oder um der Frucht der Liebe willen, um der Geliebten oder der Kinder willen – soweit sie nicht gemacht werden wird wegen der Enttäuschung an der Liebe oder wegen des Ausbleibens ihrer Frucht. Die Weisen werden es nicht wahrhaben wollen, aber es wird so sein.

Wie indessen Adam und Eva, geschichtliche Personen nun, durch die Paradiesespforte ins Nichts schreiten, da sind sie nicht allein: die Schlange folgt ihnen – der Klatsch! Er ist ihnen vorangegangen, er hat sie ja zur Liebe verführt, wie denn noch heute so manches Paar zusammengeklatscht wird; er folgt ihnen nun nach, wie er noch heute getreulich allen Liebenden folgt. Er wird auf dem Bauche kriechen und Schmutz fressen sein Leben lang – kriechen jedoch nur über den Boden hin, den wir beschritten, und fressen nur den Schmutz, den wir aufwirbelten. Der Klatsch schuf die Liebe, die Liebe schafft den Klatsch, und beide schaffen Geschichte. Ihren Spuren muß folgen, wer Geschichte verstehen will. Denn sie malen mit am bedeutsamsten und geliebtesten Bilde, das Geschichte zu geben vermag: am Bilde der Persönlichkeit, und sie fügen zum oft so mittelmäßigen Ernste fast immer das große Lachen und zuweilen das noch Bessere: das kleine Lächeln.

Freilich war es nun nicht so, daß die Liebenden der Schlange, daß die Menschen dem Klatsch dankbar gewesen wären. Erstens, weil Menschen im allgemeinen überhaupt nicht dankbar zu sein pflegen, zweitens, weil ihnen im Laufe der Jahrhunderte und Jahrtausende das verlorene Paradies so lockend schien wie alles Verlorene, selbst die Unschuld, und die Schlange für diesen Verlust verantwortlich war, und drittens, weil der Klatsch sich wirklich zu breit machte und in seiner Herrschsucht die Menschen derart befiel, daß es zu Katastrophen kam. Die größte passierte in der Affäre Sodom und Gomorrha, als des braven Loths Weib sich in dem unwiderstehlichen Wunsche, endlich über die nicht stubenreinen Sünden der Gomorrhaner Genaueres erfahren und weitertratschen zu können, nach der brennenden Stadt umdrehte und deshalb zur Salzsäule erstarrte, was gottlob nur ein einziges Mal vorkam; anderenfalls wäre die Menschheit eine Sammlung von Salzsäulen und hätte ausgeklatscht. Aber es war an der Zeit, den Klatsch mit seinen eigenen Mitteln zu bekämpfen und den Teufel durch Beelzebub auszutreiben; und das unternahm der Erzvater Jakob, als er noch ein Erzjüngling war.

Es fing damit an, daß er seinen Schwiegervater Laban, der ihm zunächst die häßliche Lea statt der hübschen Rahel angedreht und ihn dann um den Lohn von insgesamt vierzehn Dienstjahren geprellt hatte, nun seinerseits zu prellen beschloß. Er schlug ihm nämlich vor, auch weiterhin ohne Lohn zu arbeiten; nur solle alles Vieh, das ein gescheckte s Fell haben würde, Jakob gehören. Nun, es gab weit, weit mehr einfarbige Tiere als gescheckte, und Laban schlug ein und lachte sich ins Fäustchen.

Indessen hätte er einem so schlauen Erzvater wie Jakob gegenüber vorsichtiger sein sollen. Jakob nämlich tat den weiblichen Tieren Holzstäbe ins Trinkwasser, die er durch teilweises Ablösen der Rinde scheckig gemacht hatte; daran »versahen« sich die Tiere und brachten gescheckte Lämmer zur Welt; und weil Jakob diese Methode immer nur beim kräftigsten und gesündesten Vieh anwandte, gehörte nach ein paar Jahren die kräftige, haushohe Mehrheit der Herden ihm, und nur die winzige, schwächliche Minderheit verblieb dem Laban; und nun lachte sich Jakob — nun ja, er lachte sich »scheckig«. Bis Laban auf die Idee einer Zählung seiner Herden — und damit endlich dahinterkam; und nunmehr hielt Jakob es für geraten, mit Vieh, Frauen und Hausgötzen dem schwiegerväterlichen Zorn zu entfliehen. Aber jetzt tauchte die Frage vor ihm auf: Wie sage ich's meinen Weibern? Immerhin hatte er ihren Vater böse hereingelegt und mußte sich nun verdrücken als ein ertappter Dieb – warum also sollten sie ihm, dem Landstreicher, folgen und nicht lieber bei ihrem anständigen Vater bleiben?

Und in diesem Moment machte Jakob seine neue Erfindung. Sie war so einfach wie genial: überall, wo an seinem Verhalten etwas faul war, schaltete er eine höhere Macht ein. Nicht er, so erzählte er Rahel und Lea, hätte Laban den Vorschlag mit den gescheckten Lämmern gemacht, sondern Laban ihm, um ihn hereinzulegen. Und nicht etwa er, Jakob, hätte diese Absicht durch die Methode der geschälten Stöcke pariert, sondern der Himmel hätte es so gefügt, daß fortan alle kräftigen Tiere scheckige Junge gebaren. Das hätte der Himmel getan, weil er Labans Gemeinheit und Jakobs Ehrlichkeit gesehen habe; und vom gleichen Himmel, schloß Jakob, käme nun, durch ein Traumgesicht, der Rat zur Flucht. Damit hatte Jakob eine neue Form des Klatsches erfunden, nämlich die nationale Geschichtsschreibung; und natürlich glaubten ihm die beiden Frauen und zogen mit ihm – Frauen glauben so was immer.

Die Bibel gibt den Tatbestand der Fälschung ruhig zu, mit der ihr oft eigenen Größe auch im Sachlichen; sie läßt nur die Frage offen, ob sie bewußt erfolgte. Kaum: als Jakob die Geschichte erzählte, stellte sie sich ihm bereits so dar; er glaubte sie sich, und was einer sich selber glaubt, das glauben ihm andere. Und weil der Mensch der Gabe der Selbstbeschwindlung einfach nicht entgehen kann, läßt sie sich auch nicht verbieten; deshalb nimmt die kluge Bibel, die nichts Unmögliches befiehlt, unter die zehn Gebote nicht etwas den Satz auf: Du sollst nicht lügen, oder gar: Du sollst nicht klatschen, sondern lediglich den durchaus erfüllbaren Satz: Du sollst nicht falsch Zeugnis reden wider deinen Nächsten. Luther freilich verlangt darüber hinaus, daß wir »Gutes über ihn reden und alles zum besten kehren«, aber es scheint, daß er nicht viel Glück damit gehabt hat. Gegen den Klatsch ist kein Kraut und kein Gebot gewachsen.

Dem Erzvater Jakob indessen ist überdies zuzubilligen, daß sein Schöpfer ja die Schlange aus dem Jenseits ins Diesseits verbannt hatte, daß sie demnach keine Verbindung zu den oberen Gewalten herstellen und keinen Menschenklatsch hinauftragen konnte und daß er also zur Selbsthilfe greifen mußte, wenn er die jenseitige Deckung suchte; im wahrhaft Heldenhaften solcher

Selbsthilfe, im Ringen mit Gott und in der Erkenntnis von der nicht mehr menschlichen, sondern rein geistigen Artung seines Schöpfers sollte später seine Größe liegen. Andere und naivere Religionen machten es sich darin leichter – zum Beispiel die unserer Vorfahren, der Germanen. Was für die Israeliten die Schlange war, also das Sinnbild des Klatsches, das war für sie das Eichhörnchen, das den hübschen, nach eitel geschwindem Klatsch klingenden Namen Ratatöskr hatte. Es klomm eilfertig zwischen der Wurzel der Weltesche Yggdrasil, wo die Menschen wohnten, und ihrem Wipfel, der die Sterne als Früchte und die Wohnung der Götter sozusagen als den Hochsitz der ewigen Jagd trug, auf und ab und brachte den Menschenklatsch nach oben, den Götterklatsch nach unten – man hört es förmlich wispern, flüstern, klatschen und tratschen und tratschen: ratatöskr, ratatöskr, ratatöskr... Welche Beziehungen und Verwirrungen, welch gigantischen mystischen und erotischen Klatsch es damit anzurichten wußte, dafür ist Richard Wagners »Ring des Nibelungen« genugsam Zeuge. Und bis auf den heutigen Tag blieb sich jeder olle ehrliche deutsche Haudegen des ganz persönlichen Interesses der Oberen für seine höchst irdischen Geschäfte in tiefer Kindlichkeit bewußt, wenn er ohne jede Hemmung vom »deutschen Gott« spricht.

Bleibt also der orientalische Klatsch als Schlange auf der Erde angesiedelt, so wohnt der germanische als Eichhörnchen bereits zwischen Himmel und Erde – freilich dem Loki, dem Gott des Bösen, sehr ergeben, woraus sich mir denn die Redensart zu erklären scheint: »Der Teufel ist ein Eichhörndl!« Die höchste Erhebung des Klatsches aber blieb den Griechen vorbehalten – sie erhoben ihn in den Himmel selbst! Er wurde zu einer der Hauptfunktionen ihres Gottes Hermes, der ja als Schutzherr der reisenden Kaufleute dauernd zwischen droben und drunten unterwegs und somit der gegebene Mann für die Verbreitung von Klatsch war – gleich jedem Handlungsreisenden; nur daß der Sitz seiner Firma eben der Olymp war und demnach jede Klatschgeschichte zugunsten seines Chefs beschönigt werden mußte.

Also auf denn zu den Griechen, die den Klatsch zum Gotte machten! Und zu welch einem blühenden Gott!

Dabei wollen wir uns jedoch nicht bei dem eigentlichen »Götterklatsch« aufhalten, so reizvoll er ist; aber er ist allzu bekannt, denn von den Liebesaffären der Olympier haben seit Aristophanes bis zu Jacques Offenbach Hunderte von Lustspieldichtern und Operettenkomponisten gelebt, zu schweigen von den Reklamechefs, die im Vertrauen auf die Wirkung der Unsterblichen eine unsterbliche Wirkung sich davon versprachen, daß sie einen künstlichen Busen »Venus« nannten, einen besonders elastischen, jederzeit leicht an- und abknöpfbaren Patent-Dauerhosenträger »Jupiter«, einen Spirituskocher »Prometheus«, eine Klosett-Wasserspülung »Poseidon« und eine besonders rundliche Zigarette »Juno« (»Aus gutem Grund ist Juno rund«), wobei hier nur insofern ein Denkfehler unterlief, als Jupiter in der Rundlichkeit seiner Gattin eben keinen guten Grund sah, ihr treu zu bleiben, sondern im Gegenteil. Nun, wenn Hermes bei den Händlern Reklame für den Olymp machte, so muß heute eben der Olymp Reklame für die Händler machen; das ist nichts als ausgleichende Gerechtigkeit; überlassen wir also den Olymp dem Handel, und handeln wir vom irdischen Klatsch!

Sein griechischer Ur- und Anstifter war zweifellos ein gewisser Herr Palaiphatos – womit denn die ganze Erfindung nicht von einer Klatschbase oder Klatschtante, sondern von einem Klatschvetter oder Klatschonkel ausging und mithin der Männerwelt zur Last fällt. Dieser Palaiphatos stellte sich dem göttlichen Hermes als mutiges Menschlein gegenüber; er fand wohl, daß der Gott regelmäßig zu dick auftrage, und trägt nun zu dick ab. Wo ein Gott, ein Halbgott oder ein Mensch göttlicher Abstammung im Spiele ist (und welcher Held wäre nicht göttlicher Abstammung gewesen!), da hat der bei ihm keine gute Presse. Alle ehrwürdigen Mythen werden vom Klatschonkel Palaiphatos, man kann es leider nicht anders ausdrücken, zur Sau gemacht. Da wußte man zum Beispiel ganz genau, daß Europa von einem Stier entführt wurde – Palaiphatos klatscht, es habe sich um einen Mann mit dem Familiennamen Stier gehandelt. Von Medea berichtet man, sie habe alte Leute wieder jung machen können – nach Palaiphatos verstand sie sich lediglich auf die Kunst, weiß und grau gewordenes Haar wieder schwarz zu färben, so daß sie also als Erfinderin der Haarkosmetik gelten muß und das Auftauchen eines Haarfärbemittels »Medea« demnächst zu erwarten sein dürfte. Wenn Niobe durch den Schmerz über den Verlust ihrer Kinder in Stein verwandelt wurde, so weist Palaiphatos nach, daß sie sich einfach noch zu Lebzeiten ein steinernes Grabmal errichten ließ; vom Fährmann Charon, der die Toten gegen Erstattung des Obolus über den Styx setzte, weiß er, daß er als schlichter Fellache zu Memphis lebte, wo er um ein paar Drachmen die Leichen über den Fluß transportierte — und so fort.

Nun, auch die übrigen Griechen flickten ihren Göttern und Heroen gern etwas am Zeuge, und so machte Palaiphatos Schule. Immer hieß es, Herakles habe die fünfzig Töchter des Königs Thestios nacheinander geheiratet und für die fünfzigmalige Besteigung des Brautbetts nur sieben Tage benötigt. Apollodoros aber behauptet, das sei eine lächerliche Übertreibung und eine unglaubhafte Fabel, und in Wirklichkeit habe Herakles zur Durchführung der fünfzig Hochzeiten immerhin sieben Wochen gebraucht. Uns Heutigen will auch dies noch als durchaus achtbare Leistung erscheinen; aber die Ansprüche im Lande der »edlen Einfalt und stillen Größe« scheinen höher gewesen zu sein.

Strich der Klatsch solchergestalt dem Herakles einiges an Leistungsfähigkeit ab, so fügte er anderen, die ihm zu hoch gestiegen waren, an Leistungsfähigkeit einiges hinzu. Er war dabei gegen das schwächere Geschlecht durchaus nicht immer galant; als er den großen Perikles treffen wollte, hielt er sich an seine zweite Frau Aspasia. In ihrer Jugend, sagte man, sei sie eine der meistgefragten Hetären gewesen, in ihren reiferen Jahren habe sie Hetärenhäuser unterhalten. Allenthalben erzählte man die allerdings hübsche Geschichte, wie ihr damals vierjähriges Söhnchen, das wie sein formeller Vater Perikles hieß, sich während der Volksversammlung damit vergnügte, vom Balkon herab wahllos Steine in die Menge zu werfen — worauf einer sich umgedreht und gerufen habe: »Wie kannst du nach deinem Vater mit Steinen werfen!«

Nun, es ist in erster Linie der deutschen Forschung zu verdanken, daß der schönen Aspasia, wenn auch verspätet, ihre Ehre wiedergegeben wurde. Mit wissenschaftlicher Gründlichkeit stellte man fest, daß Aspasias Unschuld schon von einem griechischen Gericht und zu ihren Lebzeiten einwandfrei festgestellt wurde und daß ihr schlechter Ruf überhaupt nur auf einige freche Wortspiele des göttlichen Lümmels Aristophanes zurückzuführen war — vor allem aber darauf, daß der Athener Perikles sie nach athenischem Recht formell nicht heiraten konnte, weil sie aus Milet stamme; richtig wurde ihr eben erwähnter Sohn Perikles erst durch Volksbeschluß zum athenischen Vollbürger erhoben. Wenigstens die Abneigung gegen Mischehen scheint also der griechische Kleinstaat mit einem gewissen Großraumstaat späterer Zeit gemein gehabt zu haben, wenn auch in milderer Form: eine Vollmilesierin war untragbar, ein Halbmilesier hingegen wurde immerhin geduldet. Hingerichtet übrigens haben sie den Halbmilesier nachher doch.

So galant also die deutsche Professorenschaft sich zum Weibe des Perikles verhielt, so ungalant verhielt sich die deutsche Studentenschaft zum Weibe des Sokrates. Was für Klatschgeschichten liefen doch an Deutschlands Hohen Schulen über die arme Xanthippe um! Da soll sie ihren Sokrates, der ja nun wirklich nicht so weise lebte, wie er sprach und starb, seiner Betrunkenheit wegen auf offener Gasse und vor allem Volk beschimpft haben. Die Menge lachte; Sokrates schwieg; da schüttete sie auch noch den Nachttopf über ihn aus. Darauf Sokrates ruhig: »Ich wußte es: nach dem Donner kommt der Regen!« Oder er soll die häßliche Xanthippe einmal sogar beim Ehebruch mit seinem Freunde überrascht haben. »Du Armer!« rief er dem Freunde zu, »wer hat dich denn dazu gezwungen!« Und noch kurz vor seinem Tode, als sie weinte, weil er unschuldig sterben müsse, soll er sie angefahren haben: »Dummes Weib, wäre es dir denn lieber, wenn ich als Schuldiger stürbe?«

Aber ein Philologe, gottlob auch ein Deutscher, hat nachgewiesen, daß alle diese Klatschereien erst auf deutschen Schulen anderen Quellen, wo sie sich auf ganz andere Frauen bezogen, entnommen und dann erst auf Xanthippe gemünzt wurden, die in Wirklichkeit ein hübsches und friedliches Weibchen gewesen zu sein scheint – eine andere hätte es ja mit Sokrates auch gar nicht ausgehalten. Und was war der Grund für diese Herabsetzung Xanthippes? Nur und nur der erste Buchstabe ihres Namens, der im Deutschen so selten ist und dem so bald das Z folgt, so daß sie in sämtliche Fibeln kam mit dem Spruch: »Xanthippe war ein böses Weib, der Zank war ihr ein Zeitvertreib!« Nun, und das mußte bewiesen werden, um jeden Preis – und der Klatsch zahlt immer jeden Preis!

Allerdings haben auch griechischere und größere Dichter als solche Fibelpoeten seltsame Geschichten aus höchst seltsamen Gründen in die Welt gesetzt. Eine der tiefsten Tragödien der Weltliteratur zum Beispiel verdanken wir dem Umstand, daß der Areopag, das höchste athenische Gericht, bei den übrigen Griechen seiner Bestechlichkeit und Geschwätzigkeit wegen in schlechten Ruf geraten war. Man wandte sich an Äschylos mit der Bitte, diesen Ruf auf dem Wege über eine Dichtung wiederherzustellen — so war das damals; heute müssen sich die Literaten und Politiker an die Gerichte wenden, um ihren guten Ruf wiederherzustellen, und das mißlingt meistens. Äschylos jedoch brauchte einen griechischen Königsproß, der sich einem demokratischen Gericht in Athen unterwarf — und so erfand er denn die Geschichte, wonach Agamemnons Frau Klytämnestra Ehebruch getrieben habe und deshalb von ihrem Sohn Orest ermordet worden sei, der sich nun seinerseits dem Areopag gestellt habe. Homer nämlich weiß, bis auf einen einzigen, nachweisbar später eingeschobenen Vers, von der ganzen Angelegenheit noch nichts. Also selbst die erschütternde Orestie, auf der noch ein Sigmund Freud seine Lehre vom Ödipuskomplex mit begründete — selbst sie war ursprünglich nichts als zweckgebundener, nationaler Klatsch! Aber freilich: hier klatschte eben ein Äschylos — da ward es ein Meisterwerk.

Apropos Freud: eine altgriechische Klatschgeschichte hat viele Jahrhunderte vor Christus einen wesentlichen Bestandteil seines Lehr- und Heilgebäudes vorweggenommen. Ein Homerscholiast nämlich berichtet ausführlich über einen König Iphiklos, der keine Kinder bekommen konnte und den niemand zu heilen wußte, bis ein alter Lämmergeier auftauchte. Dieser weise Vogel aber erklärte, und wir zitieren nun wörtlich: »Als Iphiklos noch ein Knabe war, wurde er einmal von seinem Vater bei unziemlichem Spiel der Hände angetroffen. Wohl im Scherz ging der Vater mit dem Messer auf ihn los, um ihm den schuldigen Körperteil abzuschneiden. Der Knabe aber riß in seiner Angst aus . . ., und die damals ausgestandene Angst ist schuld daran, daß er unfruchtbar blieb.« Als der König von diesem verdrängten Kindheitserlebnis erfährt, ist er geheilt.

Also wenn das kein Hofklatsch war damals — und doch wußte jener alte Lämmergeier oder jener alte Scholiast schon etwas, was der alte Freud erst gute zweieinhalbtausend Jahre später von neuem entdecken sollte. Es steckt eben manchmal ein tiefer Sinn im kind'schen Klatsch.

Um zu den athenischen Gerichten zurückzukehren: noch eine andere, uns sehr liebgewordene, wunderschöne Geschichte wurde erfunden, um sie wieder in ein besseres Licht zu rücken: es ist jene

Geschichte von der Hetäre Phryne, die zum Tode verurteilt werden sollte und der ihr Anwalt plötzlich das Busentuch von der herrlichen Brust riß – da hätten die Richter, in Ehrfurcht vor der Macht Aphrodites, die Phryne freigesprochen, und der Staatsanwalt hätte vor Wut sein Amt niedergelegt. Nun, wenn sich die Unbeeinflußbarkeit von Staatsanwälten durch das menschlich Rührende teilweise auch bis heute erhalten haben soll – die Geschichte kann nicht wahr sein, sowenig es wahr sein kann, daß sich Alkibiades am hellen Tage in seinem Wagen von vier Hetären durch Athen ziehen ließ: die Vorschriften für das Auftreten der Damen außerhalb der Häuser waren viel zu streng – damals. Und was Phryne betrifft, so wußte der athenische Klatsch es besser und glaubhafter: es war üblich, daß die griechischen Angeklagten vor der Verhandlung von Richter zu Richter gingen, um gut Wetter zu erbitten – und dabei soll Phryne bei jedem der Richter verdächtig lange geblieben sein ... Die Richter kann man verstehen, denn diesmal kam sie gratis; sonst war sie so teuer, daß sie den Thebanern anbieten konnte, auf ihre Kosten die von Alexander dem Großen zerstörte Stadtmauer wieder aufzubauen – vorausgesetzt, daß diese Inschrift angebracht werde: »Zerstört von Alexander, einem König – wiedererbaut von Phryne, einer Hetäre.« Der Bau scheint jedoch unterblieben zu sein; vermutlich fühlten die guten Thebaner zwar viel Liebe zu Phryne, aber immer noch mehr Angst vor Alexander.

Überhaupt die uns so liebgewordenen, lehrreichen und moralischen Geschichten aus dem Altertum, Allerheiligstes unserer Schulbücher — du lieber Olymp, fast alles Klatsch, fast alles nationaler Beschönigungsklatsch! Solon, der große Gesetzgeber, soll den reichen König Krösus besucht und zu ihm gesagt haben, niemand sei vor seinem Tode glücklich zu preisen – Klatsch: denn Solon war tot, ehe Krösus erwachsen war. Daß König Krösus dann vom Perserkönig Kyros auf den Scheiterhaufen gestellt worden sei und in Erinnerung an diese Prophezeiung den Namen Solons ausgerufen haben soll – Klatsch; den Kyros hat niemanden verbrennen lassen, weil seine iranische Religion ihm solche »Verunreinigung des heiligen Feuers« verbot. Und was die Spartaner betrifft: nur ihrer dreihundert sollen unter Leonidas an den Thermopylen gegen die persische Übermacht gekämpft haben – Klatsch, denn jeder Spartaner hatte noch sieben unfreie Knechte bei sich, also waren es zweitausendvierhundert Spartaner. Und das berühmte Wort des

Leonidas am Morgen des Schlachttages: »Frühstückt, Kinder, Mittagessen gibt's schon im Hades!« — wunderschön; aber erinnert es nicht an die Geschichte von jenem deutschen Kapitän, dessen Zeppelin im ersten Weltkrieg über London auseinanderbricht und der ruhig sagt: »Von jetzt an darf an Bord geraucht werden!« – ist jene Geschichte nicht die Urform dieser, ist das Ganze nicht heroischer Wanderklatsch? Denn gerade Helden pflegen im Tode nicht in wohlgeformte Zitate auszubrechen. Und um einen kurzen Abstecher vom Wanderklatsch zum Wanderwitz zu machen: da erzählte man in unserer Zeit, kurz nach der Gründung des Staates Israel, die Anekdote vom ersten Manöver der palästinensischen Armee; überall hätte man Schilder aufgestellt mit der Inschrift: »Das p. t. Publikum wird höflichst gebeten, den Herren Generulen keine Eizes zu geben.« Nun, vom Feldherrn Phokion, viertes Jahrhundert vor Christus, wird fast dieselbe Geschichte erzählt. Die Athener kommen und geben ihm Ratschläge, und Phokion sagt: »Beim Herakles, zu viele Generale und zuwenig Soldaten!« Wie alt ist doch dergleichen!

Aber weiter im Klatsch! Alexander der Große wußte natürlich ein Lied davon zu singen — und ließ es sich gern singen. Bereits mit seinem Vater König Philipp geht's an: ihm wurde bei der Belagerung von Methone das rechte Auge ausgeschossen. Aber der Klatsch findet es ehrenvoller, daß er das Auge verlor, als er durchs Schlüsselloch zusah, wie Zeus in Gestalt einer Schlange mit Philipps Gemahlin Olympia gerade den Alexander zeugte. Diesem selbst dichtet der Hof- und Beweihräucherungsklatsch später sogar Kämpfe mit den Amazonen an; wahr daran ist nur, daß ihm ein persischer Satrap hundert schöne Mädchen schenkte, die allerdings beritten waren – aber nicht, um mit ihnen zu kämpfen. Und die erbauliche Geschichte schließlich, die Alexander vor die Tonne des Diogenes treten und sagen läßt: »Wünsch dir etwas!«; darauf Diogenes: »Geh mir aus der Sonne!«; darauf Alexander, rasch weggehend: »Wahrlich, wenn ich nicht Alexander wäre, möchte ich Diogenes sein!« – diese Story hat Roda Roda pointiert und auf das wahre Maß zurückgeführt, indem er sie fortsetzt: »Was?« schrie da Diogenes, »das war der große Alexander? Ja, wenn ich das gewußt hätte, hätte ich ihn natürlich um ein anständiges Haus gebeten!«

Überhaupt die Philosophen und Mathematiker und Dichter und

dergleichen! Die große Sappho hat sich nie aus unerwiderter Liebe ins Meer gestürzt, und das, weswegen ihre Insel Lesbos so berüchtigt wurde, hat sie dort und anderswo nie getrieben – alles Klatsch, aufgebracht von späteren Komikern. Pythagoras soll den pythagoreischen Lehrsatz entdeckt und aus Freude darüber eine Hekatombe Ochsen geopfert haben — unmöglich, denn den Pythagoreern war jedes blutige Opfer verboten, und wahrscheinlich der Lehrsatz, bestimmt aber der Beweis wurde nicht von Pythagoras, sondern erst zweihundert Jahre später von Euklid gefunden. Äschylos soll durch einen Adler gestorben sein, der ihm aus der Höhe eine Schildkröte auf seine in Athen berühmte Glatze schmiß, weil er sie nämlich für einen Stein hielt, an dem er die Schildkröte zerschlagen wollte – natürlich Klatsch, entstanden aus der Mißdeutung eines damals berühmten Karneols, der den Äschylos darstellte, überflogen von einem Adler, der als Symbol der Dichtkunst eine Leier in den Fängen hielt; Leiern aber stellte man damals aus Schildkrötenschalen her, über die man die Saiten spannte; so leitet sich ja auch das deutsche Wort für Leier, Laute, vom arabischen »al aut – die Schildkröte« her. Sophokles hat sich, behauptet der Klatsch, beim Vorlesen einer seiner endlosen und durch keine Interpunktion unterbrochenen Perioden zu Tode gelesen – das ist schon mehr Hohn als Klatsch, ebenso wie die Geschichte vom Tode des Trinkers Anakreon, der Trauben nur in flüssigem und vergorenem Zustand kannte und deshalb an einer Weinbeere erstickte.

Genug von dem, was die Griechen für den Klatsch taten. Was taten sie gegen ihn?

Aristoteles nichts. Als man ihm sagte, jemand habe ihn in seiner Abwesenheit verklatscht, erwiderte er: »Wenn ich nicht da bin, kann er mich meinetwegen auch verhauen.« Plutarch auch nichts. Im Gegenteil, als ein berüchtigtes Klatschmaul ihn gelobt hatte, meinte er empört: »Aber wieso denn? Ich bin doch noch nicht tot?« (Womit das deutsche Wort zu vergleichen wäre: er lügt wie eine Leichenpredigt.) Alkibiades hingegen ließ sich den Kampf gegen den Klatsch etwas kosten: er hieb seinem Lieblingshunde, der siebentausend Drachmen wert war, den Schwanz ab und sagte: »Damit die Athener über meinen Hund klatschen und nicht über mich!« Platon aber, der Größte von allen – Platon sagte, als man ihn fragte, was er denn gegen die vielen Klatschmäuler tun wolle: »So leben, daß ihnen niemand glaubt.«

Ihm sollte man nacheifern – aber er war eben doch ein Idealist, dieser Platon!

ZWEITES KAPITEL
ODER DIE ZEITWENDE

Meistens lebten die Lateiner
Grade so wie unsereiner.

Die Griechen waren, von den Spartanern vielleicht abgesehen, ein Volk der Künstler und der reisenden Kaufleute; deshalb blühte bei ihnen der Klatsch. Denn der Künstler bedarf der Phantasie, um dem lieben, aber meist wenig malerischen Nächsten, den er porträtieren soll, zu schmeicheln, und der reisende Kaufmann bedarf der Zungenfertigkeit, um den lieben, aber meist wenig wohlhabenden Nächsten, dem er das Geld aus der Tasche locken will, hereinzulegen. Und eben dessen bedarf der Klatsch auch: der Phantasie und der Zungenfertigkeit.

Die Römer hingegen, die mit der übrigen Welt nun auch Griechenland eroberten, waren kein Volk der Reisenden, sondern der Reisigen, und kein Volk der Künstler, sondern der Juristen. Soldaten pflegen keine Rednergabe zu haben und Juristen keine Phantasie; so konnten sie die Welt zuerst ziemlich brutal erobern und dann ziemlich gerecht regieren, konnten sie also zivilisieren. Was man aber so Kultur nennt, also Religion, Philosophie, Kunst und Klatsch, das mußten sie von den Unterworfenen beziehen – und bezogen es denn auch ausgiebig, besonders den Klatsch. Tatsächlich kann der Klatschforscher nur sein Haupt verhüllen, wenn er der Römer gedenkt. Ehe sie Athen besetzten, lebten sie von jenen nationalen Kitschgeschichten, die sie ohne jede eigene Zutat aus Griechenland importierten, die sie aber stur und allen Ernstes für ihre nationale Geschichte hielten. Der gute Livius, zweifellos einer der größten Beschönigungshofräte aller Zeiten, verseucht unsere Schulen noch heute mit solchen Anekdoten, in denen der Besiegte fast immer von Niedertracht, der Sieger aber, also der Römer, unter allen Umständen von Edelmut trieft. Wo aber der Klatsch nicht der Skepsis begegnet, fehlt ihm die Eleganz; er wird zur langweilig-lehrhaften Fabel. Und fällt also aus.

Kaum ist aber Athen besetzt, und kaum wandert mit den griechischen Künstlern, Hauslehrern und Hetären auch der Klatsch nach Rom, da befleißigen sich dessen Tyrannen und gute Gesellschaftskreise, das wirklich zu tun, was die Griechen den Ihren nur nachsagten; sie handeln wirklich so grausam, sind wirklich so verdorben, wie der Klatsch es von ihnen verlangt; sie wollen sich auch hierin nichts Falsches nachsagen lassen. Und an diesem ihrem abgründigen Talent zur Konsequenz und zur Langeweile, wie es allen Militärvölkern nun einmal eigen ist, scheitert der Klatsch abermals. Was bleibt, ist eine chronique scandaleuse, unbedingt wahr, aber ohne jeden Charme. Die Hetäre Phryne hatte Charme; die Kaiserin Messalina hatte ihn nicht. Daß Phryne in Reichtum und Frieden starb und Messalina hingerichtet wurde, ist ein schwacher Trost. Aber immer siegen in dieser Welt die langweiligen Völker über die kurzweiligen – wenn auch nicht für immer.

Deshalb bemächtigte sich auch der Weltklatsch nur der zivilisatorischen und technischen Leistungen Roms, und die allerdings waren so immens, daß darüber zu klatschen sich lohnte und noch immer lohnt. Es geschahen damals Dinge zwischen römischem Himmel und römischer Erde, von denen noch unsere heutige Schulweisheit sich nichts träumen läßt. Darum sei hier einiges von dem zusammengetragen, was die Mit- und Nachwelt über solche Leistungen zu berichten und – zu klatschen weiß, und der geneigte Leser sei gebeten, sich bei jeder erstaunlichen Behauptung zu überlegen, ob er sie für verbürgt hält oder nicht. Zu diesem listigen und lustigen Zweck wollen wir den Alltag eines jungen Paares im Rom etwa zur Lebenszeit Christi spielen lassen, also vor etwa neunzehnhundert Jahren. Von der Zeitwende, die durch Christi Geburt eintrat, ist mithin damals in Rom noch nichts bekannt. Wir wollen die junge Römerin Lätitia und den jungen Römer Gajus nennen, und wir wollen uns nur die eine Freiheit nehmen, beide im Stil und in den Begriffen unseres Heute sprechen zu lassen. Also auf ins Rom ums Jahr dreißig oder fünfzig – und merken Sie sich bitte an, was nach Ihrer Kenntnis und Meinung stimmt und was nicht stimmt!

Lätitia also erwachte an jenem Morgen, blickte lange in das *Glas des Wandspiegels* und fand sich dann jung und schön wie je; die beiden *künstlichen Zähne*, die ihr der Zahnarzt vor drei Wochen hatte einsetzen müssen, waren beim besten oder vielmehr bösesten Willen als solche nicht zu erkennen, was angesichts der Kunst dieses Mannes kein Wunder war: hatte er doch für Lätitias gereifte, aber noch immer eitle Mutter ein ganzes *künstliches Gebiß* geschaffen, das sich ebenfalls von einem echten nicht unterscheiden ließ. Dann allerdings gab es einen kleinen Ärger: als Lätitia ihr Morgenbad nehmen wollte, fand sie die Wanne leer. Sie glaubte zunächst, sie habe vielleicht das *Wassergeld* an die Stadt zu zahlen vergessen; doch fand sich dann, daß aus der Zapfstelle über dem Waschbecken das Wasser floß wie immer; die städtische Wasserleitung funktionierte also. Die herbeigerufene Dienerin erklärte denn auch das Versagen der Badewanne: die *Baupolizei* hatte bei einem ihrer regelmäßigen Kontrollgänge bemerkt, daß die Wand im Badezimmer feucht geworden war, und die Abstellung des Schadens verlangt. »Um Gottes willen!« jammerte Lätitia, »was wird das wieder kosten! Wir können ja nicht einmal die Zinsen für die *Hypotheken* zahlen, die auf dem Hause liegen!« Die Dienerin jedoch meinte tröstend, sie kenne einen Handwerker, der sich mit einem *vordatierten Scheck* zufriedengeben würde; und damit war die kleine Mißstimmung denn behoben.

Der *Masseur* erschien; aus Schönheitsgründen hatte ihn die schlanke und gut gewachsene Lätitia zwar nicht nötig, doch hatte ihr der Hausarzt die Massage zur Anregung des *Blutkreislaufs* verordnet. Dieser Maßnahme folgte eine zweite, eine *Kneippkur*, die einer leichten Bleichsucht steuern sollte und darin bestand, daß sich Lätitia Kaltwassergüsse versetzen lassen und mit nassen Füßen im Sande des Gartens waten mußte; wie der Arzt dazu erklärt hatte, war auch Kaiser Augustus durch diese moderne Therapie geheilt worden. Endlich erschien auch jener Arzt selbst und entschuldigte seine Verspätung: er habe einem Patienten noch *den Star stechen* müssen, auch eine *Schädeltrepanation* liege bereits hinter ihm; er habe in die Schädeldecke des Patienten ein Loch von Taubeneigröße bohren müssen, doch werde es durch reichliche Knochenneubildung sich von selbst wieder füllen. Man habe die Operation zunächst durch *Vivisektion* an Hunden erprobt, und heute biete sie keine wesentlichen Schwierigkeiten mehr. Dennoch erblaßte die empfindsame Lätitia vor Schreck und Mitgefühl. Der Arme müsse doch furchtbare Schmerzen erduldet haben, meinte sie. Aber der Arzt lächelte: der habe nicht das geringste gespürt, denn man habe jetzt ein neues *Narkosemittel*, das drei bis vier Stunden lang wirke.

So konnte Lätitia denn zur Schilderung ihrer eigenen Leiden übergehen. Trotz der Kneippkur, sagte sie, seien ihre Kopfschmerzen wiedergekehrt. Der Arzt stellte eine für Lätitia erstaunliche Gegenfrage: ob sie nämlich in letzter Zeit in einem Sumpfgebiet gewesen sei; und als sie verneinte: ob sie in letzter Zeit mit einem Menschen zusammengekommen sei, der aus einem Sumpfgebiet kam. Richtig, entsann sie sich, ihr neuer Koch stammte aus einem Dorf in den Pontinischen Sümpfen! »Sehn Sie«, sagte der Arzt, »in Sümpfen gibt es *winzige Lebewesen*, so winzig, daß man sie gar nicht sehen kann. Sie dringen aus der Luft in Mund und Nase ein und infizieren geschwächte Persönchen wie Sie mit Fieber. Auch Ihr Koch kann die Krankheit auf Sie übertragen; deshalb verlangen Sie von ihm, daß er beim Kochen *Handschuhe* trägt und ein *Tuch vor den Mund* bindet, wenn er mit Ihnen spricht, damit er Sie weder durch Schweiß noch durch Atem anstecken kann.« Indessen ergab sich dann, daß Lätitia kein Fieber hatte, und der Arzt beschloß, das Kopfweh durch *elektrische Schocktherapie* zu heilen. Richtig waren die Schmerzen nach dem ersten Stromstoß bereits nicht mehr zu spüren; und nachdem er ihr eines leichten *Herzklappenfehlers* wegen noch möglichste Ruhe verordnet hatte, empfahl sich der Arzt.

Es war auch höchste Zeit, denn mit einem leisen Aufschrei entsann sich Lätitia, daß sie schon seit einer halben Stunde mit ihrem Freunde Gajus an der *Normaluhr* verabredet war!

Aber es dauerte noch gut anderthalb Stunden, ehe sie dort eintraf, was nicht nur am Toiletten-, sondern auch am Verkehrsproblem lag. Die schienengebundenen Verkehrsmittel nämlich, diese veralteten Einrichtungen, gestatteten ihrem Wagen nur ein langsames Vorwärtskommen, vor allem in den engen Straßen, wo die *Schienen* nur eingleisig geführt und nach ihrer Meinung zuwenig Ausweichstellen vorhanden waren.

Gajus seinerseits hatte sich die Zeit so gut wie möglich vertrieben. Von Beruf war er *Parlamentsstenograph*, und Lätitia konnte nie begreifen, wie er den Rednern nachkommen konnte; doch beherrschte er etwa fünftausend Zeichen und Sigel und schrieb schneller, als die Abgeordneten reden konnten; der Dichter Martial hatte solcher Leistung ein Distichon gewidmet. Heute jedoch hatte er seinen freien Tag; so hatte er sich denn ein *Pfeifchen* nach dem anderen angesteckt und den Rauch in den blauen Tag geblasen, der nach dem *Windmesser* auf der Normaluhr, der leichten Nordwind anzeigte, schön zu bleiben versprach. Die Langeweile hatte ihn auch öfter als nötig in die nahe *öffentliche Bedürfnisanstalt* getrieben, obwohl der Aufenthalt dort teuer geworden war, seit der Kaiser *die Klosettfrauen so hoch besteuerte.* Da das aber schließlich und endlich doch nur eine indirekte Steuer war, und da er als römischer Bürger *nicht eine einzige direkte Steuer* zu zahlen hatte, es sei denn in dem Fall, daß eine entfernte Verwandte ihm mehr als zwanzigtausend Mark hinterlassen würde, und auch da nur fünf Prozent Erbschaftsteuer — so gab er sich brummend zufrieden; und siehe: in diesem Augenblick kam sie, die er erwartete!

Der Tag lag vor ihnen, und sie überlegten, wie er zu verbringen sei. Er schlenderte mit ihr zur nächsten *Plakatsäule*, an deren vielen Reklameplakaten der Nordwind vergeblich zauste: das *Gummiarabicum* hielt. An ständigen Vergnügungen aber waren heute nur ein Platzkonzert und eine Revue im Forum vorgesehen; bis zum Theaterbeginn war es noch lang, und das Platzkonzert mußte leider ausfallen, weil die Musiker wieder einmal in den *Streik* getreten waren, gezwungen durch ihre *Gewerkschaft;* so gingen sie denn ein paar Schritte weiter bis zur Zeitungssäule, um die *Römische Tageszeitung* zu lesen. Er, als fortschrittlicher junger Mann, schimpfte sehr darüber, daß man die Zeitung in der Hauptstadt der Welt nur anschlagen und nicht gedruckt ins Haus liefern könne, während man auf Kreta doch längst die *Buchdruckerkunst mit beweglichen Lettern* erfunden habe, und während doch die römischen Abc-Schützen das Lesen bereits mit Hilfe beweglicher *Metall-Lettern* erlernten! Und dann erschrak er, als er, der Parlamentsstenograph, in der Zeitung eine Parlamentssitzung angekündigt sah — sollte er die vergessen haben? Aber schließlich atmete er erleichtert auf: es handelte sich nur um eine Fest- und Sondersitzung der *weiblichen Parlamentsmitglieder*, die es im Interesse der Frauenemanzipation und der Gleichberechtigung feiern wollten, daß man in Kleinasien einer verdienten *Ärztin* ein Denkmal errichtet hatte.

»Möchtest du nicht auch Ärztin werden oder dergleichen?« fragte er.

Aber sie antwortete: »Nein. Ich möchte nur dein werden.«

Er errötete und sagte: »Dann mußt du mich heiraten.«

Indessen sie wich einen Schritt zurück vor Abwehr: »Aber das geht doch nicht. Man kann doch nicht den heiraten, den man liebt. Das gibt doch ein Unglück, und das ist doch *gegen die guten Sitten,* jedenfalls in der guten Gesellschaft. Mein Vater würde mir das nie gestatten. Schweig davon.«

Er tat es, aber er beschloß bei sich, es nicht für immer zu tun. Für jetzt lenkte er ab, indem er ihr den übrigen Inhalt der Zeitung vorlas. Dem römischen Feldherrn in Belgien hatte man das pfeilverletzte Bein amputieren müssen, vor wenigen Stunden erst, die Nachricht war per *Brieftaube* eingetroffen. Wenn man *dressierte Schwalben* zur Verfügung gehabt hätte, wäre es noch schneller gegangen. Näheres konnten erst die Boten bringen, die ja selbst im tiefen Winter *zweihundertundvierzig Kilometer täglich* zurücklegten, und das neun Tage lang hintereinander. Nun, der arme Feldherr, meinte er, wäre nicht gar zu übel dran: man würde ihm eine jener ausgezeichneten, beweglichen und kaum als solche erkennbaren *Beinprothesen* machen, wie sie sich entwickelt hatten, seit vor zweihundert Jahren der *»Ritter mit der eisernen Hand«* Wunderdinge im Punischen Kriege vollbrachte. War doch sogar ein *künstliches Auge* keine Affäre mehr ...

Aber von Ärzten hatte Lätitia heute morgen bereits genug gehört, und auch die Nachricht, daß man in Karaman die *Gasheizung* eingeführt hatte, interessierte sie nicht sonderlich. Auch meldete sich der Magen; und wenn Gajus, der nicht eben gut bezahlt war, sonst auch sein Essen um einen Obolus aus einem der zahlreichen *Automatenbuffets* zu ziehen pflegte – heute ging er mit Lätitia in eines der *vegetarischen Restaurants,* die sie liebte, und deren Anzahl ebenfalls anwuchs, seit Seneca und Plutarch sie eingeführt hatten, wenn sie es auch ablehnte, einem der vielen *Antialkoholikervereine* beizutreten.

Als sie aber gegessen hatten, Eier frisch aus dem *Brutofen,* und in den Park beim Forum gegangen waren, spielten dort die Kinder. Sie spielten *Blindekuh, Räuber und Soldaten, der Plumpsack geht um, Drittenabschlagen und Schinkenklopfen,* sie spielten mit *Puppen, Steckenpferden und Kreiseln,* und eines hatte sogar einen *Brummkreisel.* Lätitia sah ihnen lange zu; da riß es ihn wieder, und er sagte recht rauh: »Das werden wir nie haben.«

Aber sie fragte arglos: »Wieso denn nicht? Wenn ich auch heirate – die Kinder können doch von dir sein!«

»Oder vom Kaiser!« sagte er böse.

»Nun ja, das ist doch sein Recht!« erwiderte sie. »Wenn ich *bei Hofe* eingeführt werde, und er nimmt mich nicht und übersieht mich – die Schande würde ich nicht überleben, und mein Vater auch nicht! So was erträgt keine gute Familie . . .«

»Ich wollte«, sagte er, »du wärest wie ich aus einer schlechten!«

In diesem Augenblick aber zuckte ein Blitzstrahl herunter – sie hatten gar nicht bemerkt, wie der Himmel sich bewölkt hatte. Sie erschrak furchtbar: »Da siehst du! Sprich so etwas nicht aus! Jupiter zürnt!«

»Du als Mithrasgläubige solltest so etwas nicht reden!« sagte er. »Das ist überwundener Aberglaube! Und Angst brauchst du nicht zu haben – es stehn ja ringsum *Blitzableiter*. Du darfst es nur nicht machen wie Tullus Hostilius und zu nahe herantreten, sonst trifft's dich!«

Der Regen trieb sie in eine kleine Weinstube. Sie tranken eine *Bowle* und bemerkten gar nicht, daß die nicht aus Früchten, sondern auf chemischem Wege durch eine *Essenz* zubereitet war, denn sie waren allein und tranken sozusagen sich selbst und einander auf. Bald jedoch packte ihn wieder der alte Kummer.

»Ich halte das hier nicht aus, ohne dich zu haben«, sagte er. »Ich muß weg. Ich habe Talent zum *Wünschelrutengänger*. Ich werde in die *üppige, fruchtbare Sahara* gehn und dort Brunnen suchen, die bohren sie dort zweihundert Meter tief. Oder ich werde auf den Athos gehen und dort den Plan des Bildhauers Stasikrates ausführen helfen. Der wird den ganzen felsigen *Berg Athos in eine Kolossalstatue des großen Alexander verwandeln*, die wird in der linken Hand eine Stadt halten mit zehntausend Einwohnern und in der rechten eine Urne, aus der ein Strom sich ins Meer ergießt.«

»Aber Gajus!« lächelte sie. »Solch größenwahnsinnige Bauprojekte hat man, solche Wolkenkratzer baut man doch nur im Westen, jenseits des Ozeans, in Indien!«

Er gab nicht nach. »Dann werde ich nach Indien gehen. Da wir wissen, daß *die Erde eine Kugel* ist, muß Indien von Spanien aus bei Ostwind in kurzer Zeit zu erreichen sein, denn der Umfang der Erde, das wissen wir auch, beträgt ungefähr vierzigtausend Kilometer. Und weil wir ferner wissen, *daß die Erde sich um die Sonne dreht*, muß in Indien dieselbe Sonne scheinen wie hier.«

»Aber du kannst doch gar nicht bauen!«

»Nun, dann werde ich den Indern beibringen, was wir hier schon wissen und sie vielleicht noch nicht. Daß die Materie einheitlich ist zum Beispiel, aber aus *Atomen* besteht, und daß Materie und Energie dasselbe sind.«

»Siehst du«, sagte sie, »so bist du nun. Kaum hast du mich entdeckt, da willst du schon Indien entdecken.«

»Ja, weil ich Indien behalten könnte und dich nicht!«

Sie stand schnell auf. »Laß doch. Es hilft uns ja nichts. Und es ist Zeit fürs Theater.«

Nun, sie kamen zum Forum und betraten einen der zwölf *Aufzüge*, die insgesamt sechzig Personen befördern konnten. Sie stiegen im höchsten Stockwerk aus und konnten von ihrem Platz aus den Kaiser sehen, wie er durchs *Monokel* hinunter in die Arena blickte, denn auf einem Auge war er sehr kurzsichtig. Sie sahen ihn die von ihm bezahlte *Claque* dirigieren, die wohl an fünfhundert Mann zählte. Er war gnädig heute, aber man sagte, daß er *Glasfenster* einzuwerfen pflegte, wenn er wütend war. Sie sahen den *Kunstschützen Anaxagoras*, der fünfhundert Meter weit mit dem Bogen zu schießen wußte, und den Star Phöbos, der *für jedes Auftreten viertausendsiebenhundertundfünfzehn Mark* bekam, und den Flötenvirtuosen Ismenios, dessen Instrument aus Korinth stammte und über *dreißigtausend Mark* gekostet hatte. In der Pause aßen sie Austern und gefüllte Datteln in Olivenöl, und die reiche Lätitia beauftragte den Kaufmann, von beidem an ihre Verwandten in der Schweiz zu schicken; verderben oder gefälscht werden konnten die Waren ja nicht, denn die Austern wurden *in Eis* befördert und die Datteln in Originalkrügen mit dem *Garantiestempel* der Firma.

Aber sie waren beide nicht recht bei der Sache. »Das ist alles so gleichgültig, und mir ist so ernst«, sagte er. »Ich habe eine Bitte, eine große Bitte: komm mit zum Gottesdienst.« Sie nickte nur.

Sie traten auf die Straße, als eben die *Straßenbeleuchtung* entzündet wurde. Hand in Hand gingen sie vorüber am Tempel der Demeter, die den Dionysos gebar, und gedachten der *Heiligen Jungfrau.* Haupt an Haupt gelehnt blickten sie auf zum gestirnten Himmel und erschauerten im Gedanken an die *Sieben Todsünden.* Dann standen sie vor dem Gotteshaus ihrer Glaubensgemeinschaft, dem Tempel des persischen Mithras – es war ja die Mithrasreligion die verbreitetste im damaligen Rom. Sie warfen ihren Obolus in den *Weihwasserautomaten* und besprengten sich mit dem geweihten Naß, sie nahmen teil *am heiligen Mahl* mit dem geweihten Brot und dem Kelch voll Wasser und Wein, sie stiegen symbolisch mit dem Gott, der sich geopfert hatte, hinab in die Hölle und erstanden mit ihm nach drei Tagen, wiedergeboren.

Es war kühle Nacht, als sie wieder auf die Straße traten, und Lätitia fröstelte; so rief er eine *Taxidroschke* herbei. Eng aneinander saßen sie im Fond und fragten sich, wann und woher wohl einmal eine Religion kommen würde, die keinen Unterschied mehr kennen würde zwischen armen und reichen Liebenden, die fordern würde, daß nur die einander heiraten dürfen, die einander lieben – die überhaupt nichts anbeten würde als die Liebe. Ja, beide fragten es sich, aber keiner fragte es den andern: sie wußten, daß sie das gleiche dachten, und schwiegen.

Die Drosche hielt kurz vor Lätitias Haus, ließ sie aussteigen und führte ihn davon, und als der Kutscher dann aus dem *Taxameter* die gefahrenen Kilometer ablas, mußte Gajus ihm sein letztes Geld geben. Aber er tat es gern, er war nicht arm heute; und als er in seinem Zimmer war, kniete er nieder vor dem *Reliquienschrein* des Hauses und betete um die neue Religion und schlief lächelnd ein.

Und Sie, geneigte Leser, lächeln nun auch. Wie viele Unwahrheiten, Ungereimtheiten, Anachronismen, Fabeln und technische Klatschereien, denken Sie, hat er uns wohl versetzt mit dieser Geschichte von Gajus und Lätitita, der Geschichte von zwei modernen Menschen in einer modernen Welt, die er einfach um zweitausend Jahre zurückdatiert hat! Haben Sie gezählt, wie viele es waren?

Nun, ich habe Sie ein wenig aufs Glatteis gelockt, ich habe Sie ein bißchen an der Nase herumgeführt. Es war nämlich nicht eine einzige Unwahrheit dabei; es ist alles verbürgt, was ich aufzählte; es hat alles gestimmt!

Es gab Wandspiegel aus allerdings noch dunklem, nicht mit Silber unterlegtem Glas, so wie es in der römischen Kaiserzeit schon Glasfenster gab und Anschlüsse an die Wasserleitung für jeden, für die auch jeder bezahlen mußte, und Straßenbeleuchtung und vegetarische Restaurants und Automatenbuffets und Weihwasserautomaten, die wir gottlob noch nicht wieder haben. Die Baupolizei gab es bereits in Athen, ebenso die Normaluhr, wobei allerdings die Tageszeit durch die Sonnenuhr und die Windstärke durch einfache Fähnchen bestimmt wurden. Der Zinsgroschen wurde von den öffentlichen Klosettfrauen schon zur Kaiserzeit erhoben, wobei ja ein Kaiser das berüchtigte Wort sprach: Er stinkt nicht! Schienen, allerdings aus Stein und in den Steinboden der Straßen eingelassen, aber mit richtigen und regelmäßigen Ausweichstellen, hatte man im ganzen Imperium von Arabien bis zu den Alpen, und ihre Spurweite glich mit 1,44 Metern fast genau der Spurweite unserer heutigen Vollbahnen. Auf solchen Straßen konnten dann die Kuriere auch ihre zweihundertundvierzig Kilometer täglich zurücklegen, das Vielfache der Tagesleistungen vom Mittelalter bis weit in die Neuzeit hinein, und die Beförderung von eisgekühlten Austern und von Früchten in Ölkrügen mit Fabrikstempeln bot keine Schwierigkeit. Die Römische Tageszeitung, die »Acta diurna«, gründete Cäsar schon 59 vor Christus, und daß die Römer, deren Kinder bereits mit beweglichen Metallbuchstaben spielten, nicht schon Gutenbergs Erfindung vorwegnahmen, ist eigentlich nicht recht erklärlich: sie standen nahe davor. Daß man außer den Brieftauben auch Briefschwalben zu dressieren und zu benutzen verstand, weiß schon Plinius; mit Erdgas heizte man 400 vor Christus die Häuser dort, wo es vorkam, und transportierte es später sogar nach Byzanz; die künstliche Bebrütung von Eiern in Brutöfen, worin die Eier alle sechs Stunden gewendet und nach zehn Tagen noch höherer Temperatur ausgesetzt wurden, kannten die alten Ägypter, die auch den Blitzableiter erfanden, 1300 vor Christus, wobei man nur die Erdung noch nicht anzuwenden wußte; deshalb wurde jener Tullus Hostilius nach dem alten Livius auch vom Blitz neben dem Blitzableiter erschlagen. Wünschelrutengänger waren bereits zunftmäßig organisiert, und ohne sie wäre die Bewässerung der Sahara kaum durchführbar gewesen; mit welchen technischen Mitteln man aber zweihundert Meter tief bohren konnte, wissen wir noch nicht.

Ihre Zunft oder Gewerkschaft hatten auch die Musiker Roms, sie streikten zum ersten Male 311 vor Christus, weil man ihnen einen Staatszuschuß gestrichen hatte; der Streik hatte Erfolg, die Zensoren mußten nachgeben und den Zuschuß wieder zahlen, wie Ovid berichtet. Entweder hatten also damals die frei schaffenden Künstler eine energischere Gewerkschaft – oder einen kunstfreundlicheren Staat. Das letzte ist das Wahrscheinlichere, da man ja auch ein Projekt wie den Umbau des Berges Athos zu einer Riesenbildsäule durchaus ernst nahm.

Bowlen trank man gern, und Rosenbowle verstand man auch ohne Rosen auf künstlichem Wege herzustellen, das Rezept ist uns durch Apicius erhalten; übrigens war auch die heutige Worcestersauce bekannt. Sie war teuer, aber selbst das heitere Künstlervölkchen konnte sie sich leisten: die angeführten Riesengagen sind überliefert. Desgleichen scheinen die Taxis nicht allzu teuer gewesen zu sein, und die Taxameter konnten vom Fahrgast kontrolliert werden, so daß es keine Betrugsmöglichkeit gab; jedesmal nämlich, wenn eine Meile zurückgelegt war, fiel ein Steinchen mit hörbarem Ton in ein Bronzegefäß, ein mit der Achse verbundener Apparat bewirkte das. Gab's dennoch Streit, zählte man nach der Fahrt einfach die Steinchen, und der in Wien sehr fragwürdige Fiakerspruch »Mir wern kaan Richter brauchen« hatte also in Rom seine Geltung. Hatte aber der Fahrgast kein Bargeld, dann konnte er ruhig seinen Scheck zücken – Schecks, Wechsel und Hypotheken gab es bereits bei den Babyloniern, und es ist anzunehmen, daß auch der Turmbau zu Babel nur durch Wechselschulden und Hypothekenbeschaffung finanziert werden konnte.

Ja, es gab eine Claque im Theater, und Nero benutzte einen geschliffenen Smaragd als Monokel; ja, man vermochte mit dem Bogen einen halben Kilometer weit zu schießen, obwohl das selbst für einen Gewehrschuß nicht ohne ist; ja, es gab Aufzüge für sechzig Personen im Forum, die zwölf Liftschächte mit den riesigen Tuffsteinblöcken, die als Gegengewichte des Hebewerks dienten, sind heute noch erhalten – und erst nach anderthalb Jahrtausenden wurde der erste Lift wieder neu erfunden, und zwar zu Jena in Thüringen. Spielten somit die Erwachsenen die gleichen technischen Spiele wie heute, so wird es keinen wundern, daß es auch die Kinder taten: der Brummkreisel existierte so gut wie die Litfaßsäule, und nur unsere vielen Steuern – die existierten für römische Bürger in Italien tatsächlich nicht! Aber den Kampf um die Gleichberechtigung der Frauen, den gab's: ausgerechnet der böse Heliogabal richtete ein Weiberparlament ein, das allerdings im wesentlichen über Kleider-, Gesellschafts- und Standesfragen zu entscheiden hatte, und jene Statue, die über die Leistungen eines tüchtigen weiblichen Arztes berichtete, fand man 1892 zu Tlos in Kleinasien.

Damit sind wir dann bei den medizinischen Errungenschaften der Zeit um Christus. Ein künstliches Gebiß von damals zeigt man noch heute im Museum von Corneto in Italien, drittes Zimmer, und es stammt schon aus etruskischer, also vorrömischer Zeit; Schädeltrepanationen reichen auch auf deutschen Boden bis in die Bronzezeit zurück; Massagen empfiehlt Hippokrates 400, Kneippkuren Asklepiades 100 vor Christus. Die Vivisektion ist noch älter, und die moderne Staroperation ist viertausend Jahre alt, wie ein Papyrus beweist. Zur gleichen Zeit heilten die ägyptischen Ärzte beginnende Herzklappenerkrankungen, wie die unseren, durch Ruhe, und den Blutkreislauf, erst 1619 von Harvey neu entdeckt, kannte schon der Leibarzt des Königs Seleukos 300 vor Christus. Wirksame Narkosen, namentlich durch Mandragora, Bilsenkraut und Opium, wendet man seit Homer an; die erste geradezu künstlerisch ausgeführte Beinprothese liegt im Britischen Museum, und das Grab zu Capua, worin man sie fand, ist zweitausenddreihundert Jahre alt; der Urgroßvater des Verschwörers Katilina vollbrachte tatsächlich mit einer eisernen Hand unvergeßliche – jedenfalls damals unvergeßliche Kriegstaten, ein Götz des Altertums; Zitate jedoch sind von ihm nicht überliefert; ihm fehlte ein Goethe. Auf die Idee, daß die Malaria von unsichtbar kleinen Lebewesen, also Bazillen, herrührt, kommt bereits Varro um 100 vor Christus, und erst Dr. Knott kommt achtzehnhundert Jahre später zum zweiten Male darauf; ein Tuch vor den Mund nehmen muß aber bereits der Bäcker des Griechen Anaxarch. Mit der Heilkunde scheint ursprünglich auch die Erfindung des Rauchens zusammenzuhängen, doch wird es, wie der Mensch schon ist, bald zur Sucht; in prähistorischen und römischen Grabhügeln fand man Pfeifenköpfe aus Ton, Eisen und Bronze in Menge, nur wissen wir nicht, *was* man rauchte; die Skythen jedenfalls rauchten Hanf, also Haschisch. Bleibt die Geschichte von der Anwendung elektrischer Stromstöße gegen Kopfweh: nun, man legte

Zitterrochen auf die Stirn, Fische also, die Elektrizität ausstrahlen, und wiederholte die Kur mit weiteren Fischen, bis es half!

Und wenn man Reliquienschreine kannte, in denen man zum Beispiel das »Ei der Leda« zeigte: lachen wir nicht – man zeigte auch im Mittelalter noch ein Stück der ägyptischen Finsternis. Man kannte den Begriff der Sieben Todsünden aus der heidnischen Astrologie, die Begriffe des Abendmahls und der Auferstehung aus den Kulten des Marduk und des Mithras, den Begriff der Heiligen Jungfrau aus dem Demeterkult; aber man kannte auch die allermodernsten, scheinbar unserem Jahrhundert gehörenden Begriffe des Atoms und sogar der Identität von Energie und Materie, und vor dem erst nachchristlichen Ptolemäus fiel es niemandem ein, zu glauben, daß die Sonne sich um die Erde drehe. Nein, für die Alten drehte sich die Erde um die Sonne und war eine Kugel, deren Umfang man ziemlich genau errechnet hatte; Strabo berichtete vom Gedanken des Poseidonios, daß man Indien von Spanien aus erreichen müsse, wenn man westwärts segele; Strabo aber wurde nachweislich im Jahre 1470 übersetzt und war ebenso nachweislich dem Kolumbus bekannt — also führte Kolumbus eine Idee durch, die siebzehnhundert Jahre zuvor gedacht wurde. Er war eben der erste, der eine Wahrheit nicht für Klatsch hielt; leider wurde er dadurch zum Gründer auch der Stadt Hollywood, wo man heute jeden Klatsch für eine Wahrheit hält; und leider hat Hollywood seinerseits uns inzwischen rückentdeckt, so daß diese Methode mithin auch bei uns Schule gemacht hat …

Aber davon erst später – viel später. Die Wahrheit hat immer Zeit, und der Klatsch kommt nie zu spät.

DRITTES KAPITEL ODER DAS MITTELALTER

Ob romanisch oder gotisch:
Beides war doch recht erotisch.

O Du mein Ahnfräulein, das Du vor Jahrhunderten verstorben bist und für Jahrhunderte vergessen warst und noch immer verleugnet bleibst: Dir widme ich dies Kapitel, und so wird es denn eine Liebeserklärung an Dich werden – denn ja, ich liebe Dich mehr als alle meine Ahnherren und Ahnfrauen, Du mein einziges Ahn*fräulein,* Du entzückender östlich-dunkler Punkt in unserer so westlich-lichten Vergangenheit!

Wenn Du heute wieder auferstehen würdest und Dich führen ließest durch das geräumige Haus unserer Kultur, dann würdest Du an allen Wänden und in allen Ecken die Bilder und Büsten unserer Vorfahren sehen, und man würde sie Dir mit Stolz zeigen: aus dem Altertum den Ururahn Grieche, der uns die Philosophie und die schönen Künste hinterließ, und den Ururahn Römer, dem wir die Technik und die Organisation verdanken; aus dem Mittelalter die Urahnen Franzmann, Schwabe, Alemann, Friese und Sachse, die uns die Kampf- und Wanderlust vermachten, und den Urahn Welschmann, der für unsere Paläste und Tenöre sorgte; ja, in einem etwas abseits gelegenen Winkel würde man Dir auf Deinen Wunsch sogar den Urururonkel Jud zeigen, von dem man in unserer Familie nicht gern redet, der aber immerhin ein Erbonkel war, denn er vererbte uns die Religion. *Dein* Bild aber, holdes Ahnfräulein, würdest Du vergebens suchen, man hat es zuerst weggestellt und dann verräumt; Du hattest, weißt Du, eine zu braune Haut, obwohl diese Haut so sanft wie Sammet und so glatt wie Seide war. Unsere Vorfahren haben Dich wohl geliebt, aber nicht geheiratet; Du warst nur ihr illegales Verhältnis und gehörst somit nicht in den Stammbaum der anständigen europäischen Familie. Nun, Du wirst nur lächeln, jenes süße Lächeln lächeln, das Du, Du allein in unsere ernsthafte oder fröhlich lärmende Kultur gebracht hast, und Dich ausruhen auf einem der Sofas in den Zimmern oder ergehen auf den Pfaden des Gartens, wie in Deinem Eigentum, als in Deinem Eigentum – denn beides hast Du eingerichtet: die Zimmer und den Garten. Du, die Araberin, die Sarazenin, die Mohrin, die Schwarze!

Nur einer hat Dich nicht vergessen und sich ausgiebig mit Dir beschäftigt, noch ehe der schwäbische Dichter Schiller Dich wieder entdeckte: der Klatsch. Er gab Dir sogar einen Sultan zum Vater, er gab Dir den schönen Prinzessinnennamen Malechsala, und er gab Dir einen weißen und adeligen Mann: den Grafen von Gleichen. Der, erzählt der Klatsch, zog 1227 ins Heilige Land wider die Ungläubigen und wurde von ihnen gefangen; Du aber verliebtest Dich in ihn und befreitest ihn und zogest mit ihm zurück nach Thüringen auf sein Schloß. Dort indessen wartete des Grafen angetrautes Eheweib auf ihn ... Da erwirkte der Graf Deiner Verdienste und seiner Liebe wegen von Papst Gregor dem Neunten einen Ehedispens, er durfte auch Dich noch heiraten und somit zwei Frauen haben; es soll Dir sogar gelungen sein, die andere Gräfin, Deine Mitfrau, allerlei Künste zu lehren und sie dadurch für Dich zu gewinnen; und in Frieden und Freude sollt Ihr miteinander gelebt haben und gestorben sein, und ein Grabstein im Dome zu Erfurt stellt den Grafen zwischen Euch beiden dar bis auf den heutigen Tag. Selbst Euer dreischläferiges Ehebett hat man auf Burg Gleichen gezeigt bis zum Jahre 1813, als es die sonst doch so galanten Franzosen verbrannten. Noch dreihundert Jahre nach Deinem Tode berief sich der Landgraf Philipp von Hessen auf Dich, genannt Philipp der Großmütige, als er zu seiner ersten Frau ebenfalls noch eine zweite heiraten wollte, wenn auch keine Mohrin: unter Hinweis auf den päpstlichen Dispens von damals verlangte er von Martin Luther die Erlaubnis zu solcher Doppelehe – und erhielt sie auch, denn, so erklärte der Reformator in seinem wenig höfischen, aber deutlichen Deutsch: »Das ist immer noch besser und gottgefälliger denn Hurerei.«

Nun, und dennoch war die ganze Geschichte nur Klatsch. Es gab keinen Grafen von Gleichen, der einen Kreuzzug mitgemacht hätte, es existierte kein päpstlicher Dispens, und es gab nicht einmal eine Malechsala – der Grabstein nämlich stellt zwei Frauen dar, die der Graf nacheinander geheiratet hatte, nicht nebeneinander. Aber Dich gab es, mein holdes Ahnfräulein; es gab Dich sogar oft. Arg viele frumbe Kreuzritter, etwa der Herr von Jagow und der Herr von Brömser und der Herr Hermann von dem Borne und der Herr Wittig von Jordan und die Herren von Trasigny, von Oppurg, von Gera und von Vargula, um nur wenige zu nennen, brachten so etwas Braunes für Herz und Haus, Leib und Lager aus dem Mohrenlande mit heim. Warum wohl, Malechsala – so darf ich Dich doch trotzdem nennen?

Siehst Du, unseren reichen Vorfahren war es damals im alten Europa zu wohl und unseren armen Vorfahren zu weh geworden, und so zogen sie in Scharen mit, als es galt, das Heilige Grab von den Ungläubigen zu befreien. Man hatte ihnen gesagt, und sie hatten es geglaubt, diese Ungläubigen seien wilde, menschenfressende Neger und Nomaden und Wilde ganz ohne Kultur; man sagt das in solchen Fällen ja immer und glaubt es auch immer; geteilt waren die Meinungen nur darüber, ob man die Barbaren im Osten einfach ausrotten oder ihnen die westliche Kultur bringen solle; auch im letzten Kriege unserer Zeit stritt man sich ja darüber, und in beiden Kriegen entschied man sich natürlich für die Ausrottung. Den Kreuzrittern blieb auch gar nichts anderes übrig; sie konnten den Mohren nämlich gar keine größere Kultur beibringen, weil sie selbst eine viel kleinere hatten. Im Abendlande gab es viel Aberglaube, viel Kriegsgetös, viel Unsittlichkeit; im Morgenlande blühten die Wissenschaften, die Künste, die Sitten. Und – im Morgenlande blühten die Frauen!

Nicht etwa, daß die Kreuzfahrer sich nicht eigene Weiber ins Morgenland mitgebracht hätten. Damit hatte schon beim zweiten Kreuzzug König Ludwig der Siebente von Frankreich begonnen; er hatte seine guten Gründe dafür gehabt, denn Ihre Majestät war, nun sagen wir: ein bißchen flott, und ihrer ehelichen Treue war er nur dann einigermaßen sicher, wenn er sie bei sich hatte. Natürlich machte das königliche Beispiel Schule; auch andere verheiratete Ehemänner hatten das unbehagliche Gefühl, es könnten ihnen, wenn sie zum Kreuzzug ins Horn stießen, Hörner wachsen. Was aber so aus schöner männlicher Vorsicht und dem schönen Sinn für eheliche Bindung entstand, das endete damit, daß ganze Scharen von keineswegs keuschen oder verheirateten Abendländerinnen dem Heere folgten, mit Keulen bewaffnet und sogar eigene Fahnen schwenkend. Für ausgesprochenen Sex-Appeal blieb da natürlich nicht viel Raum, und der Vergleich mit Deinesgleichen, braune Malechsala, fiel zu Deinen Gunsten aus. So verbot man denn beim Dritten Kreuzzug wieder das Mitnehmen weißer Weiber und hielt sich fortan an die schwarzen; und konnte sie dann nicht mehr entbehren und brachte sie eben mit heim.

Ich sehe Dich einziehen auf der Burg meines Vorfahren in Frankreich, Deutschland oder England, süße, dunkle, nachtäugige, grazile Mohrin! Du siehst Dich suchend um, Du bist staubig vom Wege, Du willst Dich waschen; oh, man versteht Dich: man wäscht Dir die Füße, und die Magd oder der Edelknabe hält Dir ein Schüsselchen mit Wasser hin, damit Du Dir selbst Gesicht und Hände spülen könnest. Aber Du willst mehr; Du willst Dich überall waschen; Du willst baden. Der Burgherr ist ratlos, der Burgkaplan entsetzt ob so sündigem Verlangen, und die Burgfrau hält Dich für eine – Du weißt schon für was. Aber Du setzt Dich durch, Du steigst in einen Zuber, und aus dem Zuber dringt ein hier nie gespürter Duft: der Duft nach Rosen. Du hast Rosenöl mitgebracht!

Ja, seit die Völkerwanderung mit der sonstigen römischen Kultur auch die Kultur der Rosen zerstört hat, kennt man hier keine Rosen mehr. Du läßt Dir Rosensamen aus Deiner Heimat schikken und säst ihn aus; bald blüht es rot an der häßlichen Burgmauer; das ist Dein erster Sieg, Malechsala. Dank Dir beginnt Deutschland, beginnen bald auch Deutschlands Frauen zu duften. Um dieses Geschenks willen läßt man Dir nun vieles durchgehen: zum Beispiel darfst Du Dir sogar die Fingernägel reinigen. Das freilich machen Dir nur wenige nach; noch am Hofe Ludwigs XIV. fällt die gute Liselotte von der Pfalz als höchst unanständig auf, weil ihr das Schwarze unter den Nägeln fehlt. Sie hat es, fi donc, beseitigt.

Aber zurück zu Dir, Malechsala! Du kommst aus dem Bade, duftend; Du begrüßt Deinen Herrn und Gebieter in Gegenwart anderer mit einem zärtlichen Streicheln. O weh, was tust Du, ahnungsloses Mohrenkind? Weißt Du nicht, daß jeder, der einer nicht ihm verbundenen Frau die Hand streichelt, fünfzehn Kühe Buße zahlen muß, und wenn er sich bis zum Oberarm wagt, fünfunddreißig Kühe, zu schweigen vom Dekolleté: dann kostet es fünfundvierzig! Und nun errechne Dir, was es kostet, wenn die Frau mit den Zärtlichkeiten beginnt: das ist gar nicht zu bezahlen und deshalb im Gesetz nicht einmal erwogen! Nein, tagsüber mußt Du Dir andere Unterhaltung suchen, Malechsala. Du mußt arbeiten.

Aber welche Arbeit? Kochen etwa? Du lieber Himmel, wie willst Du denn kochen in dieser Küche; es gibt ja keine Gewürze, von Salz und Honig abgesehen. Du mußt Dir helfen, Du weißt Dir zu helfen: ist aus dem Rosenstrauch bereits ein ganzer Garten geworden, der erste Ziergarten wieder seit der Römerzeit, so baust Du nun auch ein Gewürzgärtlein an, das erste überhaupt. Wie unsere Blumen noch heute Namen tragen, die aus Deiner Heimat stammen, arabische und ganz deutsch gewordene Namen wie Rose und Tulpe und selbst die Kastanie, die Du mitbrachtest aus der Stadt Kastana, so spricht auch Dein Mund noch aus den Namen Deiner Gewürze; Du brachtest und wir benennen nach Dir die Quitte, den Kümmel, den Thymian, den Arrak – denn Arrak heißt arabisch Schweiß, und Arrak ist ein schweißtreibendes Getränk; unser ehrlicher alter Borretsch aber, dereinst als fiebertreibende Heilpflanze verwendet, kommt nun gar aus dem Arabischen »Abu Arrak«, Vater des Schweißes! Wenn ich in eine Bergamottbirne beiße, dann weiß ich, daß Du sie zum ersten Male gepflanzt hast, denn »Bergamott« kommt von »Beg armudy«, die »Birne des Begs«; noch heute stehen in Bosnien die Bergamottbäume als die vornehmsten Birnbäume in den Gärten der reichen Begs, der Adligen. Und eines Tages sehe ich Dich, Malechsala, die Speisen statt mit Honig mit Zuckerrohr süßen, sehe ich Deine vollen, schönen, verlockenden Lippen an solch einem Stück Zuckerrohr saugen, das arabisch »Can« hieß – seither taucht dies ursprünglich altbabylonische Wort für »Rohr« in so ziemlich allem auf, was ein Rohr aufweist, im Kanal, in der Kanone, dem Kaneel, der Kanüle, ja im Kanaster und somit im Knaster des tabakkauenden Seemanns. Und nun, da Du uns die Gewürze gebracht hast, kannst Du auch die bisher so dünnen Brühen verschärfen und verdicken: Du bringst uns, liebe kleine Sarazenin, die Sauce! Und Du bringst, weil Du den Zucker brachtest, neue Formen des Backwerks und des Süßgetränks; die Worte Kuchen, Keks, Punsch und Schorlemorle sind orientalisch.

Aber genug von dem, was Du uns zu essen gegeben hast! Es gibt eine einzige Arbeit, die Frauenhänden ziemlich ist, wenn Männer zugegen sind: das Spinnen mit der Kunkel. Aber das ist zu grob für Deine zierlichen Finger, und Du zückst eine mitgebrachte Nadel und zauberst entzückende Arabesken aus Faden und Linnen; Du lehrst die deutsche Frau das Sticken, Du schenkst uns die Gobelins. Dann bist Du müde vom Sticken, du möchtest spielen – ach, die Deutschen haben nur ein international gewordenes Spiel erfunden, das Kegeln! Du aber ziehst ein Brettlein und zierlich geschnitzte Figuren hervor: das Schachspiel; und wenn wir heute siegreich sagen »Schachmatt!«, dann meinen wir damit nicht, daß der König, der Schah, ermattet sei, sondern wir sprechen arabisch: »Schah mat« heißt: Der König ist gestorben.

Nun, erst kommt das Fressen, dann kommt die Moral, auch im positiven Sinne: hast Du erst das Essen verbessert, dann verbesserst Du auch die Sitten. Bis Du kamst, aß und trank man nicht bei Tische – man fraß und soff. Man soff so, daß es am englischen Hofe einen eigenen, sehr hohen Rang gab, ausgeübt von einem Lord – den Rang des Königlichen Kopfhalters. Der Inhaber dieses Amtes nämlich mußte Seiner Majestät den Kopf halten, wenn Höchstdieselbe, nun sagen wir's vornehm, seekrank wurde. Dabei trank man vorwiegend Bier. Schon in der jüngeren Edda entscheidet sich ein König für diejenige von zwei Frauen, die das beste Bier zu brauen weiß. Nicht sehr galant – aber Göttervater Odin hilft der hübscheren, indem er ihr heimlich ins Bier spuckt, und dies Gärmittel bewährt sich so vorzüglich, daß die Häßlichere mit ihrem speichellosen Bier verliert. Aus dem sarazenischen Spanien aber wird nun der Wein wieder eingeführt und bessert die Tischsitten. Wenn es manche Mädchen heute noch für vornehm halten, beim Kaffeetrinken den kleinen Finger und den Mittelfinger wegzuspreizen – nun, das war wirklich einmal vornehm. Malechsala führte die Sitte ein, und sie hatte ihren Grund: mit diesen beiden Fingern schneuzte man sich kunstvoll die Nase, und Malechsala fand es unfein, mit denselben Fingern ins Fleisch zu fassen – denn die Gabel gab es noch nicht, und das Taschentuch erst recht nicht. Malechsala führte es erst später ein, und es war aus Gaze – Gaze heißt der Stoff nämlich noch heute deshalb, weil er aus der Stadt Ghaza stammt. Und als Malechsala dann noch den Fasan und den Senf auf die europäische Tafel brachte, da hatte sie besonders mit dem letzteren einen derartigen Erfolg, daß Papst Johann XXII. den König von England überbot: hatte der seinen Kopfhalter, so ernannte der Papst seinen Neffen zum »Grand moutardier du pape«, zum päpstlichen Groß-Mostrich-Bewahrer!

Wen wundert es da, daß Malechsala, kühn geworden, sich auch um die Künste und die Geselligkeit kümmerte? Noch während des Essens selbst begann sie und ließ kurze, hübsche Musikstücke in den Eßpausen aufführen, »zwischen den Speisen«, »inter mezzi« – so erfand sie das musikalische Intermezzo. Natürlich mußte sie auch die Instrumente dazu mitbringen; aus ihrem »Rebab« entwickelten sich unsere Streichinstrumente von der Geige über Bratsche und Cello bis zur Baßgeige, aus ihrem »Al aut« unsere Zupf- und Schlaginstrumente von der Laute bis zum Cembalo. Und wenn es leider feststeht, daß wir Deutschen ursprünglich nicht etwa aus kultischen Gründen tanzten wie andere Völker, geschweige denn aus Gründen der Lustbarkeit oder der Liebe, sondern lediglich, um unseren schwerfälligen Körpern in den immer eiskalten, feuchten und zugigen Burghallen durch Bewegung etwas Wärme zu verschaffen, woher es denn kommt, daß unsere ältesten Tänze lauter Strampel- und Trampeltänze waren – Malechsala führte das graziöse Schreiten, Drehen, Sichwiegen ein, sie lehrte die deutschen Bären und Bärinnen die Grazie ihres eigenen braunen Körpers, so daß sie nun aus Lust und Liebe tanzten. Der Kälte wegen hatten sie es nämlich nicht mehr nötig; Malechsala, an heißere Klimate gewöhnt, hatte längst bessere Heizanlagen durchgesetzt, wie sie denn auch nicht gern auf harten und ungehobelten Bänken saß und für ihr empfindliches und verwöhntes Körperchen die ersten Sitzkissen importierte; die Ritter des Mittelalters hockten von da ab auf gekreuzten Beinen wie heute nur noch die Orientalen und – die Schneider.

Jeder Schneider, den wir so sitzen und nähen sehen, hält sozusagen eine Ehren- und Gedächtnissitzung für Dich ab, kleine Sarazenin! Sie hocken so, weil sie es von Dir erlernten, weil Du erst ihr Gewerbe zum Blühen brachtest. Nicht nur, daß Du Harun al Raschids Hofstil einführtest, daß an die Stelle der klappernden Rüstungen schmiegsame Gewänder aus Tuch und Samt und Seide traten, die der Hausherr den Dienern liefern mußte, und »liefern« heißt auf französisch »livrer«, und darum tragen Diener heute noch ihre »Livree« – Du erfandest auch die symbolische Bedeutung der Farben; Du kamst über die Pflege des Magens zur Pflege der Minne. Wie es um Deine und Deiner weißen Burggefährtinnen Kavaliere stand, das war auf den ersten Blick aus der Farbe ihrer Kleidung zu ersehen. Schmachtete Dich einer nur erst heimlich an, so mußte er Grün tragen, die Farbe der Hoffnung. Hatte er sich Dir erklärt, mußte er sich weiß kleiden, als Sinnbild dafür, daß er nur unschuldige, platonische Zuneigung zu erbitten wage. Hattest Du ihm das zugebilligt, so trug er Rot, »Scharlach« auf arabisch, die Farbe der Liebe; und hattest Du ihn ganz erhört, dann verkündete das seine Gewandung durch ein stolzes Gelb.

Es ist hier anzumerken, daß Deine europäischen Schüler und Schülerinnen sich hierin sehr gelehrig zeigten, allzu gelehrig; aus

Deinen schlichten vier Stufen des Minneanzugs machten sie weit mehr, indem sie Hosen in zweierlei Farben trugen und somit unzählige Variationsmöglichkeiten schufen. Der liebende Ritter konnte ein blaues Hosenbein mit einem grünen kombinieren, dann bedeutete das »Anfang in Stetigkeit«, oder mit einem weißen, dann hieß das »hoffend treues Gedenken«, oder mit einem gelben, dann schrie er's heraus: Ich hab's erreicht! In diese erotischen Landkarten von Hosen, die den Herren höchst prall ansaßen, durfte und mußte übrigens auch das zurückhaltendste Edelfräulein dem Bewerber um ihre Liebe hineinhelfen – wie die Damen zu seiner Begrüßung auch den Hut abnahmen und wieder aufsetzten und nicht, wie heute, umgekehrt.

Aber das, Malechsala, war schon Entartung, dafür warst Du nicht mehr verantwortlich, Du verstandest Dich ja auf das Maßhalten; es war vielleicht Deine größte Tugend und diejenige Tugend, die uns am schnellsten wieder verlorenging. Und so suchtest Du auch das rechte Verhältnis, das maßgerechte Verhältnis zwischen Herz und Geist, zwischen Minne und Wissen zu lehren. Wenn Du mit der legalen Burgfrau über den Wirtschaftsbüchern saßest, dann lehrtest Du sie die arabische Kunst des Rechnens mit der Null, die das eigentliche Rechnen überhaupt erst ermöglichte; des Burgherrn Goldmacher lehrtest Du die Kenntnis der Elemente; dies Wort stammt aus dem Orientalischen wie das Wort Ziffer, und das arabische Fürwort »al« steckt in Alchimie wie in Algebra, wie denn in der Gleichung die Unbekannte darum x heißt, weil »iks« im Arabischen »irgend etwas« heißt. Wurde Dein ritterlicher Gebieter krank, dann warst Du es, die ihm zu helfen wußte; an der Hohen Schule zu Salern lehrten ja Männer und Frauen Deiner Rasse die Medizin, hochgelehrt, sie waren die Nachfolger der jüdischen Leibärzte, die noch Karl der Große so geschätzt hatte, die aber nun unschuldig in Mißkredit geraten waren. Mit den einheimischen Ärzten aber müssen es Deine Hohen Herren schwer gehabt haben. Herzog Leopold von Österreich starb, weil sein Medicus sein entzündetes Bein nicht amputieren wollte, so daß Leopold es schließlich selber tat mit Hilfe eines Beiles, auf das er dreimal mit einem Hammer schlug; Leopold hatte zweifellos Nerven, aber es war zu spät. Kaiser Otto II. mußte vom Leben scheiden, weil sein Leibarzt ihm gegen Verstopfung siebzehneinhalb Gramm Aloe verordnete – ein Bruchteil davon wäre schon tödlich gewesen. Und Kaiser Otto IV. starb ebenfalls elendiglich an einem ärztlich verordneten Abführmittel. Albrecht I. wieder glaubte sich vergiftet, zwang seine beiden Edelknaben, die er verdächtigte, die gleiche Speise zu essen, rief dann seinen Arzt und ließ sich von ihm an den Füßen aufhängen, damit das Gift aus Nase, Ohren, Augen und Mund herauslaufen könne! Albrecht verlor dabei die Besinnung vorübergehend und ein Auge fürs Leben, den beiden Edelknaben aber geschah gar nichts – keine Speise war vergiftet gewesen, der Herzog hatte sich einfach überfressen. Übrigens hing auch der Leibarzt Kaiser Sigismunds seinen Herrn ein Jahrhundert später an den Füßen auf, und Sigismund hielt das vierundzwanzig Stunden lang aus und überstand die Kur – wie denn der holländische Arzt de Graaff einem französischen Prälaten zweitausendeinhundertundneunzig Klistiere verabreichte, die der geistliche Herr überlebte: die Zahl ist nur dadurch bekanntgeworden, daß er dem Arzt die Rechnung nicht zahlen wollte und mit ihm prozessierte.

Waren es solche Mediziner, die an der allgemeinen Verachtung der ärztlichen Kunst die Schuld trugen? Geistliche durften sie nicht ausüben; noch 1416 wies die Universität Wien einen Chirurgen, der seinen Doktor bauen wollte, als unverschämten Menschen zurück; überhaupt galten die Chirurgen als unehrlich, und bis zur Abdankung des letzten bayerischen Monarchen im Jahre 1918 hatten zwar sogar die Feuerwerksoffiziere, die doch aus dem Unteroffiziersstande hervorgegangen waren, Zutritt bei Hofe, nicht aber die Militärärzte – auch nicht der Herr Generalstabsarzt, der im Range eines Divisionskommandeurs stand!

Nein, solche Verachtung traf Dich nicht, Malechsala, wenn Du auch Deines großen Wissens wegen bei vielen als Blaustrumpf galtest, und wenn auch der große Wolfram von Eschenbach in seinem »Parzival« Dich als Kundry zeichnete und verzeichnete, als morgenländische, dunkler und geheimer Künste kundige Hexe. Nun, für Herrn Wolfram waren Deine Künste wirklich dunkel und geheim, denn er konnte weder lesen noch schreiben und haßte also Frauen, die das verstanden; er tobte ganz einfach seinen Minderwertigkeitskomplex aus. Aber auch sehr gebildete Herren wünschten oft keine gebildeten Damen; ja, noch zu Goethes und Schillers Zeiten läßt der sonst so fortschrittbegeisterte Freiheitsdichter Schubart sein schwäbisches Mädchen mit Stolz also sprechen: »Das Schreiben und das Lesen macht Mädchen widerlich; der Mann, für mich erlesen, er liest einmal für mich!«

Die da dennoch lesen konnten, die werden über Herrn Schubart gelächelt haben wie Du, Malechsala, über Herrn Wolfram, wenn Du mit Deinem von Dir geheilten Gebieter, ihn noch stützend ob seiner Schwäche der Genesung, auf den Söller tratest und ihm die Gestirne wiesest: Du kanntest ihre Namen, entweder waren sie Deinem Volk von den Griechen überkommen oder ihr selbst hattet sie getauft, wie den Rigl, die Beteigeuze, den Aldebaran. Ja, Du blicktest auf mit ihm zum Zenit, und wenn Du nicht »Zenit« sagtest, sondern »Zemt«, dann hattest doch Du recht: erst als ein spanischer Drucker die erste arabische Astronomie übersetzte, vergriff er sich in den Lettern und nahm statt des m ein n und ein i – so entstand aus dem schlichten Wort »Zemt« das mystisch prangende und klingende Wort »Zenit«; es ist nichts als ein Druckfehler, einer freilich, den wir weder missen möchten noch könnten.

Und nach diesem Blick in den Himmel, Malechsala – ja, danach gingst Du mit Deinem Herrn und Gebieter zurück in seine Kammer, aber nicht in jenes dreischläferige Ehebett, das die Franzosen verbrannten. Denn er liebte Dich, der Deinige; aber heiraten, nein: Dich zu heiraten wagte er nicht. Du warst ja eine Ungläubige und eine Schwarze.

Aber Du wirst auch darüber gelächelt haben. Denn sonst, das hattest Du schon bemerkt, war man in diesen Dingen gar nicht so, jedenfalls nicht in den höheren und nicht in den niederen Schichten. Zwar mußte eine Bauerntochter, die heiraten wollte, nach der Chronik von Sponheim eine reine Jungfrau sein; doch waren drei Arten von Schäden ausdrücklich ausgenommen, nämlich Schäden durch Kinderspiele, durch Spiele hinter den Zäunen und durch Stroh und Korn ... Und in der höchsten Gesellschaft verlangte man nicht einmal das; es scheint dort nicht anders hergegangen zu sein als auf den bayerischen Dörfern beim Fensterln; bezieht sich doch der bekannte Vers von Wilhelm Busch »Was sieht er da, vor Schreck erstarrt? Die Emma trägt den Eginhart!« auf Karls des Großen Tochter Emma, die ihren Geliebten, Karls berühmten Biographen Eginhart oder Einhart, auf ihren starken Schultern aus ihrer Kemenate heraustrug, damit der Herr Papa seine allnächtlichen Fußspuren nicht sehe. Als Karl dennoch dahinterkam, soll er die beiden verheiratet und ihnen den Odenwald zum Lehen gegeben haben, die Grafen von Erbach im Odenwald leiten ihr Geschlecht von Emma und Einhart ab. Leider ist das Klatsch, Adels- und Wappenklatsch aus einer Zeit, in der die Heraldik erblühte und irgendwelche Geschlechter ohne Hemmung und allen Ernstes bis auf Adam und Eva zurückführte; Emma und Einhart haben in Wirklichkeit nie geheiratet. Du, Malechsala, wirst auch über diese Wappenseligkeit gelächelt haben; wußtest Du doch, daß die Fürsten und Grafen und Adligen manchmal darum gefürstet und gegraft und geadelt wurden, weil sie sich im Felde tapfer geschlagen hatten, meist aber darum, weil ihre Frauen oder Töchter von irgendeiner Majestät illegal Kinder bekommen hatten, die nun standesgemäß versorgt werden mußten. Ja, Fürst und Graf konnte man werden als uneheliches Kind; Schneider oder Schuster aber, und das ist das Seltsamste aus jener Zeit, nicht!

Die Zünfte nämlich, der Gevatter Schneider und Handschuhmacher, die Klein- und Spießbürger — die wahrten die Moral! »Die Zünfte müssen so rein sein, als wären sie von den Tauben gelesen«, sagte man. Wer einen Hund erschlug, wenn auch in Notwehr, durfte nicht mehr Handwerker sein – er hatte in das Recht des Scharfrichters eingegriffen. Noch 1690 durfte ein ehelich geborener Bauernsohn zu Bunzlau nicht Schneider werden, weil seine Großmutter fünfzig Jahre zuvor ein uneheliches Kind geboren hatte. 1656 durfte zu Grünberg ein Lehrling nicht Handwerker werden, weil seine Mutter im Dreißigjährigen Krieg von den Schweden vergewaltigt worden war. 1691 wird der Sohn eines Richters nicht zur Weißgerberei zugelassen, weil sein Großvater vierzig Jahre früher bei der Kastration von Pferden geholfen hatte. Wer eine Ertrunkene aus dem Wasser zog, und wäre es die eigene Frau gewesen, dessen Tochter durfte keinen Schneider heiraten, oder der mußte aus der Zunft heraus; ein Schweizer Rittmeister verlor noch 1757 seine Schwadron, weil er vier seiner Pferde aus dem Fluß gerettet hatte mit Hilfe eines Strickes, den vielleicht – vielleicht! – der Henker in der Hand gehabt hatte; wer seiner Frau einen Ehebruch verzieh, flog sofort aus der Zunft, und wer nicht seinen Ahnenpaß bis zu den Großeltern in Ordnung hatte, kam gar nicht hinein.

Bei solcher Sittenstrenge war es kein Wunder, daß in den Städten der Klatsch blühte wie nie — und gefährlich wurde wie nie. So ersteht denn dem Klatsch in der guten Stadt Basel seine erste und, soweit mir bekannt, die überhaupt einzige Märtyrerin. Dort hatte 1492 eine Dame öffentlich ausgesprochen, wenn man eine fromme Frau oder Jungfrau zu Basel finden wolle, so müsse man sie in der Wiege suchen. Man stellte sie vor Gericht und wollte sie straffrei lassen, wenn sie ihre Behauptung widerrufe, aber diese Bewunderungswürdige blieb fest und widerrief nicht; sie ließ sich lieber mit Ruten auspeitschen und aus der Stadt für ewig verbannen – eine wahre Jungfrau von Orleans des Klatsches! Weihen wir ihr einen stillen Augenblick des Gedenkens...

Nein, dergleichen betraf Dich nicht, Malechsala; Du warst in Dingen der Liebe nicht spießig, aber auch nicht derb; Du mochtest das bäuerliche Fensterln nicht und nicht die kleinbürgerliche Sauertöpfischkeit, sondern Du lehrtest die Jünglinge und Jungfrauen Europas das zarte Sichnähern, das demütige Werben, das lockende Sichverweigern und das graziöse Sichgewähren. Du schufst die Gärten, in denen man sich ergehen, die Pfühle, auf denen man sich küssen durfte. Wenn heute einer der Geliebten zutrinkt, dann hat er es von Dir erlernt, und wenn einer der Geliebten ein Ständchen bringt, auch. Du brachtest uns bei, daß auch das Hirn sich anstrengen muß, wenn das Herz spricht, und verfeinertest also das Grobe. Du lehrtest die Frauen duften und die Blumensprache sprechen, die Männer singen und tanzen und sogar das ritterliche Fechten, denn auch das Wort »Turnier« stammt aus Deiner Sprache wie das Turnier selbst aus Deinem Lande. Du lehrtest die Liebenden, sich füreinander zu schmücken, und weil »Schmuck« in Deinem Munde »khali« hieß und im Spanischen zu »Gala« wurde, schenktest Du Europa die ritterliche und die verspielte Liebe zugleich: die Galanterie. Wo und wenn wir galant sind, danken wir es Dir.

Und zuletzt, schöne dunkle Sklavin und Herrscherin, bautest Du für das zierliche und hochstrebende Leben, das Du gebracht hattest, auch die Räume, auch den neuen Stil, in welchem es sich abspielen sollte. Dem einheimischen Baumeister, der die düstern Hallen Deiner Burg heller und höher machen wollte und nicht recht wußte, wie, skizziertest Du die Spitzbogen Deiner heimatlichen Paläste aufs Pergament, und er baute sie nach und formte sie um, und Du, Malechsala, Du fügtest zur edlen Erotik die edle Gotik. Das war der süßeste und erhabenste Reim Deines Lebens.

Du wurdest nicht geheiratet; Du bliebst das illegale Verhältnis des mittelalterlichen Menschen, aber Du machtest das düstere Mittelalter behaglich, und was heute noch behaglich ist an unseren Wohnungen und Gärten, das ist von Dir, und was heute noch zierlich, aber nicht geziert, erzogen, aber nicht verzogen, reizvoll, aber nicht aufreizend, gepflegt, aber nicht überpflegt, sinnig und sinnlich, aber nicht gierig ist an unseren Frauen, das ist auch von Dir. Und weil diese unsere Frauen so wurden wie Du, darum hat der alte Klatsch des Volkes um den Grafen von Gleichen doch recht – die blonde Gattin wurde der dunklen Freundin gleich, und der Graf wurde ein Mann von zwei Gleichen, ein Graf von Gleichen.

Ach, Malechsala, es sind so oft die zur linken Hand, die uns glücklich, und die zur rechten Hand, die uns unglücklich machen! Du hast diesen Fluch beschworen; Du bist vergessen worden und dahingegangen, aber Du lebst und geistest im Hause unserer Kultur, wie wohl die Baumeister früherer Zeiten eine Lebendige einmauerten in die Pfeiler ihrer Häuser, auf daß sie bestünden und schön würden und blieben. Deshalb grüße ich Dich noch einmal als eine, der wir gleich werden mögen, und reiche Dir die liebende Hand über alle legalen Ahnfrauen hinweg, Du unser dunkler Punkt, Du mein illegales, holdseliges Ahnfräulein!

VIERTES KAPITEL
ODER DIE RENAISSANCE

Hier erhalten Kraftgestalten
Ihre Jugend durch die Alten.

Warum die Renaissance, warum also die Wiedererweckung des antiken Schönheits- und Persönlichkeitsideals gerade in Italien ausbrach – dafür haben unsere Kunsthistoriker eine einigermaßen zureichende Erklärung; die Frage aber, warum diese rein italienische Angelegenheit sich so schnell nach Frankreich, nach England, ja teilweise sogar nach Deutschland ausbreitete – die vermag nur der Klatsch zu beantworten.

In Italien also, sagen unsere Kunstgeschichtler, lagen eben die Reste der antiken Bild- und Bauwerke in solchen Mengen und für alle Augen sichtbar umher, daß sie zum Vergleich mit der herrschenden Gotik geradezu herausforderten; und diese Gotik wurde erst wieder beliebt, als sie tot war; damals war sie, wie vieles Herrschende, höchst unbeliebt. Der große Raffael zum Beispiel schloß sich durchaus der Meinung Vasaris an, der da schrieb: »Die Goten bauten Pyramiden mit Spitzen und Blattwerk in wüster Unzahl, so daß es unmöglich scheint, so etwas könne überhaupt zusammenhalten; es ist, als wäre der Bau nicht aus Stein geschnitten, sondern aus Papier. Gott beschütze jedes Land vor dem Blödsinn solcher Arbeiten, denn sie sind geradezu ungeheuerlich von der Schönheit entfernt, die unsere modernen Bauten zeigen!« Harte Worte über unsere Kathedralen von Notre Dame und Reims und Straßburg und Ulm, und allenthalben erklang dann auch das Motto, das auch heute wieder, nur leicht abgewandelt, erklingt: »Wir wollen unsre guten alten Griechen wieder ham, aber die mit dem Bart!« Tatsächlich mußten sich die Baumeister und Bildhauer zunächst so sklavisch an die antiken Vorbilder halten, daß ein Michelangelo seine Laufbahn als Kunstfälscher zu beginnen gezwungen war: er vergrub seinen »Schlafenden Kupido« so lange in der Erde, bis er ein antikes Aussehen bekam vor lauter Dreck, und tatsächlich gelang es ihm, das Werk einem Kardinal als echt römisch anzudrehen – der dann freilich den Schwindel entdeckte und es empört zurückgab. Zu den Stammvätern des Herrn van Meegeren gehörte also auch Herr Michelangelo Buonarroti, und was dem recht war, kann wohl einem modernen Kunsthändler billig sein – oder vielmehr teuer. Nur war Michelangelo eben doch Michelangelo, kein Kunsthändler, sondern ein Kunstschaffer, freilich nicht etwa arm, wie immer geschrieben wird, sondern nur abenteuerlich geizig, aber doch ein Trotzkopf mit einer Entwicklung: hatte er damit begonnen, die Moderne als Antike einzuschmuggeln, so endete er damit, das antike Maß in die maßlos gewordene Moderne einzuschmuggeln. Sein Bauherr Papst Julius II. nämlich, ein ebenso tüchtiger wie bombastischer Herr, der bei Tisch als neckisches Gesellschaftsspiel seinen Gästen Bratenstücke ins Gesicht zu werfen pflegte und gern gewagte Schlager sang, wie das Kaiser Konstantin übrigens auch gern zu tun pflegte, der doch als erster Kaiser zum Christentum übergetreten war, nachdem er so ziemlich seine ganze Familie hatte ermorden lassen – Papst Julius also, der so üppig zu tafeln pflegte, daß man Raffael, der ihn einmal mit sehr blasser und einmal mit sehr roter Hautfarbe porträtiert hatte, nachsagte, er habe Seine Heiligkeit einmal vor und einmal nach dem Essen gemalt —, er wollte St. Peter nicht etwa nur als Kirche neu erbauen, sondern nach römischem Vorbild als Tempel, Schule, Museum, Kunstsammlung, Theater, Lustgarten und – Zirkus zugleich ... Gottlob starben er und seine Baumeister darüber hinweg, und Michelangelo beschränkte und bekrönte das Werk durch seine unbezahlbare Kuppel, deren maßvolle Bescheidung das Ganze gleichwohl überhaupt erst bezahlbar machte: für den geplanten gigantischen Kitsch hätte der in aller Welt eingetriebene Peterspfennig nie gereicht und wäre wohl auch noch weniger gern gegeben worden. Dennoch paßte der große Mensch und Maler, der seine ganze Renaissancezeit durch- und überlebte, nie so ganz in diese seine Zeit: waren seine Gestalten, im Gegensatz zu denen Raffaels und Lionardos, den Machthabern der Frührenaissance zu streng, zu wenig sinnlich und zu wenig nackt gewesen, so waren sie nun den Machthabern der Gegenreformation zu locker, zu sinnlich und zu nackt, und man stellte einen »Hosenmaler« an, um ihre Blößen zu übermalen – wohl den ersten, nicht aber den letzten der Kunstgeschichte: zu Bonn werden gerade wieder welche gesucht.

Freilich war jenem Rückschlag einiges an Exzessen vorangegangen, als deren Hauptakteure man den Stand der Kleriker sowie die Geschwister Cesare und Lukrezia Borgia zu betrachten sich angewöhnt hat. In allen drei Punkten liegt jedoch nichts als Übertreibung, Irrtum und Klatsch vor. »Kleriker« nämlich nannte man damals nicht etwa Geistliche, sondern Herren, die zwar geistliche Ausbildung genossen, aber noch nicht die Weihen empfangen hatten und nun ins Weltliche abbogen; mit ihren Taten und Untaten hat also der »Klerus« im heutigen Sinne nichts zu tun. Zugegeben, daß sie sich zum großen Teil aus unehelichen Söhnen ehrbarer Väter zusammensetzten; aber die legitimen Ehefrauen dieser Väter zogen solche »Kinder der Liebe« wie ihre eigenen und im eigenen Hause auf, die große Welt stand ihnen offen, wie denn zum Beispiel auch Lionardo so ein »Kind der Liebe« war;

und wenn man ihnen also die Sünden der Väter nicht nachtrug – nun, so war man damals eben weiter und christlicher als wir. Und was Herrn Cesare Borgia angeht, auch so einer, so beging er zweifellos ungeheuerliche Verbrechen, ebenso wie gekrönte Häupter damaliger, früherer und späterer Zeiten; übel nahm man ihm das nur, weil er nicht königlichen, sondern päpstlichen Geblütes war. Und Lukrezia nun gar wurde von allen Dichtern und Kennern der Zeit, von Ariost bis Bembo, als Muster aller Tugenden besungen und geschildert und – war es auch. Mit keinem der Morde, die man ihr heute nachsagt, war sie auch nur einverstanden; sie war das moralische Vorbild ihrer Zeit, die Dame par excellence im Sinne Lionardos, der damals nicht so sehr als Maler denn als maître de plaisir, als Kenner und Lehrer höfischen Anstands berühmt und – angestellt war. Und wie sie sich verhielt und was sie wußte, das wog hundertfach in einer Epoche, da ein Don Ferrante von Neapel in einem Saal ein Essen einnahm, der mit den ausgestopften Leichen der von ihm getöteten Feinde dekoriert war, wobei er so dick wurde, daß ihm sein Leibesumfang Weltberühmtheit eintrug; da der größte aller Baumeister, Bramante, nicht lesen und schreiben konnte, dafür freilich zeichnen und bauen; da man bei fürstlichen Tafeln gebratene Kapaune zu menschlichen Gestalten zuschnitt und also verzehrte und aus gebratenen Tauben Tempelsänger zurechtformte und ebenfalls mit Genuß verspeiste.

Woher also Lukrezias schlechter Ruf? Er rührt von einem einzigen Tanz – er rührt von einem Klatsch her, den ihr Bruder Cesare in die Welt gesetzt hatte. Der nämlich hatte ihren Gatten ermorden lassen — ihren Gatten, den sie liebte, und sie wußte einigermaßen genau, wer der Mörder war. Sie weigerte sich, diesen Bruder und Mörder zu sehen, und trauerte um den Mann und Geliebten. Cesare aber verbreitete, sie zeige sich nicht bei Hofe, weil sie hinke! Lukrezia ließ die blöde Verdächtigung schlafen; ihren Vater Alexander VI. aber nicht, denn er war maßlos eitel auf seine Tochter. Er rief sie nach Rom, er zwang sie, mit dem Bruder zu tanzen, und als sie es notgedrungen tat, rief der Papst: »Da seht ihr's, sie hinkt nicht!« Und diesen Tanz mit dem Mörder verzieh ihr die Geschichte nie; aus ihm schloß sie auf ihr Einverständnis mit dem Mörder; väterliche Eitelkeit ruinierte den Ruf der Tochter für Jahrhunderte. Der Klatsch hatte gesiegt.

Aber auch die Renaissance hatte gesiegt. Wo zu ihrem Beginn die Wölfe in den Straßen geheult hatten, im heiligen Rom – da standen nun die schönsten Bauten, herrschte die feinste Bildung, hausten die bezauberndsten Frauen der Welt; in Rom wie in fast ganz Italien. Wie aber kam sie nach Frankreich, nach England, nach Deutschland, diese italienische Renaissance?

Ach, das ist mal eine schöne Geschichte — in des Wortes positiver wie ironischer Bedeutung; eine Klatschgeschichte, die den Vorteil oder den Nachteil hat, verbürgt wahr zu sein.

Da war also König Karl VIII. von Frankreich, der stand sich gut mit Kaiser Maximilian I. in Deutschland, so gut, daß der Kaiser beschloß, dem König seine Tochter Margarete zur Frau zu geben. Margarete ging also nach Frankreich ab, und Karl VIII. besichtigte sie, und sie ihn. Es muß wohl eine gegenseitige Enttäuschung gegeben haben: Karl dürfte der Erwartung gewesen sein, daß Margarete ihrem stattlichen und schönen Vater nachschlage; sie tat es nicht. Und Margarete hat gewiß gemeint, der König von Frankreich sei so schön wie sein Land; er war es auch nicht. Er war klein und unansehnlich. Trotzdem, man weiß ja, Fürsten müssen sich der Politik beugen: die Hochzeit wurde festgesetzt.

Wie aber die Ritter so sind, und man nannte Maximilian ja den letzten Ritter: er wollte auch was Hübsches zur Ehe. Und er hatte gehört, daß die Prinzessin Anne von der Bretagne hübsch sei, sehr hübsch. Er ließ um sie werben und bekam das Jawort, und der Ritter Herbolt von Polheim wurde in die Bretagne geschickt, um die Braut abzuholen und sich auch stellvertretend für den Kaiser mit ihr trauen zu lassen. Wie das vor sich ging, das schildert der zeitgenössische Chronist: »Herr Herbolt ward zu Reims ehrlich empfangen, und daselbst beschlief er die königliche Braut, wie es der Fürsten Gewohnheit ist: als Sendbote legte er sich gewappnet neben sie und berührte sie nur mit dem rechten Arm und dem rechten Fuß, und zwischen beiden lag ein bloßes Schwert.«

Wie dem nun auch sei, Herr Herbolt widerstand wirklich den Reizen der schönen Braut; aber Karl VIII., durch dessen Land sie zum Kaiser ziehen mußte und der sie bei dieser Gelegenheit sah, widerstand ihnen nicht. Er setzte Anne kurz entschlossen fest, schickte dem Kaiser die Tochter Margarete zurück, behielt aber die Braut und heiratete sie selbst. Was konnte sie tun? Sie mußte, und er wollte nun mal. Gerade ein unansehnlicher Mann schmückt sich gern mit einer ansehnlichen Frau, besonders wenn er König ist.

Kaiser Maximilian erklärte natürlich sofort den Krieg. Indessen König Karl machte einen Friedensvorschlag. Er bot dem Kaiser zwar nicht die Rückgabe seiner Braut an, die ja auch sowieso nicht mehr intakt war, wohl aber die Rückgabe zweier Herzogtümer, die noch intakt waren. Unter diesen Umständen besann sich der Kaiser nicht lange und nahm die Herzogtümer. Und Karl hatte nun seine Anne sicher. Sie war ihm die Herzogtümer wert. Anfangs wenigstens. Später nicht mehr.

Denn ob nun die schöne Anne beschlossen hatte, sich der erzwungenen Hochzeit wegen an ihrem Mann zu rächen, schließlich wird man lieber Kaiserin als bloß Königin, oder ob sie tatsächlich so sittenstreng war, wie sie erzogen worden war und sich nun gab: jedenfalls zeigte sie ihm und anderen Leuten ihre Schönheit nicht. Sie erfand eine neue und möglichst unkleidsame Tracht, die sie auch ihren Hofdamen aufnötigte und die nur einen winzigen Ausschnitt der Gesichter frei ließ – sonst nichts. Sie hielt sich meist auf dem Lande auf und bewegte sich dort in Holzpantoffeln. Das französische Volk singt heute noch: »C'était Anne de Bretagne, reine en sabots« – das war Anne von Bretagne, Königin in Holzpantinen!

Sonst kümmerte sie sich nur um die moralische Erziehung der Jugend. Für sie ließ sie vom Hofkaplan einundneunzig Lebensbeschreibungen tugendhafter Damen verfassen, um »den italienischen Novellen entgegenzuwirken«. Wenn Karl sich leise beschwerte, verwies sie auf ihre Mutter, die sie schon immer vor den italienischen Sitten gewarnt habe, welche »die guten Sitten der Fräulein vom Stand bedrohen«. Um solcher Bedrohung entgegenzutreten, verbot sie auch die harmloseste Liebelei und bezeichnete jede kleinste Zärtlichkeit selbst zwischen Verlobten als ungehörig.

Es kam, wie es kommen mußte: Karl, der Besitzer einer Schönheit, die er nicht einmal besichtigen durfte, langweilte sich, und eben die Frucht, die sie ihm madig zu machen suchte, die Frucht der Renaissance, lockte ihn. Von ihr wußten italienische Emigranten an seinem Hof ihm wie seinen ebenfalls gelangweilten Hofjunkern Wunderdinge zu erzählen; ihretwegen folgte er endlich ihren Bitten, in Italien einzugreifen. Sein Zug gen Neapel *schien* nur ein Angriff; in Wirklichkeit war er eine Flucht vor der allzustrengen, allzu langweiligen Anne de Bretagne, die unter den Königinnen des galanten Frankreich Gott sei Dank so ziemlich ein Unikat geblieben ist.

Gleichwohl war der Angriff gefährlich; Landstreicher und Landsknechte aus aller Welt liefen dem kleinen König zu, der den großen Helden spielen wollte, Franzosen, Flamen, Deutsche, Spanier vor allem – und unter den Spaniern sogar eine kleine Gruppe von Seeleuten, die mit Christoph Kolumbus vor wenigen Jahren Amerika entdeckt und einige Zeit dort verbracht hatten. Auf sie soll Karl besonders stolz gewesen sein; er soll ihr Eingreifen für ungemein wesentlich und entscheidend gehalten haben. In welchem Sinne er damit recht behalten sollte, ahnte er noch nicht und konnte niemand ahnen, auch die Spanier selber nicht.

Tatsächlich drang der bunt zusammengewürfelte Haufen rasch vor, unheimlich rasch geradezu. Er fand nämlich absolut keinen Widerstand. Denn im gewitzten Italien hatte es sich im Nu herumgesprochen, daß Karls eigentliches Kampfmotiv seine unbefriedigende Ehe und das Motiv seiner Junker sein unbefriedigender Hof war; sie suchten in Italien einfach das, was sie in Frankreich nicht bekamen, während es heute umgekehrt ist: heute sucht man in Paris das, was man zu Hause nicht bekommt. Nun, man gab es ihnen damals, gab es in verschwenderischer Fülle. An der mailändischen Grenze stellt sich den kühnen Eroberern nicht etwa ein Männerheer unter der Führung des Tyrannen Lodovico entgegen, sondern ein ganzer Heerzug bezaubernder Frauen unter der Führung von Lodovicos entzückender Gattin Beatrice D'Este. »Für Rittertaten«, sagte sie dem König beim Tanze, »kommen Ew. Majestät ein Jahrhundert zu spät, für andere Taten nicht.« Auf welchem Gebiete diese anderen Taten liegen, wird bald klar, und Karls an dergleichen wenig gewöhntes Gefolge erweist sich hier als siegreich und ausdauernd. Zwar ist Karl im Anfang des Kriegszuges noch so fränkisch-ungalant, daß er den kostbaren Schmuck, in dem ihn die Prinzessinnen von Savoyen und Montferrat empfangen, als Kriegsschatz »erbittet«, denn Geld hat er nicht; aber in Mailand ist er schon so galant geworden, daß er sich von der schönen Beatrice nach Neapel weiterschicken läßt. Denn dort, sagte sie ihm, herrsche ein böser Tyrann.

Indessen als Karl, in Rom wie anderswo mit Blumen, Feuerwerken, Tänzen, von adligen Fräuleins und Kurtisanen empfangen, endlich bis Neapel vorgedrungen ist, ist der Tyrann gerade nicht anwesend. Statt dessen auch hier Feste, Frauen und abermals Frauen, Jubel, Trubel, Heiterkeit ... Alles huldigt dem Befreier, Italien gehört ihm, und beruhigten Gemütes kann er umkehren.

Aber kaum *ist* er umgekehrt – da weiß er nicht, wie ihm geschieht. Wie weggeblasen, wie von einem unbekannten Sturm verweht sind plötzlich Italiens schöne Frauen, und ihm entgegen stellen sich Italiens Männer, die sich inzwischen geeinigt und bewaffnet haben. Aus der Umkehr wird Rückzug, aus dem Rückzug des entnervten Heeres regellose Flucht. Die gesammelten, die dem Eroberer geschenkten Schätze werden von den Schenkern – zurückgestohlen. Und unter dem Höllengelächter der Weltgeschichte trifft der hereingefallene kleine König Karl an der Spitze einiger zerlumpter Gestalten bei seiner strengen Anne von Bretagne wieder ein ...

Er überlebt diesen merkwürdigsten Kriegszug der Weltgeschichte nicht lange. Er stirbt vor Gram. Königin Anne trägt schwarze Trauer um ihn und bleibt aus Trauer vierzig Tage in ihrem Zimmer, sie weiß, was sich gehört. Aber schon neun Monate später heiratet sie seinen Bruder und Nachfolger Ludwig XII., und der Papst gibt die Erlaubnis dazu – Anne weiß auch, wie man Königin bleibt. Indessen hart und streng bleibt sie auch in der neuen Ehe.

Frankreich jedoch bleibt es nicht. Man hat die schönen und kultivierten Italienerinnen gesehen, erlebt, geküßt – man kann sie nicht vergessen. Nicht lange, und nach ihrem Beispiel richten sich die Französinnen – zuerst heimlich und dann, nach Anne de Bretagnes Tode, öffentlich. Bis heute richten sie sich danach. Und die ländlich-sittenstrenge, himmlisch-moralinsaure Königin in Holzpantinen gibt es nur noch im Volkslied.

Sie brauchte es nicht mehr zu erleben, daß sich Frankreich, quasi um den Sieg der Renaissance zu besiegeln, eine Dame aus dem leichtfertigen Geschlecht der Medici zur Königin erkor, die berüchtigte Katharina – die furchtbare Pariser Bluthochzeit freilich, durch die die fromme Italienerin dreißigtausend Hugenotten auf einen Schlag liquidierte, hätte die ebenso fromme Anne vielleicht ganz gern miterlebt. Bitter jedoch wäre es ihr angekommen, das Treiben der drei schönen und gescheiten Margareten von Navarra mit ansehen zu müssen, die französischen Geblüts waren und es doch weit italienischer trieben als die Italienerinnen: die erste war eine anständige Person und schrieb deshalb unanständige Geschichten, die zweite war eine mittelanständige Person und schrieb deshalb mittelanständige Geschichten, die dritte war eine unanständige Person und schrieb deshalb anständige Geschichten – was sie nicht hinderte, die Herzen der um ihretwillen getöteten Liebhaber einbalsamieren und in ihren kokett gebauschten Oberrock einnähen zu lassen, eine sehr frauliche und sehr französische Abwandlung des Beispiels, das jener Don Ferrante von Neapel gegeben hatte, der zwischen seinen ausgestopften Feinden fraß. Auch die Erfindung der zierlichen Damenmasken brauchte Anne nicht mehr mitzuerleben, mit denen die Hoffräuleins der ersten Margarete ihr Gesicht zu verhüllen pflegten, wenn sie bei einer der besagten Heptameron-Geschichten à la Boccaccio erröteten – eine Dame von Stand durfte nicht erröten, sonst wäre die Geschichte ja unanständig gewesen und hätte abgebrochen werden müssen; weil aber unter der Maske niemand ihr Erröten sah, konnte auch niemand behaupten, daß sie errötet sei, und somit war die Geschichte auch nicht unanständig und konnte fortgesetzt werden, worauf es ja schließlich ankam. Und über solchen Geschichten vergaß man Anne de Bretagne.

Ja, und von Annes erstem Mann, dem allzu kleinen König auf dem allzu hohen Roß, der einem Kaiser die Braut stahl und dann vor ihr floh, denn unrecht Gut gedeihet nun mal nicht – ist denn auch von ihm und seinem Zug gen Italien nichts geblieben, nicht einmal ein Volkslied, und auch sonst überhaupt gar nichts?

O doch. Leider doch.

Jene Spanier nämlich aus dem Gefolge des Kolumbus, auf die er so stolz war – sie hatten aus dem neu entdeckten Amerika jene galante Krankheit mitgebracht, die man aber bis heute mitnichten die indische oder die amerikanische nennt, sondern die französische; und das nun ist Karls Verdienst. Denn im Gefolge dieses französischen Königs und als französische Soldaten und Liebhaber brachten sie die neue Krankheit, gegen die die Eingeborenen drüben längst immun waren, nach Florenz und Rom und Neapel und von dort wieder zurück nach Lyon und Paris; ganz genau läßt ihre Spur sich verfolgen. An der Furcht vor ihr gehen die Badehäuser Europas ein, die Menschen nach der Renaissance werden wieder so unsauber wie vor der Renaissance; an ihr stirbt auch die Freizügigkeit der Renaissance, sie ist die Gottesgeißel, die entsinnlicht und versittlicht. Sie ist die späte Rache und Rechtfertigung der Anne de Bretagne, und sie verschafft sogar dem kleinen König noch eine kurze Zeitspanne der Verehrung.

In der Kathedrale von Saint Denis zu Paris nämlich errichtete man ihm eine Statue, und vor ihr, erzählt der Klatsch, sah man oft Männer im Dankgebet knien, als stelle sie keinen König dar, sondern einen Schutzheiligen. Wenn man diese Männer aber auf ihren Irrtum aufmerksam machte, dann erwiderten sie: »Für uns ist er ein Heiliger, denn für unseren Stand hat er viel getan. Wir sind nämlich Ärzte.«

Indessen so schnell der traurige Siegeszug der Krankheit vorankam – weit, weit schneller kam die Renaissance voran, und gerade der Tod ihrer Feindin Anne von Bretagne ermöglichte ihr Übergreifen auch nach England. Frankreich nämlich schloß endlich Frieden mit der Insel, weil sich Annes zweiter Gatte, Ludwig XII., nunmehr mit der Schwester des englischen Königs verheiraten konnte – nachdem auch er nur, o Gerechtigkeit des Schicksals, ganze neun Monate um die Verblichene getrauert hatte, wie sie dereinst um ihren Ersten.

Dabei war der Zwist zwischen Frankreich und England damals schon ein halbes Jahrtausend alt, und um zu ermessen, was seine Beendigung bedeutete, muß man wissen, aus welch wichtigen Gründen er einstmals ausgebrochen war. Im 11. Jahrhundert nämlich war René, Erzbischof von Rouen, gegen die übermäßige Lockenfülle der Ritter und Fürsten aufgetreten – der Klatsch behauptete, weil er selbst eine Glatze hatte. Sei dem, wie ihm wolle: der damalige König von Frankreich war ein sehr frommer Herr, gehorchte dem Erzbischof und beschloß, ein gutes Beispiel zu geben; er ließ sich Bart und Locken scheren, und sein Hofstaat tat wie er. Das aber mißfiel der Königin Eleonore, einer stolzen Erbprinzessin der Herzogtümer Guienne und Poitou. Sie verliebte sich umgehend in den ob seiner Bart- und Lockenpracht berühmten Gesandten von Byzanz, und als der eifersüchtige König sie zur Rede stellte, verlangte sie von ihm, er solle das Haar lang tragen wie ein Freier und nicht geschoren wie ein Sklave. Der fromme König weigerte sich, und die Königin ließ sich scheiden, was damals gar nicht so leicht war; aber sie schaffte es eben; noch heute wird ja manchen Frauen eine gewisse Glatzenfeindlichkeit nachgesagt, wenn auch die Liebe zum Bart im Erlöschen scheint. Leider aber heiratete diese Eleonore dann nicht etwa den Gesandten von Byzanz, was vermutlich keine politischen Konsequenzen gehabt hätte, sondern den Normannenherzog Heinrich, König von England. Der wiederum erhob nun Anspruch auf Eleonores Erbe, die Herzogtümer Guienne und Poitou, Frankreich wollte sie nicht herausgeben – und da hatten wir den welthistorischen Salat! Hätte der Franzosenkönig der Eleonore nachgegeben und sich die Locken und den Bart wachsen lassen, es hätte keine Jungfrau von Orleans gegeben – es wäre freilich auch keine notwendig gewesen.

So einen Bart also hatte damals, zu Annes Todeszeiten, bereits der Streit zwischen Frankreich und England, und doch begrub ihn die Renaissance mit einem Federstrich unter einen Trauschein. Was freilich die Sitten und Bräuche der Renaissance anging, so hatte die Geschichte doch noch einen weiteren und höchst koketten und derben Winkelzug notwendig, um sie endgültig auf der prüden Insel einzubürgern. Das dauerte bis zur Regierung Elisabeths, der jungfräulichen Königin.

Sie nämlich hatte sich ein ziemliches bißchen verschossen in Herrn Edward de Vere, Earl of Oxford, den stolzesten und elegantesten Lord an ihrem Hofe. Er hatte also eine große Zukunft vor sich – und doch hatte er sie im Bruchteil eines Augenblicks plötzlich hinter sich; buchstäblich hinter sich!

Das Hofzeremoniell, noch streng gotisch, gebot nämlich beim öffentlichen Empfang durch die Königin einen tiefen Bückling – je tiefer, desto besser; und der Meister der Bücklinge war natürlich der Earl of Oxford. Nun, und dabei bückte er sich einmal etwas zu tief – nicht daß er dabei ausgeglitten wäre, das wäre noch hingegangen, aber ihm glitt etwas aus, was, wie der Chronist ausdrückt, »an sich lustiger Art war«, aber doch hörbar und insbesondere ruchbar wurde ... Da vermochte der edle Lord das herablassend belustigte Lächeln der geliebten Königin so wenig zu ertragen wie den Hohn seiner vielen Neider, er entfleuchte dem

Hof und ging nach Florenz in freiwillige Verbannung; also mitten in die Renaissance!

Zehn Jahre blieb er dort; dann kehrte er zurück im Vollgefühl, so viel neue Anmut und Sitte mitgebracht zu haben, daß er den Fauxpas von damals damit gutmachen würde, mehr als gutmachen. Vor allem brachte er als erster die neumodischen Parfüms nach England, den ganzen raffinierten Duft der Renaissance, und für die Königin sogar ein Paar parfümierter Handschuhe, die in Italien größte Mode waren. Vier Rosentuffs zierten diese Handschuhe, und Elisabeth ließ sich sogar mit ihnen porträtieren. Das ist historisch. Historisch ist es aber leider auch, daß der Hofwitz trotzdem oder gerade deswegen behauptete, der Lord habe mit diesem neuen und fremden Wohlgeruch nur den alten und sehr persönlichen Geruch von damals überduften wollen, und daß die jungfräuliche Königin herzlich über diesen mäßigen Witz lachte. Da war der Earl of Oxford abermals gekränkt und abermals unmöglich geworden, und er ging wiederum in die freiwillige Verbannung, wenn auch nur auf sein Gut. Elisabeth indessen holte ihn nie zurück.

So jedenfalls weiß es die Geschichte. Der Klatsch jedoch ist in diesem Fall mehr fürs Happy-End und behauptete, jenes Unglück sei damals der jungfräulichen Königin selbst wider- und entfahren, und der Lord habe sich rasch zu ihren Füßen niedergeworfen und gesagt: »Verzeiht eurem Diener die Ungehörigkeit, Majestät!« Da habe denn Elisabeth, gerührt darüber, daß er solches auf sich nahm, ihn sofort zum Admiral ihrer ganzen Segelflotte gemacht, weil der ein guter Admiral sein müsse, der einen so geringen Wind so zu nützen verstehe . . .

Hübscher Klatsch – indessen wir müssen uns an die Geschichte halten. In ihr weht ein anderer Wind, und von wem er ausging, das riechen die Historiker leider immer erst hundert Jahre später – wenn man ihn nicht mehr nützen kann.

FÜNFTES KAPITEL
ODER DIE REFORMATION

Selbst konfessionell genommen
Ist der Deutsche unwillkommen.

Warum hielt die Renaissance sich anderswo so lange, während sie nach Deutschland so spät kam und dann so bald wieder verschwand? Diese Frage hängt mit dem Auftauchen der Reformation zusammen; und es ist höchst betrüblich, daß gerade zugleich mit einer so geistigen und seelischen Bewegung eine uns neue und uns desillusionierende Form des Klatsches auftaucht, desillusionierend deshalb, weil sie ihre Behauptungen so scheinbar leicht zu belegen vermag: der Finanzklatsch nämlich. Und das ist eben jener Klatsch, der die letzten Ursachen alles Bleibens und Sichwandelns nicht in den Windungen des menschlichen Hirns oder in den Tiefen der menschlichen Seele sucht, sondern in den Untiefen des Geldbeutels.

»Warum«, fragt der Finanzklatschier etwa, »hielt sich die Renaissance in Frankreich so gut? Weil zwei französische Könige schöne und gescheite Prinzessinnen aus dem Geschlecht der Medici heirateten – aber nicht weil sie schön und gescheit waren, das hat noch kein gekröntes Haupt zu einer Heirat bewogen, wenn auch zu einer Unzahl von Verhältnissen. Sondern weil die Könige von Frankreich Geld brauchten, das die Medici hatten, denn die stellten damals das weitaus größte Bankhaus der westlichen Welt dar. Heinrich IV. zum Beispiel steckte bei den Medicis so tief in der Kreide, daß er schließlich sich von seiner Frau scheiden lassen und von seiner Mätresse trennen und die schon siebenundzwanzigjährige Maria von Medici heiraten mußte, wobei er noch dazu nur sechshunderttausend Scudi Mitgift bekam – was für Maria immerhin ausreichte, um ihrem königlichen Gemahl ständig und vor allen Höflingen vorzuhalten: ›Das Geld, mein Lieber, kommt schließlich von mir!‹ Und seither«, sagt der Finanzklatschier, »blieb Frankreich katholisch bis auf den heutigen Tag.«

»Und warum«, fährt er triumphierend fort, »blieb England es nicht? Sehn Sie, unter den Päpsten war der englische König nicht von Gottes Gnaden und durfte keine Steuern ausschreiben, sondern mußte selbst durchs Land reiten und sie in Form freiwilliger

Spenden einsammeln. Nun, bei Eduard IV. ging das noch, er war ein schöner Mann und ritt sehr gut und ließ sich die Abgabe von den Damen seiner Untergebenen bezahlen, und zum Dank dafür gab er jeder einen Kuß, und da er ausgezeichnet küßte, erzielte er auch ausgezeichnete Einnahmen; es war Englands glücklichste Zeit, die Könige knutschten sich ihre Spesen sozusagen zusammen. Richard III. hingegen war häßlich, er ritt und roch nicht gut, keine Dame wollte freiwillig geben, und so mußte Heinrich VIII. sich denn schließlich vom Papste lösen, um von seinen protestantischen Bankiers Gelder zum Regieren zu bekommen. Das hat die englischen Bankiers später nicht gehindert, den amerikanischen Befreiungskampf gegen ihr Vaterland zu finanzieren, und als man den Bankier Staine vor Gericht stellte und befragte, wie er sich derart gegen seines Königs Majestät habe vergehen können, antwortete er denn auch: ›Mir ist natürlich bekannt, daß ein König einen Geldmann braucht. Was aber ein Geldmann mit einem König anfangen soll, ist mir unerfindlich!‹ «

»Ja«, argumentiert der Finanzklatschier immer siegreicher weiter, »nicht hinter jedem großen Mann steht sein Volk, aber hinter jedem großen Mann stehen Bankiers. Wer Amerika entdeckt hat, wissen Sie natürlich: Kolumbus. Aber wer als erster Europäer seinen Fuß auf amerikanischen Boden gesetzt hat, wissen Sie das? Sie denken natürlich, Kolumbus selbst oder vielleicht einer von seinen Matrosen. Mitnichten. Denn sein Unternehmen mußte schließlich finanziert werden; Kolumbussens bitter arme Könige konnten das natürlich nicht, aber ein vorwiegend jüdisches Bankenkonsortium konnte es und riskierte es auch. Es waren ja Juden gewesen, die die Astronomie der Araber nach Spanien gebracht und die wissenschaftlichen Grundlagen für die Fahrt nach Westen erarbeitet hatten. Selbstverständlich waren diese Bankiers vorsichtig, als Wissenschaftler sowohl wie als Finanziers, und so schickten sie denn einen der Herren Geldgeber als stillen Beobachter mit – und dieser wackere Kapitalist sprang als erster ans amerikanische Land. Wallstreet war also eher drüben als Kolumbus.

Und nun fragen Sie mich natürlich, was das denn alles mit Deutschland und der Reformation zu tun habe? Nun, die mußte einfach kommen, weil soeben die Buchdruckerkunst erfunden worden war, weil die Herren Verleger Absatzmärkte für ihre Bücher brauchten, weil als Bücher nach damaliger Lage nur Bibeln in

Frage kamen, und zwar deutsche Bibeln, da ja nur wenige Lateinisch konnten, und weil eben nur die Reformation einen ausreichenden Bibelbedarf erzeugen konnte. Freilich gerieten die Verleger dabei mit zwei anderen mächtigen Finanzgruppen in Konflikt, und zwar erstens mit den Heringsverkäufern. Alle Hansestädte lebten fast ausschließlich vom Heringshandel, besonders seit der holländische Fischer Bückel eine neue Art Räucherhering erfunden hatte, eben den Bückeling – noch Kaiser Karl V. besuchte Bückels Grab und ließ ihm ein prächtiges Monument errichten. Immer liest man, er habe das getan, weil er die Bücklinge so liebte; das ist natürlich Unsinn. Der Kaiser handelte so aus politischen Gründen. Denn die Hauptgeschäftszeit, die große Saison im Heringshandel, war die von der katholischen Kirche streng vorgeschriebene Fastenzeit gewesen; der erste Hering des Jahres war regelmäßig vom Küchenchef persönlich an die kaiserliche oder bischöfliche Tafel getragen worden, und dann war wochenlang nur Hering gegessen worden und nichts als Hering. Nun, und dann war dieser merkwürdige Mönch aus Wittenberg gekommen und hatte mit den Fasten Schluß gemacht, und tatsächlich hat die Reformation dem Heringshandel und damit der Hanse das Rückgrat gebrochen. Da mußte Kaiser Karl V., als Gegner der Reformation und Vater des Reiches, sich eben für die Bücklinge einsetzen, um die irregeleiteten Heringskaufleute wieder auf seine Seite zu bekommen ... Natürlich, ich weiß, es gibt auch eine andere Hypothese, nach der die Sache genau umgekehrt verlaufen sein soll. Es sollen nämlich zu Beginn des 16. Jahrhunderts die Heringe plötzlich ihre Zugrichtung gewechselt und nicht mehr an die deutsche Nordseeküste gekommen sein; dadurch soll es an Heringen gefehlt haben, dadurch wieder sollen die Fasten nicht mehr durchzuhalten gewesen sein, und daraus endlich soll sich dann sozusagen automatisch die Reformation ergeben haben. Nun, ob Sie sich für die eine These entscheiden oder für die andere, ob die Heringe ausblieben, weil die Reformation kam, oder ob die Reformation kam, weil die Heringe ausblieben, jedenfalls waren es wirtschaftliche Gründe, die ursächlich waren; wann hätte denn auch ein richtiger Geschäftsmann sich für die Weltverbesserungspläne von Träumern interessiert? Denken Sie doch an die Antwort, die der alte Amschel Rothschild einem leidenschaftlichen Sozialisten gab, der ihn bekehren wollte. ›Sie wollen also‹, sagte er, ›daß ich mein Vermögen an alle verteile. Wenn ich das tue, kommt auf jeden Menschen höchstens ein Gulden. Nu, hier haben Se Ihren Gulden – und nu können Se gehn!‹«

»Sehn Sie«, spricht der Klatschbankier geläufig weiter, »so denkt ein Geschäftsmann – aber was Kaiser Karl V. betrifft, so hatte der auch noch andere Gründe für sein Verhalten, und diese Gründe saßen in Augsburg und hießen Fugger. Sie waren für ihn das, was die Medici für die französischen Könige waren, und Karl steckte bei ihnen so tief im Kredit, daß er schon darum für die Fuggers und gegen Luther sein mußte, wie die Fuggers für den Kaiser und gegen Luther. Ach so, jetzt wollen Sie einwenden, daß Anton Fugger ja bekanntlich den Schuldschein des Kaisers in dessen Gegenwart im Kamin verbrannt hat und daß man diesen Kamin noch bis zum letzten Weltkrieg im Augsburger Hotel Zu den drei Mohren gezeigt hat mit der Inschrift: ›In diesem Kamin verbrannte im Jahre 1536 Anton Fugger die Schuldscheine Kaiser Karls‹? Nun, die Inschrift war trotzdem falsch, ein Geschäftsmann wie Fugger dachte gar nicht daran, auf so eine Summe zu verzichten, und noch fünfzehn Jahre später schuldete ihm der Kaiser die Kleinigkeit von acht Millionen Gulden, die die Fuggers trotz ständigen Mahnens freilich nie wiedersahen, soviel stimmt. Auf dem berühmten Kamin stand aber nur einmal eine wahre Inschrift, nämlich anno 1886; da war die Aktiengesellschaft, der das Hotel Zu den drei Mohren samt Kamin gehörte, mit Glanz und Gloria pleite gegangen, und damals hat ein Witzbold auf den Kamin geschrieben: ›In diesem Kamin verbrannten im Jahre 1886 die Aktionäre des Hotels ihre Aktien.‹

Ja, mit solcher Großmut der Fuggers war es also nichts, und wenn Sie überhaupt glauben, die Reformation wäre eines Millionenbetrages wegen ausgebrochen, so irren Sie sehr: sie brach aus wegen ganzer dreißigtausend Gulden, und die schuldete den Fuggers nicht der Kaier, sondern der Erzbischof Albrecht von Brandenburg, Luthers geistiges Oberhaupt. Sie haben gelernt, der Mönch Tetzel, dessen Ablaßversprechungen Luther so in Wallung brachten, habe nur für die Peterskirche gesammelt, nicht wahr? Auch das ist ein Irrtum: die Hälfte von Tetzels Einnahmen mußte er an den Erzbischof abführen, damit der die Fuggers bezahlen konnte, und darum mußte der arme Tetzel das Doppelte erzielen und zu so gewagten und vom Papst keineswegs gebilligten Methoden greifen! Ein Hohenzoller also ist schuld daran, daß ein Luther auftrat und daß er eben durch Luthers Auftreten sein schönes Erzbistum verlor – und nicht der Papst!

Und wem endlich ist denn der großartige Erfolg der Gegenreformation zuzuschreiben? Den Jesuiten, sagen Sie? Ja, den Jesuiten natürlich auch, aber in erster Linie Luther selbst, weil der nämlich ein geradezu ruchloser Antisemit war, wie das sonst sehr klugen Leuten manchmal eigen ist, und weil er das Judentum geradezu zwang, die Gegenreformation zu finanzieren und damit – – –«

– und damit entziehen wir dem Finanzklatsch das Wort und wenden uns wieder dem immerhin behaglicheren Normalklatsch zu. Denn wenn auch so manches Geschäft Geschichte gemacht hat – die Geschichte des Geschäfts hat wenig zu tun mit dem Geschäft der Geschichte.

Vom Normalklatsch freilich war Luther zeit seines Lebens und Nachlebens umwittert wie kaum ein anderer Deutscher: von Klatsch sowohl, den er über andere glaubte, wie von Klatsch, den andere über ihn glaubten. Seine Zeit fand eben kein Schema für ihn und er kein Schema für seine Zeit, obwohl beide sich heiß darum mühten; er stand eben mit einem Bein (aber nur mit einem!) noch im Mittelalter und wies mit einer Hand (aber nur mit einer!) in eine Zukunft, die heute noch nicht erreicht ist; dazu wurzelte er so brockig und barockig in seiner Heimaterde, also in Europas damals wie heute leider so gar nicht vermittelnder Mitte, daß ihn jeder südliche und westliche Mensch, wenn er ihn selbst lieben sollte, heimlich ein bißchen haßt, und jeder nördliche und östliche Mensch, wenn er ihn selbst hassen sollte, heimlich ein bißchen liebt. Nun, in so viel Zwielicht gedeiht der Klatsch.

Wie Luther zu Wittenberg fest glaubte und verbreitete, Papst Leo habe einen Sohn, den er zum Kaiser machen wolle, was glatter Klatsch war, so glaubte man zu Rom von Luther, er habe ein gar unsittliches Leben geführt und schließlich durch Selbstmord geendet, was erst recht Klatsch war. Bei der Diskussion mit dem Doktor Eck zu Leipzig, sagten die Päpstlichen, habe sich Luther unlauterer Mittel bedient, indem er seinen Gegner durch einen Narren aus dem Konzept bringen ließ. Daran ist nun was: den Herzog Georg von Sachsen langweilte das gelehrte Gespräch genauso wie seine damals höchst ungebildeten und deshalb bildungsfeindlichen Adels- und Thrönchengenossen, und deshalb redete er seinem verblödeten und einäugigen Hofnarren, der gerade heiraten wollte, ein, Luther spreche für, Dr. Eck aber gegen diese Heirat; das hatte zur Folge, daß der Narr den Doktor mit seinem einen Auge wütend anstarrte, empörte Grimassen dazu schnitt, ihn schließlich einen verlogenen Pfaffen nannte und schäumend vor Zorn hinausstürzte, was den armen Eck wirklich aus dem Konzept brachte, bei den pro- wie antilutherischen Herren indessen nur ein donnerndes Gelächter verursachte; solche Scherze verstanden und liebten sie eben, Luther aber konnte nichts dafür.

Bei der Diskussion mit dem Kardinal Cajetan zu Augsburg, sagten die Lutherischen, habe sich der Kardinal unlauterer Mittel bedient, indem er Luther zunächst umschmeichelt und dann bedroht habe. Auch daran ist etwas: Luther, keineswegs störrisch und voller Ehrfurcht vor dem Kirchenfürsten, noch ganz kleiner Mönch, übte sich vorher den vorgeschriebenen Kniefall und die devote Anrede genau ein, lieh sich, arm wie er war, sogar von einem Freunde eine bessere Kutte, worauf ihn der geschmeichelte Kardinal liebevoll aufhob und ihm seinerseits schmeichelte; aber nach einigen weiteren Unterredungen erklärte Luther bereits, »der Cajetan hat geschrien und geschnurrt wie ein fauchender Kater«, und der Kardinal weigerte sich, »weiter mit dieser Bestie zu reden«. Die beiden Herren waren sich eben gerade wegen des besonders höflichen Anfangs besonders in die Haare geraten – wie es allen Cholerikern geht, die sich besonders beherrschen wollen. Aber dafür konnte wieder Cajetan nichts. Leider entwickelte sich daraus zu Rom die Meinung, Luther, der verhungerte Bergmannssohn, sei ein sozialer Revolutionär, er führe den Aufstand der Armen und Ungebildeten gegen die Wohlhabenden und Gebildeten an; während andererseits Thomas Münzer, der Führer der eben von Luther bekämpften armen und ungebildeten und nun wirklich aufständischen Bauern, Luther ebenso hart als »das feiste Fleisch zu Wittenberg« beschimpfte. Und dies störrische und kampfwütige feiste Fleisch, behaupteten die Gegner von beiden Seiten, sei im Privatleben ein Prasser und Weiberverführer, während Luther wieder replizierte, die Priester nähmen sich gerade der käuflichsten Damen am väterlichsten an.

Selbst hier wieder ist etwas dran. Es war tatsächlich ein Papst, der zum ersten Male die Anordnung traf, daß solche Damen künftighin wöchentlich einmal durch einen Wundarzt zu untersuchen seien – nur daß wir das heute für ein Gebot der Volkshygiene und für sehr vernünftig halten in der arroganten Meinung, erst unsere Zeit habe diese Kontrolle erfunden. War jener Papst damals in der Einstellung zum Dirnentum seiner Epoche voraus, so war es die gesamte Kirche überhaupt der unseren. Sie erklärte es nämlich für ein Verdienst vor Gott, eine Dirne dadurch zu retten, daß man sie heirate; und sie schuf die Möglichkeit zu solcher Rettung. Sie baute Büßerinnenhäuser, und wer eine Magdalena ehelichte, der erhielt eine beträchtliche Geldspende, er durfte durch seine Heirat trotz allen strengen Zunftgesetzen an seiner Ehre und seinen Zunftrechten keine Einbuße erleiden, und wer ihn oder seine Frau schmähte und kränkte, der wurde streng bestraft. Fiel allerdings die Frau in ihr früheres Leben zurück, dann wurde sie ertränkt. Es ist nicht zu bestreiten, daß hinter solcher Regelung nicht nur tiefe Ethik, sondern auch kluge Überlegung steckt; und wem die Strafe des Ertränkens zu hart scheint, der berücksichtige die damalige Zeit und bedenke, daß man Personen, die zum Verbranntwerden bei lebendigem Leibe verurteilt waren, bei Vorliegen mildernder Umstände dazu »begnadigte«, lebendig gesotten zu werden, und daß man zum Beispiel 1466 zu Frankfurt am Main einen Dieb, weil er krank war, nicht hängte, sondern aus Gnade – ertränkte!

Sicher ist jedenfalls, daß die katholische Kirche damals hinsichtlich vorehelicher Sünden unter gewissen Umständen liberal war; unabdingbar streng jedoch verhielt sie sich unter allen Umständen Sünden während der Ehe gegenüber. Da war nun wieder Luther nicht so — freilich auch nur unter bestimmten Umständen. Er war ja ausgebildeter Jurist und kannte das kanonische und das römische Recht; ob er das alte deutsche Recht kannte, weiß ich nicht; in dem aber hieß es: »So ein Mann wäre, der einem rechten Weibe ihr frauliches Recht nicht tun könnte, so soll er sie sachte auf den Rücken nehmen und tragen über neun Zäune und dort fürsichtig niedersetzen und fünf Stunden lang um Hilfe rufen, daß man ihm seines Weibes Not wehren helfe; und nützet das nicht, so soll er sie senden auf die nächste Kirchweih in der Nähe, wohl mit Geld versehen und in einem neuen Kleide; und ist ihr geholfen worden, so soll er sie wieder nehmen und nach

Haus bringen und ihr ein gebraten Huhn und eine Kanne Wein vorsetzen; kommt sie aber auch von dorther wieder ungeholfen – nun, so mögen ihr tausend Teufel helfen!«

Wie gesagt, ich weiß nicht, ob Luther diese biderbe Regelung kannte; was aber er, für den die Ehe ja »ein weltlich Ding« war, in seinem »Traktat vom ehelichen Leben« zu eben demselben Falle sagt, klingt in seinem herrlichen Deutsch wohl viel tiefer, aber doch ähnlich: »So ein tüchtig Weib zur Ehe einen untüchtigen Mann überkäme und könnte doch keinen anderen öffentlich nehmen und wollte auch nicht gern wider ihre Ehre tun, so soll sie zu ihrem Mann also sagen: Siehe, lieber Mann, du kannst mein nicht schuldig werden und hast mich und meinen jungen Leib enttäuschet, dazu in Gefahr der Ehre und Seligkeit bracht, und ist vor Gott keine Ehe zwischen uns beiden; vergönne mir, daß ich mit deinem Bruder oder nächsten Freund eine heimliche Ehe habe und du den Namen habest, auf daß dein Gut nicht an fremde Erben komme, und laß dich wiederum williglich betrügen durch mich, wie du mich ohne deinen Willen betrogen hast. So aber der Mann ihre Bitte nicht mag erfüllen, so muß er sein Weib von sich gehen lassen in Ehren.«

Nun, diese einzige Voraussetzung, unter der Luther einen Ehebruch dulden wollte, traf für ihn selbst nicht zu; man weiß, daß seine Ehe mit Kindern gesegnet war. Warum also verdächtigte ihn der Klatsch, ein Weiberverführer und Weiberknecht zu sein?

Es ist richtig und war nach der Situation der Zeit zu erwarten, daß er viele Nachahmer fand, als er die Kutte abwarf. Viele Männerklöster leerten sich, und der neue Glaube wußte die bisherigen Mönche als Prediger wohl zu verwenden. Aber auch viele Nonnen schlossen sich der Reformation an, und so entflohen denn aus dem Kloster zu Nimbschen anno 1523 gleich zwölf Nonnen auf einmal. Sie hatten sich zu diesem Zwecke in leeren Heringstonnen verstecken müssen, wie solche der Fasten wegen jährlich einmal ins Kloster hinein- und wieder herausgebracht wurden; und insoweit war ihr Fluchtbeginn vielleicht nicht appetitlich, aber nicht schwierig.

Dann jedoch wurde es schwierig. Denn du lieber Himmel: wo sollten sie nun hin? Freilich gingen sie zunächst zu ihren Familien; die jedoch waren entweder noch katholisch oder hatten ihr Kind unter anderem ja auch deshalb ins Kloster gebracht, weil sie andere Töchter genug und die eine versorgt geglaubt und überhaupt keinen Platz mehr im Hause hatten, beim besten Willen nicht, und so bedankten sie sich vielleicht höflich, aber kühl. So begaben sich die zwölf denn auf Arbeitssuche; aber wo um Gottes willen gab es damals Arbeit für bessere Fräuleins, da es noch keine Büros und keine Schreibmaschinen und keine Privatsekretärinnen gab? Da wanderten denn die armen Nönnlein gen Wittenberg, zum Reformator selbst, und kamen abgerissen und sogar ohne Schuhe dort an, und waren nicht die einzigen, und die erste Mildtätigkeit solchen Entlaufenen gegenüber war in der nicht reichen Stadt längst im Erlöschen und kaum noch möglich, und dies ganze Problem war für die junge Bewegung überhaupt eines der schwersten. Zweifellos wäre guter Rat teuer gewesen, wenn sich einige geschickte Männer nicht als freiwillige Heiratsvermittler etabliert und sich mit Erfolg bemüht hätten, solche Damen an den Mann zu bringen. Das gelang auch hier – jedenfalls bei elfen von ihnen.

Aber die zwölfte – die wollte nicht. Ein Mann, der sie genommen hätte, war ihr zu weibisch, einem Mann, den sie genommen hätte, war sie zu männisch. Und überdies hatte sie sich verliebt: in keinen anderen als in Luther selbst. Da ging denn Luther hin, um ihr den Kopf zurechtzusetzen. Aber das war ein harter Kopf, und so wurde das Ärgernis denn dadurch beseitigt, daß Luther sie heiratete. Es war Katharina von Bora.

Soweit der Klatsch. Kein Klatsch aber ist es, daß Luther seinen Schritt nie zu bereuen hatte. Das adlige Fräulein wurde eine tüchtige Hausfrau, eine prachtvolle Mutter, wenn sie auch ihre Energie behielt: ihr Mann nannte sie scherzhaft, aber nicht ohne Grund »meinen Herrn Käthe«. Jedenfalls widerlegte sie die Behauptung der Päpstlichen, er habe sie entführt. Eher sie ihn. Und er hatte sie, weiß Gott, bitter nötig.

Einmal gab sie ihm, dem immer Kampfbereiten, den häuslichen Frieden. Sie schuf den Inbegriff des protestantischen Pfarrhauses – wenn auch die rührenden Bilder, die ihn und sie und die Kinder unter dem Weihnachtsbaum zeigen, falsch sind aus dem einfachen Grunde, weil der so typisch deutsche Weihnachtsbaum erst viel später nach Deutschland kam, und noch dazu aus Frankreich. Aber was mit solchen Darstellungen gemeint ist, stimmt.

Zum anderen war es Katharina, die für Luther rechnete und sparte. Denn beides verstand er nicht. Ihre Tüchtigkeit erwarb zu dem stattlichen Hause, das ihm die Stadt geschenkt hatte, noch ein stattliches Gut. Luther baute sein eigenes Obst, braute sein eigenes Bier, sprach mit seinem Freunde Melanchthon beileibe nicht nur über Theologie, sondern genauso viel über den Erfurter Rettich, den er in Wittenberg einführte, und den Maulbeerbaum, den er überhaupt in Mitteldeutschland einführte – wie der große französische Dichter und Pfarrer Rabelais in Frankreich die Melone und Luthers großer Gegner Erasmus von Rotterdam in der ganzen Welt die Serviette der Kellner eingeführt haben. Trotz solcher Tüchtigkeit liefen zu Wittenberg, wie Katharina klagte, »die Ausgaben den Einnahmen immer voran«. Denn Luther liebte viele Gäste und hatte viele Gäste, und gemessen an der Armut Wittenbergs ging es in Luthers Hause so großzügig und gastfreundlich her wie am Hofe des Papstes zu Rom: Renaissancemenschen waren sie eben alle beide.

Und doch trug Katharina die Mitschuld an jener Behauptung des Finanzklatsches, die Juden hätten die Gegenreformation finanziert. Gewiß war auch Luther Antisemit, wie es Thomas von Aquino gewesen war, seine antijüdischen Äußerungen erklangen häufig und heftig; aber ebenso wie bei Thomas war das eine Glaubensfeindschaft, mit dem Übertritt eines Juden zum Christentum war sie erledigt. Käthchens Antisemitismus jedoch war primitiver und also unabänderlich und unbelehrbar; sie schrieb den Juden die Schuld an der Verarmung ihrer adligen Familie zu und damit, wie Antisemiten schon sind, an allem Übel auf dieser Welt -- sogar, wie Luther scherzte, am schlechten Wetter. Dennoch steckte sie ihn an und bestärkte ihn, und es klingt doch nicht nur wie Scherz, es klingt wie ein leichtes Fürmöglichhalten, wenn er in einem seiner letzten Briefe an »seine herzliche Hausfrau« schreibt: »Liebe Käthe, ich bin zu schwach gewesen auf dem Weg hart vor Eisleben. Wenn Du wärest dagewesen, so hättest Du gesagt, es wäre der Juden oder ihres Gottes Schuld gewesen. Denn wir mußten durch ein Dorf hart vor Eisleben, darin viele Juden wohnen. Vielleicht haben sie mich so hart angeblasen – und wahr ist's, da ich bei dem Dorf war, ging mir ein solch kalter Wind hinten in den Wagen ein auf meinen Kopf durchs Barett, als wollte er mir das Hirn zu Eis machen.« Und weil Luther tatsächlich an dieser Erkältung starb, und weil es immer solche gab und geben wird, die nicht alle werden, haben sie noch im Dritten Reich den Juden schuld an Luthers Tode gegeben – und an der Gegenreformation. Sie sei der Juden Rache gewesen.

Nun, an der Gegenreformation waren die Juden so wenig schuld wie an der Reformation selbst die Heringe. Die Gegenreformation konnte sich ausbreiten, weil sie ein geläutertes Priestertum brachte; ohne Luther wäre es kaum geläutert worden; er wurde als Ethiker zum Retter der Kirche, die er bekämpfte, wie er als Politiker die Kirche gefährdete, die er schuf. Und doch lebt sie eben von dieser ständigen Gefährdung . . .

Dem Klatsch aber entzieht sich das, und dem Finanzklatsch insbesondere. Zu Luthers Zeiten gab es diese Rechtsvorschrift für Klatschbasen: »Wenn ein böses schnödes Weib auf freier Straße wider Bürger oder Bürgerkinder ehrenrührige Worte verbreitet, so darfst du das Weib dreimal vermahnen, und wenn es auch das dritte Mal nicht fruchtet, deine Faust nehmen, dem Weibe an den Hals schlagen, sie in die Gosse werfen, mit den Füßen vor den Hintern stoßen und dann gehen ohne Strafe.«

Sollte man dies Verfahren nicht auch Herren gegenüber anwenden dürfen, die noch immer Geschichtsklischees, Geschichtskitsch und Geschichtsklatsch als wahr verkünden? Weil sie nicht wissen, wie wenig wir wissen?

Luther aber wußte mehr; er wußte, wie wenig wir *sind*. Und alle seine zeitgebundenen Irrtümer gehen unter in der tiefen Bescheidenheit seines ewigen Satzes: »Gott schafft aus Nichts. Wenn wir nicht Nichts sind, kann Gott auch nichts aus uns machen.«

SECHSTES KAPITEL
ODER DIE GEGENREFORMATION

Wahre Liebe kann sich lohnen
Manchmal selbst auf Kaiserthronen.

Eines jener Geschichtsklischees besagt: Nicht nur Frömmigkeit und Klugheit der Jesuiten, nicht nur Luthers schlechte und des Papstes gute Politik bewirkten die Erfolge der Gegenreformation, sondern auch das Talent der Habsburger, ihre Söhne und Töchter nach gut katholischen und vor allem nach gut politischen Gesichtspunkten zu verehelichen – getreu dem alten Wort: »Andere mögen Kriege führen; du, glückliches Österreich, brauchst nur zu heiraten!«

Es war nicht so; es war Gott sei Dank nicht so. Nicht die Gabe, Geld und Macht zu erheiraten, machte Habsburg groß; wäre das ausreichend, dann könnte jeder Spießer ein Weltreich gründen. Was die Habsburger groß machte, war die Gabe, zu lieben, ganz irdisch und ganz sinnlich und ganz seelisch zu lieben. Solange sie diese Gabe besaßen, solange sie jubelnde Herren und blutende Sklaven der Liebe blieben, blieben sie groß; als sie sie verloren, wurden sie klein. Und in ihrem jahrhundertelangen Kampf gegen Frankreich waren es immer die französischen Herrscher, die die Liebe vergewaltigten, um Territorien zu gewinnen; die Habsburger gewannen Territorien, indem sie der Liebe gehorchten. Auf dem Boden der Liebe wurde dieser Kampf denn auch ausgetragen; die Franzosen raubten den Österreichern immer zuerst nicht Länder, sondern Bräute; die Entscheidungsschlachten wurden erst nachträglich auf der Walstatt geschlagen, zunächst aber im Bett.

Anne de Bretagne, wir wissen es schon, war die erste geraubte Braut: Karl VIII. von Frankreich stahl sie Maximilian, dem ersten Kaiser seines Namens und dem letzten Ritter. Der ließ sich durch ein paar Herzogtümer beschwichtigen und überwand den Diebstahl leicht; er hatte es aber auch leicht, ihn zu verwinden. Denn er liebte eine andere, und daß sie damals schon tot war, machte nichts aus; er liebte sie über den Tod hinaus. Diese andere war die schöne Maria von Burgund.

Zwölf Freier hatten um sie geworben, und es waren reichere darunter als Maximilian, dem die Stiefschwiegermutter erst hunderttausend Gulden pumpen mußte, damit er überhaupt seine Brautfahrt nach Gent antreten konnte, wo Maria lebte. Sie aber hatte einmal sein Bild gesehen und sich in dies Bild verliebt, und sie hatte ihm spontan ihren Ring geschickt. Und als er nun zu Gent abgestiegen war, sandte sie ihm, ganz gegen die Sitte, sofort einen Boten in sein Quartier, er möge zu ihr kommen, gleich, gleich; sie konnte es nicht erwarten. Um elf Uhr nachts, bei Fackelschein, ritt er zu ihrem Palast. Sie ging ihm entgegen, sie trafen sich auf der Straße. Als sie einander sahen, riß es sie in die Knie. Ja, sie knieten voreinander und sanken sich in die

Arme, »vor allen Leuten«. »Und«, fährt der alte Chronist fort, »Maria begann zu weinen und sagte: ›Sei mir willkommen. Ich habe so lange nach dir verlangt. Nun sehe ich dich bei mir mit Freuden!‹ Und schon am dritten Tage darauf ward die Vermählung vollzogen.«

Nur fünfeinhalb Jahre blieben sie zusammen; nur fünfeinhalb Jahre durften sie sich lieben. Dann stürzte Maria, als sie zum dritten Male guter Hoffnung war, bei einer Reiherjagd vom Pferd und verletzte sich »auf die gefährlichste Art, aber sie verhehlte es aus Scham«, wie der Chronist wieder sagt. So kam der Arzt zu spät, und sie starb mit fünfundzwanzig Jahren. »Nie«, schrie Max an ihrer Leiche auf, »nie werde ich dieses trauten Weibes vergessen können — nie, solange ich lebe!«

Die Wahrheit hatte aus ihm geschrien. Zwar heiratete er nach zwölf Jahren Trauer um Maria noch einmal, und diesmal wirklich aus rein politischen und finanziellen Gründen, aber er wurde nicht glücklich mit der Neuen, und die Kinder blieben aus und damit der politische Effekt: der Schatten der Toten stand ihm oder vielmehr der Neuen im Wege. Wenn man Marias Namen nannte, zerfloß er in Tränen, und einmal flehte er den damals als Beschwörer berühmten Abt Trittheim zu Würzburg auf den Knien an, sie ihm noch einmal heraufzurufen ins Leben. Der Abt tat es unter der alten Beschwörerbedingung, daß Max die Erscheinung nicht ansprechen dürfe, aber das vermochte der so wenig wie einst Orpheus, er »redete zu ihr in den süßesten Worten«, und die geliebte Gestalt zerrann. So konnte er nichts tun, als die Ehrfurcht vor ihr und seine Liebe auf alle, aber auch auf alle ihres Geschlechtes übertragen: er, der mächtige Männer rauh anzufahren und Köpfe rollen zu lassen wußte, sprach nie eine Frau, auch die einfachste Bäuerin nicht, mit »Du« an, er zog vor jedem Weibe tief den Hut; und als sich bei seinem Einzug in Regensburg die »fahrenden Fräuleins« bei ihm beklagten, man habe sie um seinetwillen aus der Stadt verwiesen, hieß er die erste Schöne, sich festzuhalten am Schweif seines Rosses und die nächste an die Hand zu nehmen und so fort, und so zogen die fahrenden Fräuleins unter kaiserlichem Schutz in Regensburg wieder ein und ließen als Dank eine Messe lesen zu Ehren der toten Kaiserin Maria von Burgund. So wußte der letzte Ritter zu lieben.

Ihm blieb von seiner Maria sein heißgeliebter Sohn Philipp,

eines männlichen Vaters und einer schönen Mutter Sohn und darum zu Recht Philipp der Schöne genannt; dennoch: in ihm verging sich Max gegen das Gesetz der Liebe, die ihn gesegnet hatte; er vermählte ihn, als er achtzehn Jahre alt war, mit der siebzehnjährigen Johanna von Spanien, weil sie Erbin der spanischen Monarchie war. Der Verrat an der Liebe sollte sich furchtbar rächen: Philipp, ein gar galanter Herr, liebelte mit vielen im Lande, aber die heißblütige Spanierin liebte er nicht; um so mehr liebte sie ihn – und sah sich oft betrogen. Und als sie sich nach zehnjähriger Ehe zu Burgos wiederum betrogen glaubte, gab sie ihm Gift. Er starb elendiglich, erst achtundzwanzig Jahre alt, und seinem Vater wagte niemand die Wahrheit zu sagen, aus Furcht, er möchte sich ein Leid antun vor Jammer. So erfand man eine Krankheit, die man von Woche zu Woche sich verschlimmern ließ, und erst viele Monate nach dem Mord erfuhr Maximilian von des geliebten einzigen Sohnes vermeintlich schleichendem Tode.

Wie es aber den Eifersüchtigen zu gehen pflegt: Johanna, die Vielbetrogene, hatte sich gerade in dem Fall, um dessentwillen sie ihren Mann vergiftete, geirrt – diesmal hatte sie ihn zu Unrecht verdächtigt, unschuldig war er gestorben; und als sie das erfuhr und damit das Ausmaß ihrer Schuld, verfiel sie ihn Wahnsinn. Sie ließ den Geliebten und Ermordeten wieder ausgraben, einbalsamieren, prächtig kleiden, in einen gläsernen Sarg legen, in ihr Zimmer stellen. Sie wachte Tag und Nacht bei ihm, sie starrte ihn unverwandt an, kein weibliches Geschöpf außer ihr durfte das Zimmer betreten – die Eifersucht wird nicht nur älter als die Liebe, wie Jean Paul meint, sie wird auch älter als der Tod.

Schließlich nahm man Johanna den Leichnam wieder weg und setzte ihn nochmals bei; nun aber schrie sie so, daß man ihn ihr wiedergeben mußte. Aus Furcht, man könne ihn stehlen, begann sie zu reisen – immer mit dem Sarg, und immer nur nachts. Vierzehn Jahre lang irrte sie so durch Europa, der Leichnam wurde ihr vorangetragen, zwischen brennenden Fackeln. Ein Märchen hielt sie aufrecht, das ihr ein Karthäusermönch erzählt hatte, wohl in der guten Absicht, sie zu trösten. Es handelte von einem König, der einstmals ermordet worden und nach vierzehn Jahren wieder aufgewacht sei. »Also harrete sie«, erzählt der Chronist, »vierzehn Jahre lang auf solch seligen Tag gleich als ein Kind; da er aber endlich heranbrach und Phillipus gleichwohl tot blieb, ward sie ganz rasend.« Man mußte sie in einen festen Turm sperren, wo sie bis zu ihrem Ende mit Katzen spielte, denen sie von ihrem Phillip erzählte, und die Zeit schenkte ihr nichts: fünfzig volle Jahre überlebte sie ihren Mord und ihren Geliebten. Bis neun Monate vor seiner eigenen Abdankung mußte ihr Sohn Karl V. in Spanien unter ihrem Namen regieren. An der Spitze aller seiner Erlasse stand der Name Johannas der Wahnsinnigen, die so geliebt hatte, daß sie morden mußte, und die ein Leben lang lieben mußte, weil sie gemordet hatte.

So oft Habsburg die Liebe verriet, so oft hat sich die Liebe an Habsburg gerächt.

Zwei Söhne hatte Johanna dem schönen Philipp geschenkt: Karl und Ferdinand; und Karl, in dessen Reiche nachmals die Sonne nicht untergehen sollte, hat wohl den dunkelsten und merkwürdigsten Geburtsort aller gekrönten Häupter gehabt: »Seine Majestät« sagen die Urkunden, »kamen zu Gent ganz unerwartet zur Welt, indem dero Mutter bei Gelegenheit eines Hoffestes auf dem heimlichen Gemache von der Geburt überrascht wurde ...« Ein höchst unkaiserliches Kreißzimmer also, und Karls Feinde haben es später nicht unterlassen können, aus dem grotesken Vorgang recht unzarte Schlüsse zu ziehen.

Zunächst schien dies Omen denn auch ungünstig zu sein. Denn Karl, der von seiner wahnsinnigen Mutter einen Hang zur Melancholie mit plötzlichen Zornausbrüchen, dazu eine krankhafte Freßwut, die seinen schwachen Magen ruinierte, und sogar eine Neigung zu häufigen epileptischen Anfällen ererbt hatte – Karl schien Unglück in der Liebe zu haben. Schon als Knabe war er mit Klaudia, der Tochter Ludwigs XII. von Frankreich, verlobt worden, um so die Streitaxt zwischen beiden Häusern endlich zu begraben. Wie jedoch seinem Großvater Maximilian die Anne von der Bretagne vom französischen König geraubt worden war, so wurde auch ihm die hübsche Klaudia vom späteren Franzosenkönig Franz I. geraubt. Der heiratete sie, Karl bekam sie nie zu sehen, und mit dem »Tu, felix Austria, nube!« schien es also wieder nichts zu werden: Klaudia wurde geklaut.

Karl hat das Franz I. nie verziehen. Zwei Brautraube in drei Generationen wirken schließlich auch auf den Sanftmütigsten verstimmend. Bereits als Knabe, als Lucas Cranach ihn malen sollte, war der ungebärdige Infant nur dadurch zur Ruhe zu bringen, daß man ihm gegenüber das Bild des Brauträubers aufhing; das starrte er nun unverwandt und haßerfüllt an, und mit diesem Wutblick auf den Erbfeind hat Cranach ihn gemalt. Übrigens sollte er sich der Kunst Lucas Cranachs weit später nochmals gegenübersehen. Sein großer Gegner Moritz von Sachsen nämlich beschoß ihn vor Ingolstadt mit Kanonen, auf die Cranach in seiner Eigenschaft als sächsischer Hofmaler höchst obszöne Bilder hatte malen müssen. Trotzdem zagte Karl vor diesen pornographischen Kanonen nicht – er, der sogar vor Spinnen bis zur Ohnmacht erschrak. Und Cranach hat er das nicht nachgetragen; Franz I. hingegen bekriegte er zeit seines Lebens, nahm ihn gefangen, luchste ihm die Kaiserkrone ab, indem er die deutschen Kurfürsten mit einigen hunderttausend Gulden bestach – die Herren nahmen das Geld ohne jede Hemmung an, obwohl sie sich doch über den Ablaßhandel des Papstes moralisch so sehr entrüstet hatten. Übrigens war auch die furchtbare Plünderung Roms durch deutsche und sonstige Landsknechte, der »Sacco di Roma«, auf die Feindschaft Karls gegen Franz zurückzuführen, so daß auch an diesem berüchtigten Verbrechen weder die Reformation noch die Gegenreformation, sondern letzten Endes die geklaute Klaudia schuld ist.

Wiederum aber sollte unrecht Gut nicht gedeihen, auch unrecht erotisch Gut nicht; wiederum sollte auch der zweite Brautraub nicht dem Räuber, sondern dem Beraubten zum Segen werden; die Liebe läßt sich nicht spotten. Weil Karl nämlich Klaudia von Frankreich nicht bekommen konnte, mußte er Isabella von Portugal nehmen; und die galt nun als die schönste Frau ihrer Zeit, und Karl geschah, was seinem Großvater Maximilian geschehen war: er liebte Isabella, liebte sie mehr als sein Leben, jedenfalls mehr als das Leben, das er bisher geführt hatte. Seine Melancholie verschwand, seine Zornausbrüche, ja seine epileptischen Anfälle blieben aus, sobald er sie geheiratet hatte. Er hatte sogar keine Angst vor Spinnen mehr – und was noch mehr wiegt, wie der weise Chronist findet: er änderte ihr zuliebe seine Diät, seine Freßwut erlosch. Er, berüchtigt wegen seines geradezu hysterischen Hangs zur steifsten Etikette, wurde selbst in dieser Beziehung vernünftig, ja, überlegen. Als sich damals eine kastilianische und eine napolitanische Gräfin in der Brüsseler Hofkapelle um den

Vorrang stritten und Karl die Frage vorgelegt wurde, wer von den beiden Damen den Vortritt habe, entschied er: »Die Dümmste!« – eine Regel, durch die sich noch heute jeder Rangstreit mühelos vermeiden ließe. Und als an seinem Hofe der Klatsch überhand nahm, ordnete er an, daß jeder Verleumder am Morgen sich einstellen, ein paar Stunden auf allen vieren umherkriechen und wie ein Hund bellen müsse. Das freilich ließ sich nicht durchhalten: der Klatschvettern waren es so viele, daß seine Räte vorstellig wurden, sie könnten nicht mehr arbeiten vor lauter Gebell . . .

Aber auch diese zweite große Liebe unter den Habsburgern dauerte nur kurz; schon nach dreizehn Jahren starb die schönste Frau der Welt, starb Kaiserin Isabella an der Geburt ihres vierten Kindes, starb auch sie, weil sie aus Scham keinen Arzt zu Hilfe nehmen wollte. Karl saß tagelang stumm an ihrer Leiche, versteint; nur wer ihn trösten wollte, auf den fuhr er los mit gezücktem Dolche. Und dann war alles wieder da: die Epilepsie, die Melancholie, die Spinnenangst, die tödlich steife Etikette. Noch als er abgedankt hat und ins Kloster St. Just geht, nimmt er ein halbes Dutzend Köche mit und lehnt die Klosterkost nach einem einzigen Versuch empört ab. Vorher versucht der trübselige Kaiser der Welt manchmal, sich trösten zu lassen durch andere, flüchtig genommene und wieder verlassene Frauen – so durch die Regensburger Bürgerstochter Barbara Blomberg, die so lieblich singt und ihn dadurch für ein paar Stunden aufheitert, und die ihm den Don Juan d'Austria gebiert. Mit Liebe aber hat das nichts zu tun. Allen Heiratsangeboten widersteht er, und sein letzter Blick vor seinem Tode gilt Isabellas Bild.

Dennoch geht es ihm mit seinem Erstgeborenen ähnlich wie seinem Großvater Maximilian. Um seinetwillen hat er abgedankt, durch diese Abdankung wird Philipp II. König von Spanien – aber der dankt ihm's nicht; er läßt sich bei seinem Vater nicht mehr sehen, er kürzt ihm sogar, geizig wie er ist, die Apanage um die Hälfte, so daß der kaiserliche Greis in peinliche Geldschwierigkeiten gerät. Bei Karl aber ist, um ihn spielt wie ein letzter Abglanz der Sonne, die in seinem Reiche nicht unterging, der kleine Juan, der Sohn der Bürgerin Blomberg, und er wird dereinst durch den Sieg bei Lepanto das Reich erretten. Er ist des sterbenden Kaisers letzte Freude, nicht seine Uhrensammlung, deren Pendel er, wie wir alle gelernt haben, vergebens in gleichmäßigen Gang zu bringen versucht haben soll.

Er konnte das nämlich nicht versuchen, weil es damals noch keine Pendeluhren gab.

Nein, nicht auf den geizigen, grausamen und bigotten Philipp vererbt sich der Liebessegen des Hauses Habsburg, sondern auf den weit weniger geliebten jüngeren Bruder Karls, der als Ferdinand I. über Österreich herrscht, der mit der schönen und gescheiten Jagellonin Anna von Polen in sechsundzwanzigjähriger glücklichster, verliebtester Ehe fünfzehn schöne und gescheite Kinder zeugt, bis sie an einem abermaligen Kindbett stirbt. Und seltsam: wiederum ist es nicht dieses Kaisers erster Sohn und Thronfolger Max II., der zu lieben weiß, sondern der Zweitgeborene Ferdinand von Tirol. Er ist es, der sich zu Augsburg in die schöne Philippine Welser verliebt und sie gegen alle Widerstände und unter Verzicht auf die Thronnachfolge heiratet, und zwar nicht, weil sie so reich gewesen wäre: sie war gar nicht die Tochter des »reichen« Welser, von dem sich der Kaiser und seine Söhne freilich abhängig wußten, sondern eines weit weniger reichen und total einflußlosen Verwandten. Nicht ihres Geldes wegen heiratete sie Ferdinand, und nicht ihres Geldes wegen verzieh ihr der Kaiser, sondern was Sohn und Vater taten, taten sie um Philippines Schönheit willen, von der es heißt, daß »der Rist ihres Füßleins also hoch war, daß wohl ein Zeislein darunter mochte Platz haben«, und »die Haut ihres Hälsleins also zart, daß man den roten Wein, so sie trank, durch ihre Kehle konnte rinnen sehn« – weshalb sie denn, als typische Frau, ausschließlich Rotwein trank. Und was ihren Mann betraf, so mochte ihn noch eine andere Eigenschaft ein Vierteljahrhundert an sie gefesselt haben, denn erst dann starb sie, just an ihrem Hochzeitstage: sie hinterließ nämlich fünf handgeschriebene Folianten mit ausgezeichneten – Kochrezepten. Aber ob auch Schönheit zu Kochkunst und Kochkunst zu Klugheit und Klugheit zu Treue kam – nehmt alles nur in allem: was ihn an sie und sie an ihn band, war Liebe; die letzte rechte Liebe im Hause Habsburg.

Denn Ferdinands Bruder Max, den Kronenträger, verrät man abermals an die Politik; obwohl schon sein Erzieher sich in der Donau ertränkte aus Schwermut über eine ungeliebte Frau, beachtete man die Warnung nicht und verheiratete ihn mit Maria von Spanien, der frommen Tochter Karls V., aber damit auch der Enkelin Johannas der Wahnsinnigen. Gewiß, die strenge, harte, düsterkirchliche Frau gebiert dem duldsamen, nicht unfrohen Max sechzehn Kinder, aber es ist eine lieblose Ehe, und kaum ist Max plötzlich gestorben, wie es heißt, vergiftet, da geht Maria, sofort nach seiner Bestattung, nach Spanien zurück, denn, so sagt sie, »ich will wenigstens auf rein katholischer Erde sterben«. Und Freude hat Kaiser Maximilian II. nur an einer unehelichen und unebenbürtigen Tochter, der bildhübschen Helene Scharsegin; um sie bewerben sich ein kärntnerischer und ein spanischer Freiherr, und weil beide Riesen an Gestalt und Kraft sind, läßt der Kaiser sie miteinander ringen. Und siehe, der Kärntner ringt den Spanier nieder, steckt ihn in einen Sack, legt ihn vor dem Kaiser auf die Erde und gewinnt die »Schöne Helena Österreichs«, und die ist dessen herzlich froh, hatte sie sich doch schon längst in des Kärntners unüberbietbare männliche Zier verliebt: er hatte nämlich einen mit größter Sorgfalt gepflegten Bart von viereinhalb Schuh Länge, der reichte vom Kinn bis auf die Erde und wieder zurück bis an den Gürtel. Maximilian, der in seiner Ehe wenig zu lachen hatte, lachte bei diesem Zweikampf und vor diesem Barte Tränen – und das war das letzte Lachen um Liebe im Geschlechte Habsburg.

Maximilians und Marias Söhne nämlich, Rudolf und Matthias, trugen nun gedoppelt das schlimme Erbe der unglücklichen, wahnsinnigen Johanna im Blut; und Rudolf, der als der zweite seines Namens den Kaiserthron besteigt, muß es geschehen, daß er das dritte Opfer der französischen Brauträuberei wird: Heinrich IV. von Frankreich schnappt ihm im letzten Augenblick die reiche Maria von Medici weg! Da bleibt der düstere, menschenscheue, liebearme, nur den dunklen Geheimwissenschaften verschworene Rudolf unvermählt, sperrt sich ein auf seiner Prager Burg, wechselt nur alle Woche die Mädchen, die immer nur Dirnen sind, die er auch nie bis in sein Zimmer läßt, sondern nur bis in seinen Stall, wo seine Lieblinge stehen, die weißen Stuten, die er immer nur streichelt und niemals reitet, denn er verläßt ja den Hradschin nicht. Sechs Söhne hat er von jenen Mädchen; auch sie liebt er nicht, er vermag nicht mehr zu lieben. Der älteste wird zu Wien bei einem Aufruhr um einer öffentlichen Dirne willen erschlagen, der jüngste vergewaltigt ein Edelfräulein und ermordet es dann;

da läßt Rudolf ihn ermorden, indem er ihn zwingt, sich in einem warmen Bade die Adern zu öffnen, wie Nero es einst dem Seneca tat. Und dann drängt den Kaiser sein eigener Bruder vom Thron, Matthias, dem Rudolf das Heiraten untersagt hatte; mit Hilfe der Prager gefangengesetzt auf dem Hradschin, öffnet der Entthronte noch einmal das Fenster seines Zimmers und schreit seinen Fluch über die goldene Stadt bis in unsere Tage hinein: »Prag, undankbares Prag, das du die verstößt, die dich erhöhet haben – die Rache Gottes soll dich verfolgen und der Fluch kommen über dich und das ganze Böhmerland!«

Matthias erfreut sich des Thronraubs nicht lange: nur sieben Jahre, dann verdrängt ihn sein Vetter, wie er seinen Bruder verdrängte; er hat seine Cousine geheiratet, aber ohne Liebe, und Kinder bleiben ihm versagt; er ist manisch-depressiv wie Rudolf aus dem gleichen Bluterbe heraus. Nach Wochen der Melancholie stürzt er sich in prunkvolle Feste und ist dann der leidenschaftlichste Tänzer, der je auf einem Throne saß; auch die anderen müssen tanzen, er will es so; und so tanzen denn bei seiner Krönung zu Frankfurt anno 1612 Der von Sachsen mit einer von Kassel, Der von Brandenburg mit einer von Heidelberg, Der von Württemberg mit einer von der Pfalz und so fort und so fort – zum letzten Male; denn sechs Jahre später bricht, unter des Tänzers Matthias Regierung, der Dreißigjährige Krieg aus, im goldenen, verfluchten Prag.

Damals aber, bei der Krönung, waren alle Reichsfürsten noch einmal zusammengekommen, »und es war«, sagt der zeitgenössische Chronist ahnungsvoll, »als wollten sie Abschied voneinander nehmen für immer«.

Sie tanzten die Liebe, sie tanzten den Frieden zu Grabe.

SIEBENTES KAPITEL
ODER DAS BAROCK

Manche, die zur Bildung neigen,
Pflegen trotzdem ohrzufeigen.

Dem Klatsch zufolge stellen die Veranstalter des fragwürdigen Unternehmens, das man Weltgeschichte nennt, immer das Persönliche über das Sachliche; den Historikern zufolge haben sie immer das Sachliche über das Persönliche gestellt. Der Idealist wird den Historikern recht geben, der Menschenkenner dem Klatsch. Der schlichte Referent, im Bemühen, sich in der Mitte zu placieren, wird zuzugeben haben, daß hinter dem französisch-österreichischen Gegensatz und somit hinter dem Dreißigjährigen Krieg drei kleine Brautraube und drei große Lieben, also sechs Frauen standen, zumindest *auch* sechs Frauen. Hinter dem preußisch-österreichischen Gegensatz aber stehen, weil ja Preußen mit im Spiele ist, weniger erotische als biderbe Angelegenheiten, nämlich – sechs Ohrfeigen. (Hinter den sechs Ohrfeigen freilich standen, genauer besehen, doch wieder sechs Frauen. Um das »Cherchez la femme« kam also selbst Preußen nicht herum.)

Die erste der historischen sechs Ohrfeigen knallte in Dresden, die zweite in Liegnitz, die dritte in Düsseldorf, die vierte in Stockholm, die fünfte und sechste in Paris. Sie knallten also in ganz Europa, und die Millionen Schüsse, die ihnen folgten, knallten ihnen nur nach, waren nur Echo. Deshalb laßt uns auf den Grund der Dinge gehen und von den Ohrfeigen sprechen und nicht von den Schüssen. Sie klatschten, diese Ohrfeigen; laßt uns von den Ohrfeigen klatschen.

Anno 1400 fand auf dem Rathaus zu Dresden der alljährliche sächsische Adelstanz statt. Erschienen war der Burggraf Jeschko von Dohna und hatte ein Recht dazu: schließlich beherrschten die steinreichen und mächtigen Dohnas Dresden und hatten die Dresdener Elbbrücke erbaut. Erschienen war aber auch der ebenso mächtige und steinreiche Markgraf zu Meißen, der dem Dohna nicht grün war — hingegen, wie sich bei diesen Adelstanz herausstellte, dessen bildschöner Frau. In der Leidenschaft des Tanzens nämlich ging dem Meißener seine sächsische Sinnlichkeit durch, denn alle Sachsen und Sächsinnen hatten und haben, ihrem Dialekt zum Trotz, erotisches Temperament – und er versetzte der süßen Burggräfin einen Kuß. Darauf wiederum ging dem Ehemann seine sächsische Eifersucht durch, denn alle Sachsen und Sächsinnen haben, ihrem Dialekt zum Trotz, pathetische Eifersuchtsgefühle – und er versetzte dem kußfreudigen Meißener eine Ohrfeige.

Natürlich war er im Recht, aber ebenso konnten die Meißener die Ohrfeige nicht auf sich sitzen lassen und erklärten den Dohnaern die Fehde. Ungerecht, wie die Geschichte nun einmal ist, gab sie dem Unrechten recht: die Burg der Dohnas wurde erobert und geschleift, und Burggraf Jeschko mußte samt seiner schönen Frau nach Böhmen zu Kaiser Sigismund fliehen. Der, mit einer wahren Messalina von Weib behaftet, der berüchtigten Barbara, hatte eben deshalb Verständnis für Jeschkos Ehemannsehre und nahm ihn zunächst freundlich auf; dann aber gefiel ihm die Burggräfin selbst. Einerseits hatte er keine Lust, ihre Gunst durch eine Ohrfeige zu erkaufen, andererseits brauchte er Geld und Truppen zum Kampf wider die Hussiten; beides boten ihm die Meißener an, wenn er sie nur mit Dresden belehne; auch hier stand der unselige Jeschko wieder im Wege. Also machte der Kaiser kaiserlich-kurzen Prozeß und ließ dem Dohna den Kopf vor die Füße legen. Mit einem Beilschlag hatte er Mätresse, Geld und Truppen – und die Meißener hatten Sachsen. Jeschkos Nachkommen aber flohen zu den Kurfürsten von Brandenburg, brachten es bald zu deren Feldherren und Kanzlern und sahen ihren politischen Daseinszweck begreiflicherweise darin, gegen die Sachsen und gegen den Kaiser zu hetzen – in memoriam der Ohrfeige von Dresden. Erst zwei Jahrhunderte später sollten sie Erfolg haben; aber was sind zweihundert Jahre gegen eine Ohrfeige? Es kann die Spur von ihren Erdentagen nicht in Äonen untergehn.

Noch vorher jedoch knallte die Ohrfeige von Liegnitz. Dort herrschte anno 1575 Herzog Heinrich aus dem Geschlecht der Piasten, ein gar streit-, sauf- und liebesseliger, aber geldknapper Herr, über dessen abenteuerliches Leben, das einen einzigen grandiosen Pumpversuch darstellte, sowohl bei Gustav Freytag wie bei Alfred Neumann alles Nähere recht erbaulich nachzulesen ist.

Dieser Heinrich, einer der dicksten Herrscher aller Zeiten, hatte keine Kinder, weshalb sein Herzogtum später an Brandenburg fallen sollte, denn er hatte eine Hohenzollerin aus dem Hause Ansbach zur Frau. Außerdem hatte er eine Mätresse, und das war gar keine »Geborene«, aber dafür war sie eine süße Person und führte den süßen und verlockend kitzligen Namen »die Kittlitzin«. Seine Frau, »ein gut, aber häßlich Tier«, wie sein Hofjunker schrieb, duldete die Kittlitzin und mußte sie wohl dulden, bis Herzog Heinrich eines Tages verlangte, sie solle sich beim Bankett neben die Mätresse setzen – man denke: eine Hohenzollerin neben eine Kittlitzin!! Das nun war der Guten zuviel, und schließlich fuhr es ihr ganz unhohenzollerisch heraus: »Ich setz' mich neben keine ...« – na ja.

»Und ich sage dir, die Kittlitzin ist keine ...!« schrie der Herzog. »Und sie ist doch eine!« schrie die Herzogin. Ja, und dann – dann klebte der Herzog der Herzogin eine. Und ging zur Kittlitzin.

Zwar kam zunächst eine Aussöhnung zustande: Heinrich verbrachte die folgende Nacht bei seinem Ehegemahl, was er seit einem Vierteljahr nicht mehr getan hatte. Den Weg zur letzten Versöhnung muß er aber bei dieser Gelegenheit nicht gefunden haben, denn das »gut, aber häßliche Tier« hinterbrachte die Ohrfeigengeschichte doch ihrem Bruder, dem Markgrafen von Ansbach. Da nun flammte der Hohenzollernstolz auf, der Markgraf wandte sich an den Kaiser, und was alle Untaten und Pumptaten Heinrichs bisher nicht vermocht hatten, vermochte die Ohrfeige; Heinrich wurde in die Reichsacht erklärt, mußte sein Land seinem Bruder abtreten und verkam im Elend.

Brandenburg aber hatte das Nachsehen, denn noch hundert Jahre lang regierten nun zu Liegnitz die Nachkommen von Heinrichs Bruder. Dann aber tauchte in den Wäldern um Liegnitz ein Elch auf, herübergewechselt aus dem Osten, woher die ersten Piasten dereinst nach Schlesien gekommen waren; es war der letzte Elch, der in Schlesien gesehen wurde; und alles warnte den Piasten, dies Symbol seines Geschlechtes zu schießen. Aber der junge Mann war ein allzu leidenschaftlicher Nimrod; er erjagte das seltene Wild nicht nur, er aß auch davon; und drei Tage später war er tot: er hatte sich am Elch den Magen verdorben – durch den letzten Elch wurde er der letzte Piast.

Und Österreich nahm Schlesien, anno 1585. Und Brandenburg protestierte abermals vergebens. Und es dauerte auch diesmal fast zwei Jahrhunderte, bis die Hohenzollern jene Ohrfeige, einer ihres Geschlechtes versetzt, endgültig gerächt hatten. Aber sie wurde gerächt, ebenso wie die Ohrfeige von Dresden. Auch Rachemühlen nämlich mahlen langsam, mahlen aber furchtbar fein.

Zwischendurch indessen hatte die Geschichte noch weitere Ohrfeigen im Köcher, wie man eigentlich nicht sagen darf. Obwohl es nach der nächsten zunächst gar nicht aussah.

Anno 1609 nämlich erlosch das Geschlecht der Herzöge von Jülich, Cleve und Berg – Hauptstadt Düsseldorf. Als mehr oder minder berechtigte Erben meldeten sich der Kurfürst von Sachsen, der Kurfürst von Brandenburg und der Graf von Pfalz-Neuburg.

Nun war der Mächtigste im Lande Johann Sigismunds von Brandenburg sein Ratgeber und Intimus, Herr Fabian von Dohna, der seinem Herrn bereits die endgültige Belehnung mit Preußen verschafft hatte – ein sehr geschickter Politicus also; der konnt' es nicht vergessen, daß ihm die bösen Meißener sein Sachsen weggefressen, er konnte die Dresdener Ohrfeige nicht vergessen. So veranlaßte er denn den Kurfürsten, sich mit dem Pfalzgrafen von Neuburg zu einigen: jeder der beiden Herren sollte die Hälfte von Jülich-Cleve-Berg bekommen, und der Pfalzgraf noch dazu die Tochter des Brandenburgers zum Weibe. So ward's beschlossen, und der Sachse hatte diesmal das Nachsehen – die Dohnas waren gerächt, die Ohrfeige schien geschichtlich bereinigt.

Das komplizierte diplomatische Spiel hatte immerhin vier Jahre gedauert, aber schließlich ist Rache ein Gericht, das kalt genossen werden soll; und nun, im Frühling 1613, trafen sich Schwiegervater und Schwiegersohn in spe zu Düsseldorf, um die Sache perfekt zu machen. Man vertrug sich blendend: beide, der Brandenburger wie der Pfalz-Neuburger, waren gute Lutheraner, das Erbe war auch geteilt noch ein fetter Brocken, und der Sachse war ausgeschaltet – man durfte das gute Geschäft begießen und tat es ausgiebig; leider so ausgiebig, daß es dem Pfalzgrafen schließlich einfiel, mit Rücksicht auf die nicht gerade üppigen äußeren Reize seiner künftigen Gattin als Ausgleich das ganze Erbe zu verlangen! Nun, er war volltrunken, aber Johann Sigismund war es auch, der beleidigte Vaterstolz reckte sich in ihm auf, und er erhob sich, wenn auch schwankend, und knallte dem Schwiegersohn eine derartige, daß der nun auch schwankte. Man sieht, daß Schiller recht hat: das eben ist der Fluch der bösen Tat und somit auch einer Ohrfeige, daß sie fortzeugend neue muß gebären.

Aber am nächsten Morgen schwankte der Pfalzgraf nicht mehr. Er reiste beleidigt ab, und der Kurfürst auch, und beide mußten nun zusehen, wie und wo sie für ihre Ansprüche auf Jülich Unterstützung fanden. Der Neuburger fand sie in Bayern, wo er sich aus Haß gegen Brandenburg in die Tochter des Bayernfürsten verliebte. Sie und ihre ganze Familie war katholisch; also wurde er auch katholisch, heiratete statt der Preußin die Bayerin und trat der katholischen Liga bei. Johann Sigismund seinerseits gewann die Unterstützung der Holländer, mußte aber zu diesem Zwecke vom lutherischen Glauben zum reformierten übertreten. Das war damals keine Kleinigkeit, denn einerseits hatte er seinem Vater auf dem Totenbett geschworen, lutherisch zu bleiben, und zweitens waren alle Lutheraner der Zeit überzeugt, daß man eher mit dem Papst oder den Türken paktieren dürfe als mit den Reformierten.

Jedenfalls hatte Sigismunds Übertritt zum reformierten Glauben die lutherische Front geschwächt, des Pfalzgrafen Übertritt zum römischen Glauben aber die katholische Front gestärkt; das entmutigte jene und ermutigte diese, und – der Dreißigjährige Krieg brach aus, eingeleitet durch die Ohrfeige von Düsseldorf, vorbereitet durch die Ohrfeigen von Liegnitz und Dresden – und zunächst zugunsten Österreichs entschieden durch die Ohrfeige von Stockholm!

Zwar ist diese Ohrfeige nur durch Klatsch verbürgt. Aber, aber: wen erwischen wir denn da bei diesem Klatsch? Keinen Geringeren als den doch wahrhaft über jeden Klatsch erhabenen, eben erst im Zitat bemühten Dichter und Historiker Friedrich von Schiller!

König Gustav Adolf von Schweden nämlich, der Retter der Protestanten, hatte, so erzählt Schiller, als Pagen den Prinzen Franz Albert von Lauenburg. Dem nun versetzte der König einmal eine Ohrfeige, die sich der Prinz scheinbar gefallen ließ, in Wirklichkeit aber nie vergaß. Und als er später mit und dicht neben Gustav Adolf in die Schlacht bei Lützen ritt, benutzte er die Gelegenheit und knallte den König aus Rache ab. Und mit dem Tode dieses Königs, übrigens entgegen allen romantischen Lesebuchbildern wiederum einer der dicksten Herrscher aller Zeiten, gewannen die Kaiserlichen das Übergewicht.

Schiller selbst ist bei der Geschichte nicht ganz wohl; er rückt schließlich von ihr ab, »um die Würde der menschlichen Natur nicht zu entehren«. Dieser Grund ist echt schillerisch und ehrt den Dichter in ihm; den Geschichtler wird er nicht überzeugen. Eine Reihe guter Wissenschaftler hält den Verdacht denn auch für erwiesen. Warum fiel Gustav Adolf nach dem ersten Schuß, der ihn nicht tötete, vorn quer über Lauenburgs Pferd? Die Schüsse, die ihn töteten, verletzten Lauenburg nicht einmal: hatte er selbst sie abgegeben? Warum trug er, der nach Schiller »dem Monarchen wie ein böser Dämon beständig zur Seite bleibt«, eine grüne Binde um den Leib, die Farbe der Kaiserlichen, der Feinde? Warum findet man später in seinem Nachlaß einen kostbaren Diamanten, den der König bis zu seinem Tode auf der Brust trug und den man nach seinem Tode nicht mehr fand? Warum ist der Lauenburger der erste, der Wallenstein die Nachricht von Gustav Adolfs Tod überbringt, warum wird er sofort in Wallensteins Dienste genommen? Warum fällt er, der Freund Wallensteins, nach dessen Ermordung gleich wieder die Treppe hinauf und wird Befehlshaber einer kaiserlichen Armee, nachdem er seinem Glauben abgeschworen hat? Warum berichtet bereits 1633 ein Augenzeuge, der nur fünfzig Schritte von Gustav Adolf am Boden lag, wie der König »erschossen wurde von einem Verräter, das sag ich dir« . . .?

Ach ja, es bleibt schon einiges hängen am guten Lauenburg. Ein kluger Mann wie Hertslet bezweifelt zwar sowohl die Ohrfeige von Düsseldorf wie die von Stockholm, weil sie nicht dokumentarisch überliefert seien. Nun, Hertslet war Diplomat – seit wann aber enthüllen diplomatische Dokumente die wahren Handlungen und Beweggründe der Menschen? Sie sind doch da, um sie zu *ver*hüllen . . . Ob also der Instinkt des Historikers Schiller nicht zuverlässiger arbeitete als der Wunschtraum des Dichters Schiller von menschlicher Würde? Und wenn dem so wäre, dann hätte wiederum eine Ohrfeige den Krieg für Österreich gerettet.

Den Frieden hingegen rettete Ohrfeige Nummer fünf – und zwar für die Protestanten. Obwohl sie in Paris fiel.

Dort herrschte dem Namen nach der unfähige König Ludwig XIII., in Wirklichkeit der über die Maßen fähige Kardinal Richelieu. Sein formaler kirchlicher Rang hinderte ihn, den leidenschaftlichen Franzosen und glühenden Hasser Österreichs, keineswegs, sich mit den deutschen und schwedischen Protestanten gegen Habsburg zu verbünden. Des Königs Mutter aber, Maria von Medici, dieselbe, die man Kaiser Rudolf beim dritten Brautraub weggeschnappt hatte, verzieh ihm solche Politik nicht, und sie hatte auf ihrer Seite des Königs Bruder Gaston, den sicheren Thronfolger, denn Ludwig hatte trotz langjähriger Ehe mit der hübschen Anna keine Kinder, und nach menschlichem Ermessen waren nun auch keine mehr zu erwarten. Und würde Gaston erst an der Regierung sein, dann würde es aus sein mit der Herrschaft Richelieus und aus mit den deutschen Protestanten.

Indessen der Mensch denkt, und der Liebesgott lenkt. Er fügte es, daß sich der sehr amouröse Gaston in Richelieus aufregend hübsche und geistvolle Nichte verliebte. Und jetzt machte der stolze Kardinal einen Kardinalfehler: er überschätzte seine Machtstellung und schlug Gaston bei einem Hoffest vor, Maria zu heiraten. Darüber aber war der adelsstolze Königsbruder so empört, daß er dem Brautwerber vor versammeltem Hofstaat eine fürchterliche Ohrfeige versetzte – der Kardinal schien blamiert und erledigt.

Indessen ein Thronfolger denkt, und ein Richelieu lenkt. Seine Rache war furchtbar. Sie bestand nicht nur darin, daß er Maria von Medici und Gaston zur Flucht nach Brüssel zwang und sich nun erst recht mit den Schweden verbündete, trotz Gustav Adolfs Tod: das, wie gesagt, entschied letzten Endes den Westfälischen Frieden zugunsten der Protestanten, aber es war für einen Richelieu nicht genug. Nein, diese unbedachte Ohrfeige kostete Gaston den Thron.

Auf einem späteren Ball nämlich vermittelte der Kardinal ein Verhältnis der hübschen, von ihrem Gatten nicht eben verwöhnten Königin Anna mit dem ebenso hübschen, Frauen aber gern verwöhnenden Grafen von Rivière. Und kaum ein Jahr später, nach jahrzehntelanger kinderloser Ehe, gebar Königin Anna einen Sohn. Man nannte ihn Ludwig wie den, der sich für seinen Vater hielt. Richelieu zwar starb, als der Knabe kaum fünf Jahre alt war, aber diese seine letzte Intrige war seine Rache an Gaston, der nun nie einen Thron bestieg, und sein Vermächtnis an Frankreich und die Welt.

Und welch ein Vermächtnis! Was für ein Knabe das war, das zeigte sich schon, als wenige Monate nach Richelieu auch Ludwig XIII. krank wurde, schwer krank. Da ließ er den Thronfolger kommen und fragte ihn, wie man eben einen Fünfjährigen fragt: »Sag schön, wie du heißt!« Und der Unmensch von Söhnlein antwortete: »Ludwig XIV., Papa!« Da rief der König entsetzt: »Noch nicht, mein Sohn, noch nicht!«

Er hatte doppelt unrecht, der Arme. Erstens mit der Bezeichnung »mein Sohn«, und zweitens starb er doch wenige Stunden später, und der Knabe *war* Ludwig XIV.

Aus ihm wurde jener König, dem es zu danken ist, daß die französische Sprache die Diplomatensprache wurde; er schaffte das einfach dadurch, daß er sich weigerte, eine andere zu erlernen. Und auch sonst war dafür gesorgt, daß er in Richelieus Geiste erzogen und jene Ohrfeige gesühnt wurde: denn auch sein Nachfolger war ein Kardinal, war der Kardinal Mazarin, aber wenn des toten Königs Bruder es für unter seiner Würde gehalten hatte, die Nichte eines Kardinals zu heiraten, so heiratete dieses toten Königs Witwe den Kardinal Mazarin selbst, und aus beider Erziehung erstand Ludwig XIV., der es ein für allemal einführte, daß Könige getrost ihre Mätressen heiraten können: er heiratete die Maintenon zur linken Hand; Politik machte er, leider, mit der rechten.

Auch er hatte einen Bruder, aber der trachtete keineswegs nach dem Thron; der ließ sich widerspruchslos mit der dicken, resoluten, leiblich wie sprachlich mit deutscher grüner Seife gewaschenen Liselotte von der Pfalz verheiraten, der prächtigsten Klatschbase aller Zeiten und – der Nachkommin des zu Düsseldorf geohrfeigten Ludwig von der Pfalz. Und die Geschichte handelte nur gerecht, als sie gerade Liselotten die letzte der sechs historischen Ohrfeigen zuschob.

Ihr Mann nämlich ließ nicht nur sich selbst widerspruchslos verheiraten, sondern auch seine Kinder. Und gerade seinem und Liselottens geliebtem Ältesten hatte König Ludwig eine seiner vielen unehelichen Töchter zugedacht, die inzwischen zugleich seine Geliebte gewesen war. Da nun empörte sich in Liselotte der pfalzgräfliche Stolz wie seinerzeit in Gaston der königliche: als ihr Sohn sich mit der Heirat einverstanden erklärte, haute sie ihm vor dem König und der Braut und dem ganzen Hofstaat eine herunter und rauschte davon.

Ach, es war zwar eine mütterliche Ohrfeige, und sie war nicht von schlechten Eltern oder vielmehr von schlechter Mutter: dennoch fruchtete sie nichts. Der Junge mußte heiraten, wen der König wollte. Es war halt die letzte der sechs Ohrfeigen. Die geschichtsbildende Kraft der Ohrfeigen war vorbei. Diese war nur ein armes Echo. Sie wirkte nicht mehr. Allzu wenige Jahre nur trennten sie noch von der Zeit, da einer eine andere geschichtsbildende Kraft in das Weltgeschehen einführte: die preußische.

Und doch war dies Preußen durch eben jene Ohrfeigen groß geworden. Die Dresdener Ohrfeige hatte ihm die tüchtigen Dohnas gebracht, die Liegnitzer die Erbansprüche auf Schlesien über Jahrhunderte erhalten, die Stockholmer die Großmacht Schweden vom Halse geschafft, die Pariser den Beistand Frankreichs gesichert – und die Düsseldorfer hatte ihm das Staatsprinzip aufgezwungen, durch das es siegen sollte: die Toleranz.

ACHTES KAPITEL
ODER DER ZOPF

Peinlich selbst im Hoftheater
Wirkt der Landesrabenvater.

Die Geschichtsbücher, die da immerfort behaupten, der Kurfürst Johann Sigismund habe seinen Untertanen freie Religionsausübung verstattet, und damit habe das Hohenzollerntum zuerst den Gedanken der religiösen Toleranz verwirklicht und die geistige Führung in Deutschland übernommen – diese Geschichtsbücher schwindeln leider. Preußen hat sich anderthalb Jahrhunderte lang verzweifelt gegen die ihm aufgezwungene Toleranz gewehrt.

Johann Sigismund trat überhaupt nur zum reformierten Glauben über, um die Folgen seiner Düsseldorfer Ohrfeige wiedergutzumachen; als er aber einmal übergetreten war, dachte er nicht an Toleranz, sondern versuchte mit allen Mitteln, seine lutherischen Untertanen gewaltsam zu Calvin zu bekehren. Es gelang ihm nur nicht, weil er zu schwach und das Luthertum zu stark war. Widerwillig mußte er sich beugen, jahrzehntelang zankten sich von den Kanzeln die lutherischen Volksprediger mit den reformierten Hofpredigern herum, es gab sogar bewaffnete Auseinandersetzungen, und der Große Kurfürst warf endlich einen besonders störrischen lutherischen Pastor aus Berlin hinaus. Dieser Pastor tröstete sich damals durch einen Choral, den er sich selber schrieb. Der Pastor hieß Paul Gerhardt und der Choral »Befiehl du deine Wege«. Auch er wäre ohne die Düsseldorfer Ohrfeige nie entstanden.

Für Johann Sigismund aber gab es keinen Trost. Er mußte abdanken, überworfen mit seinem andersgläubigen Volk, und starb in Gewissensskrupeln; ihm erschien zum ersten Male strafend die berühmte »Weiße Frau«, die seitdem immer auftauchte, wenn im Hohenzollernhaus ein Unglück bevorstand. Sie war das Symbol des Fluches, der vom Glaubensverrat dieses Hohenzollern ausging; die Ohrfeige von Düsseldorf war teuer bezahlt. An die Weiße Frau glaubte man fest; 1651, unter dem Großen Kurfürsten, zeigte sie sich wieder. Aber der Kammerjunker von Burgsdorf, ein beherzter Mann, lauerte ihr an der Stiege auf und brüllte sie gut preußisch und höchst respektlos an: »Du alte sakramentische Hure du, hast du noch nicht genug Fürstenblut gesoffen, willst du noch mehr haben?« Die Weiße Dame jedoch packte ihn statt jeder Antwort beim Kragen und warf ihn die Treppen hinunter, daß ihm die Rippen krachten. Aber selbst so viel unweibliche Kraftentfaltung machte niemanden stutzig; auch nicht die seltsam girrenden und stöhnenden Laute, die sie nächtelang hören ließ, als sie unter Friedrich des Großen Vater wieder erschien. Endlich ward sie doch von der Wache festgenommen – und da stellte es sich denn heraus, daß sich ein Soldat der Maske bedient hatte, um ungestört zu seiner Liebsten, der Kammerjungfer, zu schleichen. Die merkwürdigen Laute waren also für diesmal erklärt; an die »Weiße Frau« glaubte man gleichwohl weiter.

Richtig allerdings ist, daß in der Familie des Großen Kurfürsten immer jemand starb, wenn sie auftauchte. Aber das Volk wußte ganz genau, wer an diesen Todesfällen wirklich schuld war: des Kurfürsten zweite Gemahlin Dorothea. Die liebte man nicht; erstens, weil sie ihrem Mann zuliebe zum verhaßten reformierten Glauben übergetreten war; zweitens, weil sie so geizig und geschäftstüchtig war, daß sie, die Kurfürstin persönlich, in Berlin vor dem Spandauer Tor einen Wein- und Bierschank und sogar ein Gasthaus für Hamburger Fuhrleute einrichtete, wo es nicht eben moralisch zuging, und dadurch anderen Leuten das Brot nahm; und drittens eben, weil sie die Kinder ihres Mannes aus erster Ehe sowie sonstige Thronfolgekandidaten teils zu vergiften versucht, teils wirklich vergiftet haben sollte, damit ihre eigenen Kinder zum Zuge kämen. Tatsächlich starb der kerngesunde Kurprinz ganz plötzlich im Lager zu Straßburg, während seine Stiefmutter anwesend war, und die Soldaten bezichtigten sie laut des Mordes. Sein Bruder, der nachmalige erste König von Preußen, erkrankte schwer, nachdem er bei Stiefmütterlein eine Tasse Kaffee getrunken hatte, und wurde für tot in sein Zimmer getragen, dann aber durch ein Brechpulver gerettet, das er ahnungsvoll und vorsichtig vor dem Besuch zu sich gesteckt hatte. Der dritte Bruder schließlich starb nach einem Ball, den Stiefmütterchen veranstaltet und bei dem sie ihm eine Orange von ganz besonderer Größe serviert hatte. Ebenso rätselhaft und plötzlich verschieden des Kurprinzen erste Frau sowie seine beiden ersten Söhne aus zweiter Ehe, worauf er es vorzog, die Nähe Stiefmütterchens zu meiden und nach Kassel zu fliehen. Das wieder empörte den Großen Kurfürsten so, daß er ihn nun wirklich zugunsten der Kinder Dorotheas teilweise enterbte. Gerade dadurch jedoch wurde der Verdacht gegen sie so laut, daß ein Gerichtsverfahren eingeleitet wurde; das schlug der Kurfürst zwar nieder, doch dann starb er, und Stiefmütterchen wurde krank und starb auch bald – so daß des Kurprinzen und nunmehrigen Kurfürsten dritter Sohn, der Friedrich des Großen Vater werden sollte, endlich in Ruhe geboren werden und am Leben bleiben konnte.

Kein Wunder, daß der neue Herrscher ob der Beendigung so unerquicklicher Familienverhältnisse aufatmete und sein nun endlich nicht mehr bedrohtes Leben zu genießen beschloß, zu welchem Zwecke er sich nach dem Vorbild des von ihm angebeteten Ludwig XIV. von Frankreich eine Mätresse anschaffte. Das war die Tochter eines Wirtes vom Rhein, der für den Großen Kurfürsten den Wein geliefert hatte; sie war auf den Namen Katharina getauft worden, »die Reine«, was sie nicht hinderte, mit einem Kammerdiener als Zugabe zur Weinlieferung durchzugehen und sich in Berlin über viele Zwischenstationen zur Frau von Kolbe und schließlich sogar zur Gräfin Wartenberg emporzuliebeln. Nun war zwar die Frau des neuen Fürsten schön und gescheit, sie war nicht umsonst des großen Philosophen Leibniz Freundin; das Käthchen vom Rhein aber war schön und dumm, und das gefiel dem gekrönten Haupt besser – wie so manchem ungekrönten ja auch. Zwar setzte sie ihm, ehe er sich selbst die Krone aufsetzte, so manchen anderen Kopfschmuck auf; sie ging dabei überfallartig vor, und die Umschlingung ihrer mächtigen Arme war so kraftvoll, daß ihr keiner entrann. Nur August der Starke von Sachsen konnte sich ihrer nach hartem Kampf erwehren, obwohl der doch sonst gar nicht so war – nun, er hieß nicht umsonst der Starke. Den neuen, schwächlichen und buckligen König von Preußen übrigens genierte dergleichen nicht; er hatte die Mätresse nur, weil sich das eben so gehörte, und konsumierte das Verhältnis gar nicht, er war da bedürfnislos, er tat nur so, indem er sommers im Garten und winters im Zimmer eine Stunde mit ihr auf und ab ging ... sie war also nur Renommier-Mätresse. Diesen Posten aber nahm sie ernst: als Friedrich des Großen Schwester Wilhelmine aus der Taufe gehoben wurde, geriet sie mit der Frau des holländischen Gesandten in Streit über den Vortritt: die beiden Damen, berichtet der Chronist, fuhren einander in die Haare, der Puder ihrer Frisuren bildete eine Wolke um sie, und als der Oberzeremonienmeister sie endlich auseinanderbringen konnte, hatte Käthchen das Feld bereits behauptet: ein der Widersacherin ausgerissenes Haarbüschel als Siegeszeichen schwenkend, betrat sie die Kirche. Eine wahrhaft königliche Taufe, eine wahrhaft stimmungsvolle Feier.

Und als die schöne Katharina endlich doch gestürzt war, ging sie, wie denn nicht, nach Paris. Über ihre dortigen Amouren weiß die Königin der Klatschbasen, Liselotte von der Pfalz, also zu berichten: »Die Gräfin von Wartenberg führt ein toll Leben. Sie hat es mit einem jungen Sachsen gehabt, der hat ihr alle Juwelen gestohlen und ist damit durchgegangen. Sie hat ihn verklagt, er hat aber geschrieben, daß er keinen Diebstahl begangen hat, denn sie hätte vor ihm einen Polen gehabt und ihm fünfzigtausend Franken versprochen, weil er einmal die Franzosen von ihr bekommen hat. Nun sei es gewiß, daß ihm, dem Sachsen, das zweimal von ihr geschehen sei, also müßte er ja doppelt bezahlt werden. Der Cavalier ist freigesprochen worden ...« Mit sechzig Jahren starb sie, aktiv bis zuletzt, in Scheveningen. Ihre letzten Worte sind überliefert: »Eher könnte man die Muscheln am Strand von Scheveningen zählen denn meine galanten Abenteuer.« Nun, man wird ihr wenigstens zugeben müssen, daß sie weder aus ihrem Herzen noch aus anderem eine Mördergrube gemacht hat.

Ihren einzigen platonischen Liebhaber zu Berlin hatte sie viel gekostet – mehr beinahe als die Königskrone, die auch nicht billig war, denn außer anderen Leuten und Mächten war vor allem der Kaiser zu Wien dagegen, daß ein Brandenburger König wurde. Also mußte bestochen werden, und das besorgte als Gesandter in Wien wieder ein Dohna aus dem Ohrfeigergeschlecht. Aber es half nichts, und Dohna wollte schon abreisen, als ihn eine Depesche aus Berlin erreichte: er solle noch einen weiteren einflußreichen Mann zu bestechen versuchen, doch rate man ihm, den Baron von Lüdinghausen zu vermeiden. Dem nämlich traute man nicht. Nun las aber Dohna versehentlich statt »vermeiden« »verwenden« – er verwendete also den Baron, den er vermeiden sollte, und siehe: der nahm die Summe an! So wurde der Kurfürst König – durch ein Versehen, durch Zahlungen an Wien von insgesamt sechs Millionen Talern und durch das Versprechen, künftig zu allen Kriegen Österreichs zehntausend preußische Soldaten zu stellen.

Übrigens gab es auch Proteste: es protestierte der Papst, der bis nach Friedrich des Großen Tode, sechsundachtzig Jahre lang, keinen König von Preußen, sondern nur einen Marquis von Brandenburg anerkannte, und – der Pfalzgraf von Neuburg. Er kam über die Ohrfeige, die sein Ahn zu Düsseldorf erhalten hatte, noch immer nicht hinweg.

Weniger wichtig sah die Kronenangelegenheit die gescheite Königin. Sie nahm im Dom zu Königsberg während der endlosen, pompösen Krönungszeremonie in aller Gemütsruhe eine Prise Schnupftabak. Der König wies sie zurecht, aber sie lächelte nur: sie kannte seine hysterische Prunksucht. Kurz ehe sie, lange vor ihm, starb, sagte sie heiter zu einer ihrer Hofdamen: »Was den König betrifft, so kann er mit meinem frühen Tode zufrieden sein, denn ich verschaffe ihm durch mein Leichenbegängnis eine Gelegenheit zu größter Prachtentfaltung!«

Und doch war diese Prachtliebe wiederholt von tödlicher Wirkung gewesen: was des Königs Stiefmutter bei ihm durch Gift nicht erreicht hatte, erreichte er selbst bei seinen Enkeln mühelos durch Prunk. Der erste starb mit einem halben Jahr, weil ihn sein Großvater zum Prinzen von Oranien ausrufen und dabei eine Unmenge von Kanonen dicht vor dem Schloß derart knallen ließ, daß das arme Kind zu Tode erschrak, das »böse Wesen« bekam und verschied. Der nächste Enkel verblich schon bei der Taufe, weil ihm der Großvater eine so schwere Goldkrone auf das Köpfchen gesetzt hatte, daß es das dünne Schädelchen nicht ertrug. Nach diesen Erfahrungen wurde beim dritten Enkel nicht so laut geknallt und nur ein sehr kleines, wenn auch kostbares Krönchen verwendet – so blieb dies Kind denn am Leben und wurde Friedrich der Große. Vielleicht wären aus seinen beiden am Prunk gestorbenen Brüdern nur kleine Könige geworden. Man weiß eben nie, wozu etwas gut ist.

Sein Großvater freilich sollte am Ende seiner Tage den Fluch der Ohrfeige von Düsseldorf und des Sigismundschen Glaubensverrats noch zu spüren bekommen. Er ehelichte als dritte Frau eine aus dem Hause Mecklenburg, Sophie Luise, und die war streng lutherisch. Kein Reformierter, erklärte sie in heftigen Auftritten ihrem Mann ein übers andere Mal, könne selig werden. »Nun«, wendete er ein, »wenn ich nun vor dir sterben sollte, wirst du aber doch von mir sagen müssen: Der selige König!« Aber sie erwiderte trotzig: »Nein. Ich werde sagen: Der verstorbene König.« Von dieser Stunde an, versichert der Chronist, ward er in seinem Herzen gegen sie kalt. Was schließlich verständlich ist.

Sie aber nahm sich diese Abkühlung ihrerseits so zu Herzen, daß sie Anfälle von Geistesstörung bekam. Dem schon kranken König sagte man nichts davon. Bei solch einem Anfall jedoch entlief sie ihrer Bewachung, rannte im langen, weißen Nachthemd zu den Gemächern des Königs, schlug eine Glastür ein, befleckte sich dadurch mit Blut und warf sich in diesem Zustande über den König, der geschlummert hatte. Der König erwachte, sah die unheimliche Gestalt und schrie auf: »Ich sehe die Weiße Frau, ich muß sterben!« Bediente eilten herbei und rissen Sophie Luisen weg; den König aber packte vor Schreck das Fieber, und nach sechs Wochen war er tot. Ob die Witwe von ihm als vom »seligen« oder vom »verstorbenen« König sprach, erfuhr man nie; man schaffte sie nach Mecklenburg zurück und sah sie in Berlin nicht wieder.

Den Thron bestieg Friedrich Wilhelm I., den man den »Soldatenkönig« nennt. Die Soldaten sollten sich das verbitten; es beleidigt sie. Eifrige Geschichtsschreiber haben das politische Bild dieses Königs zu retten versucht, was teilweise, nur sehr teilweise, gelungen ist; sein menschliches Bild ist nicht zu retten.

Als »lustiger Jugendstreich« ist von ihm überliefert, daß er, noch als Kronprinz, gemeinsam mit dem alten, damals noch jungen Dessauer einen Spaziergang nach Zehlendorf machte und dabei einen Kuhhirten schlafend fand, weshalb sich die beiden Herren »den Spaß machten«, den Kühen die Schwänze abzuschneiden. Ich kann nichts Lustiges und Spaßhaftes daran finden. Über sein Benehmen bei Tisch schrieb der österreichische Gesandte: »Seine Majestät war gestern mein Gast. Er dinierte, soupierte und kotzte wie ein Wolf.« Er galt und hielt sich für fromm, aber er ließ seine Werber auf der Jagd nach langen Kerls während des Gottesdienstes in die Kirche einbrechen und die Beter samt dem Pfarrer verschleppen. Er zahlte Hunderte von Talern für jeden einzelnen dieser langen Kerle, die militärisch vollkommen sinnlos waren; er wurde schwermütig und wollte abdanken, als andere Länder ihm seine wüsten Werbemethoden verboten und er fürchten mußte, keine langen Kerls mehr zu bekommen – aber er bewilligte der Berliner Bibliothek im ganzen Jahre 1734 ganze vier und im ganzen Jahre 1735 ganze fünf Taler für Bücher, und die Besoldung aller Bibliotheksbeamten strich er. Er läßt den großen Philosophen Wolff aus Halle vertreiben, weil man ihm einredet, dessen Philosophie könne seine langen Kerls zur Desertion verführen, und er bezeichnete Leibniz, den Freund seiner Mutter, als einen närrischen Kerl, der nicht mal zum Wachestehen zu brauchen sei. Seinen Haß gegen die Wissenschaft tobt er hemmungslos aus: er zwingt zwei bekannte Gelehrte, vor johlenden Studenten über das Thema zu diskutieren: »Gelehrte sind Salbader und Tröpfe«; die Akademie der Wissenschaften dient ihm nur zum Spott, und einmal befiehlt er ihr, für ihn zu ermitteln, warum der Champagner brause. Hier fällt er allerdings herein, denn die Herren Professoren erklären, um das feststellen zu können, benötigten sie fünfzig Flaschen von solchem Champagner, und die liefert er selbstverständlich nicht, zumindest nicht an Gelehrte. Nur den Direktor der Kunstakademie bezahlt er leidlich, denn der muß ihm die Porträts seiner Generale, »Selbstporträts« und Jagdszenen in Umrissen aufzeichnen, und der König tuscht sie dann aus – eine Leistung, auf die er sehr eitel ist, so eitel, daß er jedem fremden Diplomaten sein neuestes Machwerk zeigt und ihn fragt, was es denn wohl wert sei. Natürlich nennt der Politicus aus diplomatischen Gründen einen höchst schmeichelhaften Preis, und nun freilich fällt der Diplomat herein, denn der König sagt: »Schön, für den Preis können Sie's haben!« – und der Arme muß zahlen. Endlich liebt der König auch die Musik, er läßt sich sogar Händel vorspielen – aber nur, weil er so gut dabei einschläft, und außerdem muß es natürlich Blechmusik sein.

Triumphe feiert seine Verachtung von Kunst und Wissenschaft in dem immer so »gemütlich« geschilderten Tabakskollegium; nur um sie zeigen zu können, wurde es überhaupt geschaffen. Da er einen närrischen Gelehrten zum Lächerlichmachen braucht, aber nicht selbst bezahlen will, ernennt er den Vorleser im Tabakskollegium, Gundling, zum Präsidenten der Akademie der Wissenschaften – als Nachfolger von Leibniz! Die Späße, die er und seine Kumpane mit dem ängstlichen Gundling treiben, sind rabiat. Der muß einen roten Phantasierock mit goldenen Knopflöchern tragen, dazu eine Perücke aus Ziegenhaaren und einen großen Hut mit Straußenfedern. Dann wird ein Affe ebenso gekleidet und neben Gundling gesetzt. Der König behauptet nun, der Affe sei Gundlings natürlicher Sohn, und Gundling muß den Affen umarmen – Seine Majestät lacht wiehernd. Abend für Abend wird Gundling betrunken gemacht, Gundling, der einen schwachen Gelehrtenmagen hat; als er im Winter betrunken nach Hause taumelt, müssen ihn auf des Königs Befehl vier lange Kerls an Stricken so lange in den gefrorenen Schloßgraben hinunterlassen, bis er das Eis aufgestoßen hat, und diese besonders komische Szene wird ein paarmal wiederholt und dann sogar gemalt. Kommt er dann nach Hause, hat man sein Zimmer zugemauert, und Gundling muß im Kalten schlafen; oder man hat junge Bären in sein Bett gelegt, deren Vorderfüße der König zwar vorher hat verstümmeln lassen, die aber den Armen dennoch so zurichten, daß er tagelang Blut hustet.

Endlich entflieht Gundling zu seinem Bruder nach Halle, aber Majestät läßt ihn gefangen zurückbringen, droht dem Ängstlichen, ihn als Deserteur erschießen zu lassen, und ernennt den Wimmernden dann zum Freiherrn mit sechzehn Ahnen väterlicher- wie mütterlicherseits, die der König natürlich erfunden hat. Er läßt durch einen gewissen Faßmann eine Spottschrift gegen Gundling schreiben und zwingt Gundling, sie in Anwesenheit Faßmanns und des ganzen Tabakskollegiums vorzulesen. Als er sich wehrt, bearbeitet man ihn so mit heißen Pfannen auf dem entblößten Hintern, daß er vier Wochen lang nicht sitzen kann. Als er endlich stirbt, stellen die Ärzte bei der Sektion fest, daß der Alkohol ihm den Magen zerfressen hat. Den König rührt und beschämt das nicht; er läßt ihn in einem Weinfaß einsargen und zwingt, er, der fromme König, die Geistlichen, ihn in diesem Faß auf dem Bornstädter Friedhof zu begraben.

Ähnlich humorvoll verlaufen die Jagden. Die erlegten Wildschweine werden einfach Beamten und Kaufleuten zugeschickt, die sie teuer bezahlen müssen, mit besonderer Wollust aber Juden, weil die ja kein Schweinefleisch essen dürfen – ein immer neu bejohlter Witz. Anders und weit effektvoller wird mit den erlegten Hirschen verfahren. Sie werden zerteilt, wieder mit ihrem Fell bedeckt und dann in ein Gatter gelegt, vor dem die hungrigen Hunde der Meute warten, bis sie vor Hunger heulen. Nun erst erscheint der König: das Gatter wird geöffnet, die Hunde dürfen hinein, aber anrühren dürfen sie den Hirsch nicht. Man schwenkt das blutige Fleisch vor ihnen und kartätscht sie zusammen, wenn sie zubeißen wollen. Endlich erklingt Blechmusik – und zu Händelschen Klängen dürfen nun die Hunde schlingen, und Majestät schaut hingerissen zu, bis sie fertig sind.

Dann geht's zum Ball. Hier gibt es aber keine Damen; Majestät mag keine Frauengesellschaft. Die Offiziere tanzen miteinander, nur Männer mit Männern, bis spät in die Nacht, und bis sie betrunken sind. Sie blieben lange üblich in den Kasinos, diese Männerbälle Friedrich Wilhelms I. Die Witze, die dabei gerissen wurden, dürften die Urahnen des Kasinohumors und Kasinostumpfsinns sein.

Gut. Geschmackssache. Aber war der König nicht ein König des Volkes, ein König fürs Volk? Der auch Bürgerliche adelte, grafte, baronisierte? Gewiß, wenn sie dafür bezahlten; je mehr Geld, desto mehr Ahnen. Oder auch, allerdings, wenn sie bauten. Der König sah es gern, wenn in Berlin gebaut wurde, und wenn's ihn nichts kostete. So adelte er 1736 den Geheimrat Piper mit der ausdrücklichen und einzigen Begründung, »weil er ein schön magnifique Haus baut«. Aber wenn er auch sagte: »Barone machen ist mir eine lumpige Bagatelle!«, so befahl er andererseits doch dem so bagatellisierten Adel, »sich nicht zu unterstehen, eines geringen Bürgers oder Bauers Tochter oder Witwe zu heiraten«.

Haben sie ihn nun geliebt, die geringen Bürger und Bauern? Sie liefen davon, wenn er durch die Straßen ritt, denn wen er arbeitsunlustig fand oder glaubte, den prügelte er persönlich durch. In Berlin schlossen sich alle Fenster und Türen, wenn er auftauchte. So riß auch einmal ein Jude vor ihm aus; man wußte, daß er die Juden nicht liebte. Der König setzte ihm nach, holte ihn ein: »Weshalb bist du weggerannt, Jud?« – »Weil ich mich gefürchtet habe«, antwortete der Zitternde wahrheitsgemäß. Da drosch der König mit beiden Fäusten auf ihn ein und brüllte bei jedem Schlag: »Lieben, lieben sollt ihr mich, nicht fürchten!« Was immerhin noch eine bessere Maxime war als die umgekehrte, die in der späteren deutschen Geschichte leider auch ihre Vertreter fand.

Nur ließ sie sich nicht durchführen. Denn der Schrecken ging vor dem König her. Er prügelte Richter durch, die einen langen Kerl wegen Diebstahls nach dem Gesetz zu verurteilen gewagt hatten; sonst aber haßte er die Juristen, weil sie ihm zu weich waren. Er verschärfte fast jedes ihrer Urteile, er sprach gern die Todesstrafe aus und wohnte ihrer Vollziehung gern persönlich bei. Ein Jude, des Diebstahls angeklagt, war gefoltert worden und hatte dennoch seine Unschuld beteuert; also mußte man ihn freisprechen; aber der König erklärte: »Den Hundsfott nehme ich auf mein Gewissen!« – und ließ ihn hängen. Denn, wie er oft in seinen Kabinettorders schrieb: »Wir sind Herr und König und tun, was wir wollen.« Das war die vielgerühmte Souveränität, die er aufgerichtet hatte wie einen Rocher de bronce.

Er, der mit Schutzärmeln arbeitete und diese Sitte im preußischen Beamtentum eingeführt hat – er trug diese Schutzärmel auch, wenn er seine Bedienten bestrafte; er tat das mit Hilfe zweier Pistolen, die immer neben ihm liegen mußten; sie waren mit Salz geladen, und versahen die Lakaien etwas, so feuerte er sie auf sie ab. Einer erlitt eine furchtbare Hautverletzung, ein anderer verlor ein Auge. Einmal war der König krank; man fürchtete für ihn. Aber dann kam, nach dem Bericht des österreichischen Gesandten, die beruhigende Meldung: »Seine Majestät prügeln wieder. Die Krisis ist vorüber.«

Wie sein Leben war, so war sein Sterben. Er war entsetzlich dick geworden, »sein Gesicht rot, blau, gelb und grün«, »sein Anblick geradezu fürchterlich«. Er ließ sich den Choral vorsingen: »Warum sollt' ich mich denn grämen?« Aber als man an die Stelle kam: »Nackend werd' auch ich hinziehen«, brüllte er: »Unsinn! Ich will in Uniform begraben sein!« Die Königin bat ihn, ihrem Bruder Georg von England zu vergeben, den er haßte. »Gut«, sagte er, »schreib ihm, daß ich ihm vergebe – aber wart, bis ich tot bin.« Seinem Freunde, dem alten Dessauer, wollte er noch ein Pferd schenken und ließ es vorführen, und der alte Dessauer war gerührt. Aber kaum sah der Sterbende, daß die im Angesicht des Todes verwirrten Bedienten das Pferd nicht vorschriftsmäßig gesattelt hatten, da schüttelte er die Fäuste und schrie: »Geht doch hinunter und prügelt die Schurken!« Und als der Arzt ihm sagte: »Der Puls steht still!« – da schüttelte er nochmals die Faust und rief: »Er soll nicht stillstehen!!«

Aber das war sein letztes Fäusteschütteln und sein letztes Wort. Der Tod ließ sich nicht kommandieren.

Sein Sohn und Nachfolger, der am meisten unter ihm gelitten hatte, suchte als erster sein Andenken zu retten und sogar diese Sterbestunde in seiner Darstellung zu verschönen. Das war staatsklug – damals. Heute jedoch erscheint uns der Tyrann wie der Ahnherr eines anderen Tyrannen, der lange nach ihm kam und den wir noch erlebten. Und heute wissen wir, daß mit Friedrich Wilhelm der letzte und furchtbarste Kämpfer gegen jene Toleranz dahinging, die die Ohrfeige von Düsseldorf seinem Vorfahren aufgezwungen hatte, und daß mit Friedrich dem Großen der erste kam, der sich zur Toleranz bekannte. Und richtig hat denn auch die Geschichte gleich bei Friedrichs erster Tat einen ihrer listigen und lustigen Einfälle bereit; gleich erinnert sie sich ihrer Ohrfeigen.

Zunächst: der Erbansprüche seines Hauses auf Jülich und Schlesien wegen beginnt Friedrich der Große seinen ersten Krieg, der Länder also, die durch die Ohrfeigen von Düsseldorf und Liegnitz verlorengegangen waren.

Aber noch weiter: er zieht gegen Breslau. Doch er findet keinen Widerstand. Kein Schuß fällt. Nur am ersten Schlagbaum steht eine pflichtbewußte Schildwache, die den Schlagbaum zuziehen will. Da haut der General von Münchow diesem wackeren Posten eine herunter – und der Schlagbaum bleibt offen, die Preußen ziehen ein.

Und so war Friedrichs erste Waffentat – eine Ohrfeige.

Die siebente.

NEUNTES KAPITEL ODER THERESIANISCH

Aber alles ist in Butter,
Funktioniert die Landesmutter!

Erdulden müssen hatte Friedrich die Ohrfeigen dutzendweise, und nicht nur Ohrfeigen, sondern auch Fausthiebe, Stockschläge, Würgegriffe, Säbelstiche – von seinem Vater. Dem sei es dabei um die Moral gegangen, heißt es. Ach nein: es ging ihm um die Souveraineté – wie er sie verstand.

Als er mit dem sechzehnjährigen Friedrich Dresden besuchte, führte August der Starke Vater und Sohn in ein Gemach, darin auf dem Diwan eine Tänzerin lag, »schöner denn Venus und angezogen gleich Eva vor dem Sündenfall«, wie der Chronist vermerkte; der Alte aber ließ sich weder von der Schönheit noch von der Sünde verlocken, sondern beschränkte sich darauf, dem Jungen seinen Hut vors Gesicht zu halten, auf daß er nichts sehe. Friedrich freilich hatte schon gesehen, und der Sündenfall mit der Tänzerin fand doch statt, gefolgt von einem Sündenfall mit der Gräfin Orselska, Augusts Tochter und Geliebten – wie denn Sündenfälle überhaupt die Neigung haben, sich zu wiederholen, moralische Siege weniger. Der Vater wußte davon, aber er duldete es – es ging ja nur um »Affairen«, nicht um Liebe. Als er jedoch später erfuhr, daß Friedrich eine Liebe hinter sich hatte, eine reine Knabenliebe übrigens, bei der er mit der Erwählten nur musiziert und Geschenke ausgetauscht hatte – da ließ er die Sechzehnjährige, die Kantorstochter Doris Ritter, mit entblößtem Rücken öffentlich auspeitschen, und zwar, gründlich wie er war, gleich sechsmal: vor dem Potsdamer Rathaus, vor ihres Vaters Haus und an allen vier

Stadtecken. Dann steckte er die Blutende für drei Jahre ins Spinnhaus.

Aber Friedrich ging es weiter um Liebe, soweit die Politik sie irgend gestattete – nicht nur um Amouren. Seine gescheite Mutter wollte ihn mit der englischen Königstochter vermählen, und ihr schickte Friedrich ein Medaillon mit seinem Bildnis; sie trug es auf dem Herzen bis an ihren Tod. Indessen wenn auch der König von England einverstanden war, der deutsche Kaiser war es nicht; genauer gesagt: Prinz Eugen war es nicht. Er wollte die künftige deutsche Kaiserin mit dem künftigen preußischen König verheiraten, wollte dadurch Katholiken und Protestanten versöhnen, wollte Frieden stiften; so übersandte er Friedrich heimlich das Porträt der ihm zugedachten Gattin: Maria Theresia. Und der empfindsame Kronprinz vergaß auf der Stelle die Engländerin und verliebte sich auf der Stelle in die Österreicherin, denn Maria Theresia war schön.

Er beschloß zu fliehen, über Holland nach Wien, zu ihr. Aber die Flucht mißlang. Sein Vater riß ihn an den Haaren zu Boden, würgte ihn, schlug ihm mit dem schweren Silberknauf seines Stokkes das Gesicht blutig, hätte ihn zweimal erstochen, wenn sich nicht zweimal Generale dazwischengeworfen hätten, ließ ihn zum Tode verurteilen. Lediglich Maria Theresias Vater erwirkte seine Begnadigung zu Gefängnis, sehr gegen den Willen des Königs, der den Widerspenstigen gern tot gewußt hätte, um einen anderen Sohn, den dummen, aber gehorsamen August Wilhelm, zum Thronfolger zu machen. Friedrich schöpfte Hoffnung aus der Gnadenaktion des Kaisers und warb nun durch einen geheimen Brief selbst um Maria Theresias Hand – da wies man ihn ab!

Prinz Eugen selbst wies ihn zurück. Der Versuch des größten Preußen, endlich die Ohrfeigenatmosphäre zu säubern, den Ohrfeigenfluch abzuwaschen, endlich Liebe mit Politik und Politik mit Liebe zu vermählen, war jammervoll gescheitert. Er mußte, auf väterlichen und kaiserlichen Druck hin, die wenig schöne und wenig gescheite, die menschlich und politisch unwichtige Prinzessin von Braunschweig-Bevern heiraten, obwohl er, der Stolze, seinen Vater geradezu anwinselte: er wolle lieber eine Kokotte ehelichen als eine Dumme. Er konnte sich die Befreiung aus der Haft nur durch die Zustimmung zu der erpreßten Heirat und nur dadurch erkaufen, daß er dem »Soldatenkönig« die Soldatenstiefel küßte, vor dem gesamten Hofstaat. Er hatte erlebt, wie sein Vater seinen liebsten Freund Katte hinrichten ließ, der *nicht* zum Tode verurteilt worden war, und er mußte noch erleben, wie dieser selbe und schon gelähmte und im Rollstuhl gefahrene Vater seine liebste Schwester an der Hoftafel erstechen wollte und nur dadurch daran gehindert wurde, daß ein Lakai den Rollstuhl herumriß, worauf er auch sie zu einer ebenso liebe- und sinnlosen Ehe zwang wie den Sohn. Man hatte Friedrich die Frauenliebe ausgeprügelt – die Größe hatte man ihm nicht ausprügeln können; aber man hatte ihn geschlagen und geschlagen und geschlagen, und so wurde er nicht nur der größte, sondern auch der verschlagenste König Preußens; wie recht hat doch die Sprache mit diesem Ausdruck »ein verschlagener Mensch«!

Warum aber hat man ihn die hassen gelehrt, die für ihn bestimmt war: Maria Theresia? Was war zu Wien geschehen?

Vom Hause Österreich war seit dem Bruderzwist zwischen den Halbirren Rudolf und Matthias die Gabe des Liebens gewichen, die es groß gemacht hatte. Ferdinand II. hatte nacheinander zwei sehr fromme Frauen, die er nicht liebte; er hatte auch gar keine Zeit zum Lieben, er hatte viel zu tun: »Besser eine Wüste als ein Land voll Ketzer!« sagte er und handelte danach, und ungehorsame Soldaten ließ er bis auf den Kopf im Sand eingraben, und ihre Kameraden mußten nach ihren Köpfen kegeln, bis sie tot waren. Seinem Enkel Leopold, dem Dümmling mit dem immer offenen Mund, starben zwei Frauen, ehe sie Kinder hatten, und die dritte, Eleonore, entstammte dem Hause Pfalz-Neuburg, das seit dem durch die Düsseldorfer Ohrfeige verursachten Übertritt zum Katholizismus sehr bigott geworden war: so bigott, daß Eleonore lieber ins Kloster gehen wollte als Leopold heiraten, daß sie ihn abzuschrecken versuchte, indem sie sich künstlich häßlich machte, und daß sie, als ihr das mißlang, sich bis aufs Blut geißelte, Armbänder mit Eisenspitzen trug, barfuß ging und selbst während der Oper, neben dem Kaiser sitzend, heimlich Psalmen las, die sie ins Operntextbuch hatte einbinden lassen. Ihr erster Sohn Josef I. hatte denn auch keinen Sinn für echtes Lieben geerbt, er betrog seine dumme, unschöne, aber fromme Frau durch endlose Amouren und starb ohne Kinder; sein Bruder und Nachfolger Carl VI. hingegen verstand zu lieben, wie so oft die

Zweitgeborenen im Hause Habsburg. Er liebte seine sehr schöne und kluge Frau Elisabeth von Braunschweig, obwohl sie als heimliche Protestantin galt; aber sie liebte ihn nicht, und so mußte er sich mit einer neapolitanischen Konkubine trösten. Dennoch verlangte man, daß Elisabeth ihm Söhne gebäre, sie mußte starke Weine und Liköre, die sie nicht mochte, in furchtbaren Mengen trinken, um sich fruchtbar zu machen, so daß das Gesicht der schönen Frau rot und gedunsen ward und blieb; schließlich bemalte man die Wände ihrer Zimmer in all ihren Schlössern mit höchst erotischen Bildern, »um ihre Phantasie auf die Männlichkeit zu lenken«, aber es half nichts: die Arme brachte außer einem Sohn, der schon als Säugling starb, nur drei Töchter zur Welt. Nur ein Sohn jedoch konnte nach dem Gesetz die Krone erben, und so mußte denn Carl VI. seine ganze Regierungszeit damit verbringen, bei den Fürsten des Reiches herumzubetteln, daß sie die Thronbesteigung der ältesten jener drei Töchter gestatten möchten: Maria Theresias — und nach einem Manne zu suchen für diese Maria Theresia, der nun reich oder arm sein mochte, politisch wichtig oder unwichtig, wenn er nur die Gewähr dafür bot, daß seine Frau von ihm Kinder bekommen würde: männliche Kinder!

So standen die Dinge, als Prinz Eugen dem preußischen Kronprinzen sein Angebot und dieser daraufhin seinen Fluchtversuch machte; da aber – da lief am Kaiserhofe die Nachricht ein, Friedrich habe durch seine Liebesabenteuer mit August des Starken Tänzerin und August des Starken Tochter seine Zeugungsfähigkeit verloren! Das erwies sich zwar später als Irrtum, Friedrich zeugte hernach noch mindestens ein uneheliches Kind; damals aber genügte es für Carl VI., den armen Friedrich fallen und anderweit vermählen zu lassen; so hatte der Klatsch in Friedrichs Leben, in die Weltgeschichte eingegriffen; abermals!

Und siehe: einmal noch hatte das Haus Habsburg Glück, und es kam wiederum aus der Liebe!

Seit nämlich Maria Theresias Urahn Kaiser Maximilian sich für den Raub seiner Braut durch den Franzosenkönig unter anderem mit dem Herzogtum Lothringen hatte entschädigen lassen, hatte das Tauziehen um Lothringen zwischen Österreich und Frankreich nicht aufgehört. Schließlich wollte man die schöne Prinzessin Claudia von Lothringen mit jenem französischen Königsbruder Gaston vermählen, der Richelieu die erste Pariser Ohrfeige versetzt hatte; Claudia jedoch liebte ihren Verwandten Franz von Lothringen, der Geistlicher war, und er liebte sie; so warf er den Kardinalshut von sich und heiratete Claudia – heimlich. Zwar wurde die Ehe entdeckt, beide wurden von Frankreich gefangengenommen und getrennt; Claudia jedoch entkam, indem sie sich als Page verkleidete, gelangte so zu ihrem Gatten und verkleidete ihn und sich nun als biedere Landleute. So flohen beide auf Umwegen nach Wien. Ihr Sohn heiratete eine Habsburger Prinzessin und rettete Wien vor den Türken; da war es denn verständlich, daß dessen Enkel Franz mit der Kaisertochter zusammen aufgezogen wurde. Diese gemeinsame Kindheit begann bereits, als er dreizehn und Maria Theresia vier Jahre alt war. Und wie es dem Nachkommen eines Geschlechts, das sich aus einer so romantischen Liebesgeschichte herleitete, nicht anders geschehen konnte: aus der Kinderfreundschaft mit dem hübschen, wenn auch nicht gerade hypergescheiten Burschen wurde bei Maria Theresia Liebe und Treue; bei ihm selbst hingegen zwar so etwas wie Liebe, keineswegs aber Treue.

Indessen gerade seine Neigung zur Untreue verschaffte der Kaisertochter den Mann ihres Herzens: mochte er politisch und menschlich bedeutungslos sein – seine Zeugungsfähigkeit jedenfalls hatte er durch seine mitnichten ergebnislosen Amouren unter Beweis gestellt. So durfte sie ihn denn 1736 heiraten – drei Jahre nachdem der abgeblitzte Friedrich seine unglückliche Braunschweig-Bevern hatte heiraten müssen, wobei der Kaiserhof sich derart um das Zustandekommen der preußischen Ehe bemüht hatte, daß er der ungeschickten und armen Prinzessin sogar einen Tanzmeister bezahlte; denn Friedrich tanzte gern und gut und sie nicht. Indessen trotz diesem Tanzmeisterstück der österreichischen Diplomatie wurde die Ehe überhaupt keine Ehe, die Ehe Maria Theresias hingegen eine nahezu vollkommene. Im Anfang freilich schien es gar nicht so: die Kinder blieben aus; aber dann wurde der berühmte Leibarzt van Swieten konsultiert und schrieb den ebenso berühmten, von wahrhaft vandeveldeschem Geist erfüllten Satz: »Praeterea censeo vulvam Vestrae Sacratissimae Majestatis ante coitum diutius esse titillandam«; und nachdem somit die Präliminarien in die Reihe gebracht worden waren, begann die endlose Reihe der Kinder: insgesamt wurden es sechzehn, fünf Söhne und elf Töchter. Vor allem aber die fünf Söhne: Habsburg bekam wieder Männer, denn es liebte wieder – wenn diese Männer hinfort auch Lothringer waren!

Und wie liebte Maria Theresia ihren Franz! Als sie ihn in Frankfurt zum Kaiser krönen ließ, rief sie als erste das »Vivat Kaiser Franz!«, und rief es mit solchem Entzücken, daß alles vor Freude und Rührung jubelte und schluchzte. Und nur die Liebe zu ihm war es, die die anfangs so Umschwärmte bei ihren Untertanen unbeliebt zu machen begann: an den Frauen, mit denen er sie betrog, rächte sie sich hart, und, gerecht wie sie war, auch an denen, die es mit anderen Männern trieben. Gegen sie setzte sie ihre berüchtigten Keuschheitskommissionen ein. Fünfhundert solcher Schnüffler streiften durch Wien, um jedes allein gehende Frauenzimmer zu verhaften – es sei denn, es trage einen Rosenkranz in der Hand; Rosenkränze fanden damals zu Wien erstaunlich viele und höchst unerwartete Abnehmerinnen, und wer mit ihnen handelte, wurde reich. Die rosenkranzlosen Damen hingegen wurden in alljährlichen Riesentransporten an die Militärgrenze im schlimmen Balkan verschickt, so daß es ihnen nicht einmal besser ging als den bösen Protestanten, denen dasselbe Schicksal widerfuhr; ich selbst sah noch im Banat und in der Batschka Dörfer, die damals mit den käuflichen Mädchen Wiens besiedelt worden waren, und ich versichere an Eides Statt: man erkannte diese Dörfer noch immer daran, daß sie die entzükkendsten Frauen hatten – was kaum auf die verschickten Protestanten zurückzuführen sein dürfte.

Indessen wurde Maria Theresia auch ein Mißtrauen gegen Damen von Stand und mit Rosenkranz nicht los; auch über deren Eskapaden war sie ausführlich, wenn auch nicht immer genau unterrichtet. Denn sie empfing jeden und jede von jedem Stand zur Audienz; wer ihr etwas Derartiges zu sagen hatte, durfte es ihr sogar ins Ohr sagen. So erfuhr sie allen Klatsch und glaubte ihm blindlings, und manche Gräfin, die bisher am Hofe Zutritt gehabt hatte, sah sich plötzlich bis an ihr Lebensende in ein finsteres Provinznest versetzt. Freilich hörten trotzdem die »Jagdpartien« ihres guten Franz nicht auf, und sie ahnte, was für Wild da gejagt wurde. Da sie ihn aber nun einmal liebte, schob sie seine Sünden schließlich auf seinen Müßiggang und sagte warnend zu ihrer Kammerfrau: »Heirate bloß nie einen Mann, der nichts zu tun hat!« Am Ende war sie leidlich zufrieden, als Franzl etwas treuer wurde, wenn auch einer anderen, nämlich der bildschönen Wilhelmine von Auersperg. Das hatte sie erfahren wie jeder im Land, denn Franzl suchte nicht nur Wilhelmines von ihm eingerichtetes Haus, sondern auch ihre Loge im Theater auf; und wenn die Loge auch verschlossen wurde, auf daß keiner hineinsehen und hineinkommen könne, so litt Franzl doch an einem chronischen Katarrh mit einem spezifischen Husten, und sobald die Opernmusik etwas leiser wurde, vernahm man den wohlbekannten Kaiserhusten aus der Loge der Fürstin Auersperg.

Maria Theresia, dicker und weiser geworden, zog hieraus zwei Konsequenzen. Einmal wurde bei den Damen fortan *ein* ständiger Liebhaber nicht gezählt, wenn sie dem nur treu blieben; erst vom dritten ab war es um sie geschehen. So ließen denn die frommen Frauen Wiens außer für ihren Mann auch für ihren Liebhaber regelmäßig Messen lesen, denn Kirchlichkeit gefiel der Kaiserin wohl. Zum anderen beschloß sie den Sinn ihres Gatten in den Kindern zu sehen, die sie ihm, und später in den Enkeln, die ihre Kinderschar ihr schenkte; hatte Graf Podewils mit seiner der Gesellschaft mitgeteilten Definition recht, daß Kaiser Franz »mehr zu ihrem Vergnügen als zu ihrem Nutzen« geschaffen sei, so gewann sie doch das ganze Herz ihres Volkes, als sie eines Abends erfuhr, ihr Sohn Leopold habe seinerseits einen Sohn bekommen, den späteren Kaiser Franz; sie stürmte im Nachtgewand durch Zimmer, Vorzimmer und Gänge hinüber ins Burgtheater, bog sich weit über die Logenbrüstung und rief mitten in der Vorstellung ins Parterre hinunter, jubelnd vor Glück: »Denkt's enk, der Poldl hat an Buaben, und grad auf mein' Hochzeitstag – alstern der is galant, is net wahr?« Und wieder tobten und weinten die Leute vor Freude und Rührung. Und demgemäß und aus ihrem Trotz-allem-Eheglück heraus war sie dafür, daß alle Menschen heirateten: sie war die ruchloseste kaiserliche Heiratsvermittlerin aller Zeiten und zwang Leute zur Ehe, die gar nicht an dergleichen gedacht hatten. So verkuppelte sie einmal den gutmütigen Grafen Esterhazy mit der bösartigen Gräfin Starhemberg; die ließ sich von einem Grafen Schulenburg nach kurzer Ehe in die Schweiz entführen; die Kaiserin aber ließ ihn sich ausliefern und verurteilte ihn als Ehebrecher zum Tode. Aber siehe: der rechtmäßige Gatte, der Esterhazy, bat ihn los und überhäufte ihn mit Dankesbezeigungen; so froh war er, daß er seine Frau los war. Heiratsvermitteln will eben gelernt sein. Es dürfte schwerer sein als Regieren.

Übrigens verlor sie den Kampf um die Sittlichkeit nicht nur bei ihrem Mann. Wenn ihr großer Ministerpräsident Kaunitz ihr seine Aufwartung machte, wartete immer unten in seiner Kutsche eine seiner zahlreichen Mätressen, und nach der Besprechung stieg er wieder ein zu der Kurtisane vom Dienst. Und übrigens irrte sie auch, wenn sie glaubte, ihr Franzl habe nichts zu tun: er machte sich was zu tun. Er machte nämlich Geschäfte. Er hielt sich an die alte Maxime, daß Österreich nicht durch Taten, sondern durch Tätigkeit groß geworden sei – und er war sehr tätig. Er verlieh Geld auf Zinsen, er gründete Banken, er leitete heimlich die Staatslotterie und verdiente unheimlich dabei, er trat in Fabrikunternehmen ein, besonders im Ausland, und er brachte es sogar fertig, während des Siebenjährigen Krieges den Heeresproviant für den Erbfeind zu liefern, nämlich für Friedrich den Großen. Als die Kaiserin ihn deshalb zur Rede stellte, erklärte er treuherzig, er habe ja zu Wucherpreisen geliefert und den Feind dadurch geschädigt. Auf solche Weise kam er zu sehr viel Geld und brauchte es auch, da die Fürstin Auersperg es brauchte.

Dennoch, alles in Maria Theresia war Liebe zu Franz, und als er lange vor ihr zu Innsbruck starb, weigerte sie sich tagelang, auch nur einen Menschen zu sehen. Als sie seinen Sarg dann nach Wien holte, sah sie, wie die Fürstin Auersperg, seine Geliebte, von allen Höflingen gemieden wurde – und trat auf die Weinende zu und gab ihr die Hand und sagte laut: »Wir beide haben wahrlich viel verloren, meine Liebe!« Und das tat sie gewiß nur aus ihrer Liebe zu Franz. Nach seinem Tode freilich, als sie allen Damen am Hofe verboten hatte, sich jemals wieder zu schminken, als Zeichen ihrer Trauer um Franz – da erschien bei ihr trotz dem Verbot eine einzige geschminkt: die Fürstin Auersperg. Aber vielleicht war das ein Zeichen *ihrer* Art Liebe zu ihm . . .

Maria Theresia richtete an der Stätte seines Todes ein adliges Damenstift ein, dessen Insassinnen keusch leben und im Sterbezimmer ständig für ihn beten mußten – was sicher eine sinnreiche Liebesbezeigung, noch sicherer aber eine sinnreiche Rache war und im Gedenken an Franzls Neigung zu Damen der Komik nicht entbehrte. Sie überlebte ihn noch um fünfzehn Jahre, eine einsame Frau, die sich sofort nach seinem Tode äußerlich zu vernachlässigen begann. Sie ließ sich ihr schönes Haar abschneiden. Sie bewohnte die Zimmer nicht mehr, in denen sie mit ihm glücklich gewesen war, und ließ die kargen Räume, in denen sie nun hauste, mit schwarzem Samt ausschlagen. An jedem Monatstag seines Todes und jeden ganzen Todesmonat lang schloß sie sich ein. Mehrere Stunden täglich kniete sie vor seinem Bild, das ihn im Sarge darstellte, und vor dem ihren, das sie selbst so darstellte, wie sie einst im Sarge aussehen würde.

Das Bild trog. Denn sie, die Schöne, wurde gleich ihrer schönen Mutter im Alter so maßlos dick, daß sie nicht mehr gehen und nur mit Hilfe umständlicher Fahrmaschinen von Stock zu Stock, von Raum zu Raum gebracht werden konnte. Trotzdem ließ sie sich mehrmals mit einem solchen Stuhl an einem Seil in die Kapuzinergruft hinunter, wo sein Sarg stand. Einmal, als man sie wieder hinaufziehen wollte, riß das Seil; sie sagte: »Er will mich behalten. Ich komme bald.« Wenige Tage darauf wurde sie krank und stand nicht wieder auf. Nur in der Agonie wollte sie sich erheben; ihr Sohn Josef II. stützte sie und fragte: »Wohin wollen Sie, Mutter?« – und sie antwortete: »Zu Dir. Ich komme.« Sie kam. Sie kam zu ihrem Franzl.

Aber sie wußte: ihm und ihr würden Söhne folgen, die schon wieder Söhne hatten. Eine große Liebe hatte Österreich gerettet.

ZEHNTES KAPITEL ODER FRIDERICIANISCH

Speziell der große Friedrich
Zeigt sich ziemlich schulbuchwidrig.

Maria Theresia hatte Friedrich gehaßt, den andere den »Großen« nannten und sie nur »den schlimmen Mann«; der ihr Schlesien genommen und sie gedemütigt hatte; und den sie doch hätte bemitleiden sollen. Denn er war ein armer Sieger, ein Sieger, den keine Liebe lohnte.

Nicht die Liebe der Frauen, die ja auch er nicht liebte – nicht mehr. Seine Frau, die unglückliche Braunschweig-Bevern, ehrte er und achtete scharf darauf, daß jeder sie ehre; aber er sah sie kaum, und wenn er sie sehen mußte, grüßte er sie tief, sprach aber kein Wort. Er nannte sie nur »die Stumme«, er anerkannte immer »ihr gutes Herz«, aber wie er's vor der Hochzeit seinem Vater geschrieben hatte, so hielt er's nun: die Kokotten waren ihm lieber, die schöne Tänzerin Barberina vor allem. *Lieb* aber war auch sie ihm nicht, obwohl er ihr zärtliche Briefe schrieb, und obwohl er sie ihrem Liebhaber, dem Schotten Mackenzie, auf unrechtmäßige Art hatte entführen lassen. Dieser Mackenzie war ein Verwandter des späteren englischen Kanzlers Lord Bute und rächte sich, indem er ihn und seinen König gegen Friedrich aufwiegelte; rächte sich also durch die Feindschaft seines ganzen Volkes zu einer Zeit, als die Barberina schon längst den Baron Cocceji geheiratet hatte. Aber noch immer kostete Mackenzies Haß Friedrich englische Gelder und somit Schlachten; er hatte kein Glück mit Prinzessinnen gehabt, er hatte auch kein Glück mit Kokotten. Er verachtete sie, falls sie in der Politik auftauchten; so verspottete und erzürnte er die Pompadour, was ihn fast um seine Krone gebracht hätte, er, den man »den größten und unmoralischsten Menschen seiner Zeit« nannte – während die fromme Maria Theresia klug genug war, die Pompadour in manchem zärtlichen Brief als »liebe Schwester und Cousine« anzureden. Schließlich kommt er von den Kokotten bis zu den Dirnen herunter; 1754 schreibt er an seinen Kammerdiener Fredersdorf: »Kann er eine hübsche H... mit Kriegen, so ist es auch guht, den die fehlet uns auch.«

Daß er die Frauen überhaupt verachtet hätte, ist nicht wahr. Er liebte über alles seine Schwester Wilhelmine, vielleicht weil man sie so unglücklich verheiratet hatte wie ihn; sicher liebte er seine unverheiratete Schwester Amalie über alles, weil sie klug war. Bei ihr verbrachte er jeden Silvesterabend, und bei ihr waren stets vier Damen, die er aufs artigste behandelte und verwöhnte; ihnen war nichts gemeinsam, als daß sie geistreich waren. Ob gescheite Frauen eine sogenannte einwandfreie oder eine sogenannte anrüchige Vergangenheit hatten, war ihm gleichgültig; er hatte, wie er einmal schrieb, nur etwas gegen »die Gänschen mit dem leeren Gehirn«. Für die Tragik von Frauen hingegen, die an ungute Männer geraten waren, hatte er jeden Sinn. Er nahm sich während des Siebenjährigen Krieges die Zeit, sich für ein Hoffräulein einzusetzen, das schwanger geworden war und das seine mütterliche Freundin und Oberhofmeisterin, Frau von Camas, Knall und Fall entlassen wollte. Er schrieb ihr: »Ich hebe nicht den ersten Stein auf. Ich gestehe Ihnen, daß ich die zu zärtlichen Temperamente mehr liebe als die Keuschheitsdrachen, die über ihresgleichen unbarmherzig herfallen. Man erziehe das Kind mit Sorgfalt, entehre nicht eine Familie, entferne das arme Mädchen ohne Aufsehen und Ärgernis vom Hofe und schone ihres Rufes so viel wie möglich.« Auch Todesurteile gegen Kindsmörderinnen unterschrieb er nie – wie er überhaupt Todesurteile fast nie unterschrieb. Maria Theresia ließ Kindsmörderinnen rädern. Und ein zeitgenössischer Minister eines deutschen Kleinstaats, der sich auch als Dichter einen Namen machte, vor allem weil er das traurige Schicksal einer Kindsmörderin so bewegsam gestaltet hatte, ließ damals, eben in seiner Eigenschaft als Minister, gegen die Stimmen anderer Juristen, die Kindsmörderin Carola Höhnin zu Weimar durch das Beil hinrichten. Er hieß Goethe. Wäre er in Preußen Minister gewesen – Friedrich hätte es nicht geduldet; wenn er auch von Goethes Dichtung nichts verstand. Aber er hatte schon recht, wenn er sagte: »*Mein* Heiliger ist St. Humanus.«

Wahr ist allerdings, daß er, der so unglücklich Verheiratete, seine Offiziere nur höchst ungern heiraten ließ. War Maria Theresia die größte Heiratsvermittlerin, so war er der größte Heiratsverhinderer seiner Zeit. Man richtete sich so sklavisch nach ihm, daß sich 1778 im Dragonerregiment Bayreuth unter vierundsiebzig Offizieren vom General bis zum Fähnrich nicht ein Verheirateter fand. Und auf das Gesuch eines Husarenkornetts, der ein wohlhabendes Mädchen heiraten wollte, gab er unter dem 20. Oktober 1746 die Antwort, »daß die Husaren nicht durch die Scheide ihr Glück machen müssen, sondern durch den Säbel«. Nun, man weiß, daß Maria Theresia durch ihre Heiratsstifterei viel Unglück geschaffen hat; wieviel Unglück Friedrich durch seine Heiratsverbote verhindert hat, weiß man leider nicht. Verliebte und Verheiratete werden hier verschiedener Meinung sein.

Natürlich führte des Königs Gleichgültigkeit in Dingen der Geschlechtsmoral zu höchst lockeren Zuständen in Berlin. So schwer Heiraten gemacht wurden, so leicht waren Scheidungen, falls keine Kinder da waren, und die geschiedenen Partner, versichert ein damals reisender Engländer, vertrügen sich meist besser denn vorher, als sie noch verheiratet waren. Und falls eine Dame keinen Hausfreund gefunden habe, hätten sich sie und ihr Mann in Gesellschaft deswegen geniert. Unter Maria Theresias Keuschheitskommissaren sah es anders aus, aber Friedrich wußte diese Stärke oder Schwäche der Kaiserin und die unstreitige Schwäche der Wiener Damen zu nutzen: er ließ aufgeweckte, junge, hübsche Männer sozusagen in der Erotik ausbilden und schickte sie gegen fünfhundert Taler Gehalt und vollständigen Spesenersatz nach Wien, wo sie denn bei Schäferstündchen mit Gräfinnen und Soubretten so manche wichtige politische Einzelheit erfuhren – erotische Spitzel, wenn man so sagen darf, wie man aber wohl sagen muß. In ihrem Kampf gegen die Keuschheitskommissare jedenfalls blieben diese zweite Sieger. Und wie weit Friedrichs Libertinage ging, ergibt sich aus seinem Bescheid an einen Geheimen Rat F., der sich über ein gewisses Haus beschwerte, das man seiner Wohnung gegenüber eingerichtet hatte. Friedrich schrieb sibyllinisch: »Mein lieber F.! In Eurem und meinem Alter kann man da nichts mehr machen; da können nur Jüngere was machen.«

War er nun darum gottlos, dieser Friedrich? Es könnte so scheinen. Er hat in seinem ganzen Leben nur neun Predigten gehört, und darunter befanden sich mehrere katholische; aber er verordnete auch, daß jedes Feldlazarett hinfort zwei Feldgeistliche mitnehme, um die Kranken und Sterbenden zu trösten – allerdings wieder je einen evangelischen und einen katholischen, und mit Rabbinern übrigens vertrug er sich auch. Zwar verbot er den Geistlichen, Gläubige eigenmächtig vom Abendmahl auszuschließen, und dekretierte: »Priester haben nicht zu herrschen und dem Volk zu befehlen, sondern wie Christus nur zu bitten«, aber er schrieb auch, ein Monarch müsse »stets König sein und nie den Priester machen«; er zog die Münzen ein, die unter seinem Bild die Aufschrift trugen: Von Gottes Gnaden; er begann seine Ordres nicht mit dem überall üblichen »Wir«, sondern mit dem schlichten »Ich«; er verbat sich den Titel »Majestät« in den Kirchengebeten; er untersagte sogar den gemeinen Leuten, vor ihm zu knien, »denn das sollen sie vor Gott tun«, während selbst Maria Theresias adlige Vorleserin ihr noch auf den Knien vorlesen mußte. Und er, der aus seiner ersten Schlacht floh und, von panischer Angst gejagt, stundenweit ins Hinterland ritt, der erst durch Selbstüberwindung tapfer wurde, wie jeder Mensch von Geist und echtem Mut – er schob diese Bewährung auf Gottes Hilfe, wie er allerdings Gottes Hilfe auch für seine späteren Kriege in Anspruch nahm, indessen er doch in bezug auf seinen ersten, den er unter Berufung auf die Liegnitzer Ohrfeige vom Zaune gebrochen hatte, seinem Freunde Jordan ehrlich gestand: »Meine Jugend, das Feuer der Leidenschaften, die Ruhmsucht, ja die Neugierde, endlich ein geheimer Instinkt und das Vergnügen, meinen Namen in den Zeitungen und auch wohl künftig einmal in der Geschichte zu erblicken – das alles hat mich dazu verführt!« Seine Größe bestand eben darin, den Jugendfehler bis in sein Alter auszubaden, ihn durchzustehen bis ins Letzte und Bitterste und ihn dadurch wenn nicht moralisch, so doch politisch zu rechtfertigen.

Seine sittliche Rechtfertigung bestand in anderem: am Tage seines Regierungsantritts schaffte er als erster Herrscher des Kontinents die Folter ab, was Maria Theresia erst Jahrzehnte später nur teilweise und erst dann tat, als ihr Minister Sonnenfels, der Enkel eines Berliner Rabbiners, auf den Knien vor ihr darum gebeten und sich geweigert hatte, ohne ihre Zusage wieder aufzustehen. Friedrich ließ zwar fast nur Adlige als Offiziere und bei Hofe zu, aber er machte die Bürger wohlhabend und die Bauern freier und behielt nur dadurch Schlesien, während Maria Theresia die Bürgerlichen zwar zur Hoftafel zog, den Adel aber auf ihre und der Bauern Kosten bereicherte und nur dadurch Schlesien verlor. Er brachte, alles in allem und trotz allem genommen, mehr Freiheit und Menschlichkeit und zwang selbst die Kaiserin, ihrem Feinde darin nachzutun; er siegte vielleicht nicht nur deswegen, aber er behielt den Sieg sicher nur deswegen. Und so wenig Sinn es hat, kleine Menschen groß zu machen, wie es fast alle Biographen seines Vaters taten, so wenig Sinn hat es, große Menschen klein zu machen, wie es einer von Friedrichs späten Biographen tat.

Nein, er wurde nicht gottlos, er wurde nur einsam, als er die Liebe der Frauen zuerst zurückgewiesen und darum verloren hatte. Denn auch die Liebe der großen Geister verlor er, die er doch liebte und deren Werke Maria Theresia in ihren Staaten verboten hatte: die Liebe Voltaires, der ihn verspottete, und die Liebe Rousseaus, den er zu sich einlud. Rousseau aber antwortete patzig und leider zu Recht: »Sie bieten mir eine Pension an, der ich nichts für Sie getan habe. Was aber haben Sie den armen Leuten gegeben, die Arme und Beine in Ihren Diensten verloren haben?« Tatsächlich gab es damals drei- bis viertausend unversorgte Invaliden in Preußen; es war die alte Misere mit dem »Dank des Vaterlandes«.

Nun, da er auch die Gelehrten verloren hatte, hielt er sich an seine Diener – es war also nicht so, daß er sich von den Weibern zu den Männern gewandt hätte, wie man es ihm und wie es die Klatschbase Liselotte sogar dem Prinzen Eugen nachsagt, »der oft bei den jungen Leuten die Dame agiert« habe. Gewiß hing er mit aller Zuneigung an seinem Kammerdiener Fredersdorf, den er schließlich sogar adelte und der ihn auch bald verließ, aber doch nur, weil er im Siebenjährigen Kriege starb; aber anderes als die Angst eines verlassenen und verzweifelnden Mannes um seinen treuesten Diener beweist auch jener rührende Brief nicht, den Friedrich schrieb, als Fredersdorf erkrankte: »Wenn Heute gegen Mittag die Sonne Scheint So werde ich ausreiten, kom doch am Fenster ich wolte dihr gerne sehen, aber das Fenster mus feste zu bleiben und in der Camer mus Stark Feuer Seindt. ich wünsche von Hertzen das es sich von tage zu tage mit dihr bessern Möhge. gestern habe ich deine Besserung celebriert mit zwei buteillen ungerschen Wein.« Nun, auch diese Hoffnung, auch dieser Treue starb. Friedrich war wieder einsamer.

Als Maria Theresia ihren Franzl verlor, pflegte sie sich nicht mehr und wurde schrullig; der alte Junggeselle Friedrich, der so viel früher vereinsamte, litt unter beiden Fehlern ebensoviel früher – das heißt weniger er als seine Umgebung litt darunter. Seine uralte Weste starrte von Schnupftabak; nach der Behauptung des englischen Gesandten mußte jeder niesen, der sich dem König näherte, so schnupfte er. Seine Hemden trug er, bis sie zerfielen; begraben mußte man ihn schließlich in seinem Bräutigamshemd, weil kein anderes mehr intakt war. Sein Altersgeiz nahm abenteuerliche Formen an; bei Hoffesten entzündete er eigenhändig mit zitternden Fingern ein knappes Dutzend Talglichter, während zur gleichen Zeit in Maria Theresias Sälen achtzehntausend Wachskerzen brannten. Seine Bücher allerdings, die den gichtigen alten Händen zu schwer geworden waren, ließ er in schmale, schöne Hefte umbinden, damit er sie heben und lesen könne: dafür war Geld da.

Er hatte schon in seiner Jugend den Fehler gehabt, Menschen, die er nicht leiden konnte, das beleidigend fühlen zu lassen – denselben Fehler also wie Ludwig XIV. von Frankreich, der den Prinzen Eugen weggeschickt hatte, weil ihm seine Nase nicht gefiel. Ebenso hatte Friedrich den General Laudon weggeschickt, weil er rotes Haar hatte. Beide Monarchen sollten es bitter bereuen: Eugen wie Laudon traten in Österreichs Dienste, Eugen brachte Ludwig und Laudon Friedrich ihre empfindlichsten Niederlagen bei – die österreichische Liebenswürdigkeit hatte die französische wie die preußische Arroganz zu Recht überspielt. Friedrich zwar suchte seinen Fehler wiedergutzumachen, mit jenem Charme, den er auch haben konnte: als er Laudon in Begleitung Kaiser Josefs II., Maria Theresias Sohn, in Neustadt traf und Laudon zu spät zur Tafel kam und sich entschuldigte, sagte der König: »Nun, sonst waren Sie leider oft vor mir da! Und bitte, setzen Sie sich neben mich: ich sehe Sie lieber an meiner Seite als mir gegenüber!« Aber für Liebenswürdigkeiten war es zu spät; Laudons und Friedrichs Schlachten waren geschlagen, nun schlug beide das Leben. Nur Leute wie der alte Schwätzer und Klatschonkel Pöllnitz blieben bei Friedrich, der ihn zwar trotz Pöllnitzens Indiskretionen als Oberzeremonienmeister beließ, aber schließlich seine haushohen Schulden nicht mehr zahlte, sondern in ganz Berlin ausklingeln ließ: »Warne hiermit jedermann, meinem Oberzeremonienmeister Baron von Pöllnitz etwas zu borgen, da ich für nichts mehr aufkomme. Fridericus Rex.« Womit der König der Anreger einer später weitverbreiteten Sitte wurde.

Sonst blieben nur Lakaien und – Hunde. Sie liebte Friedrich – wie seine Pferde und alle Tiere. Zu seinen Ehren brachte man den ersten »Hunde- und Katzenalmanach« der Welt heraus – leider erschien er erst wenige Tage nach seinem Tode. Der Begründer der Tierschutzbücher ist Friedrich also auch. Er entwarf scharfe Gesetze gegen Tierquälerei; aus Tierliebe verachtete er die Jagd und stellte »den Jäger noch unter den Fleischer, weil dieser die Tiere nur tötet, indem die Gesellschaft ihrer bedarf, der Jäger aber zum Vergnügen, und das ist abscheulich«. Auch sonst ging er in seiner Tierliebe recht weit; er duldete es, daß seine Lakaien seine Hunde mit »Sie« anredeten: »Biche, seien Sie doch artig!«, und »Alkmene, bellen Sie doch nicht so!« Sein Lieblingshund kratzte Punkt zwölf Uhr an seiner Tür und holte ihn zum Essen; seine Hunde reisten mit ihm und schliefen in seinem Bett. Und schlimmer: von ihren Antipathien und Sympathien machte er nun seine Haltung zu den Menschen abhängig, nicht mehr, wie früher, von seinen eigenen. Wen seine Hunde nicht mochten, den mochte er auch nicht; die Folgen waren natürlich noch ärger. Auch hierin war Friedrich der Gegenpol Goethes, der Hunde nicht leiden konnte, den ihr Bellen rasend machte, der nicht umsonst im »Faust« den Teufel aus einem Pudel kommen ließ, der es schließlich, als Hoftheaterintendant, verbot, daß ein Schauspieler seinen dressierten Hund mit auf die Bühne brachte. Sein Freund aber, der Herzog von Weimar, wollte den Hund sehen; Goethe gab nicht nach in der Meinung, der Herzog werde nachgeben. Aber der dachte nicht daran, Goethe verlor seinen Intendantenposten, die Freundschaft mit dem Herzog erlitt einen schweren Knacks – und der Köter trat mit größtem Erfolg auf. Das war die Rache der Hunde.

Dem greisen König aber vergalten sie Liebe mit Zuneigung. Maria Theresia weinte am Sarge ihres Gatten, Friedrich, dem ein Stafettenläufer täglich Bericht über seinen erkrankten Lieblingshund ins Feld bringen mußte, am Sarge eben dieses Lieblingshundes – hemmungslos weinte er, der alte Mann, wie ein Kind, zwei Stunden lang, und errichtete dem Tier dann ein Denkmal, vor dem er oft verweilte. Oft, aber nicht lange mehr. Es ging auch für ihn ans Sterben. »Gegen Mitternacht«, berichteten die Lakaien, die allein um ihn waren, »bemerkte der König, daß sein Hund vom Stuhle gesprungen war; er fragte, wo er sei, und befahl, ihn wieder auf den Stuhl zu setzen und mit Kissen zu bedecken. Es waren seine letzten Worte. Eine Stunde später fanden wir ihn sterbend.«

So endete dies große Leben, dem die Liebe versagt geblieben war – Maria Theresias letztes Wort galt dem toten Gatten, des armen Friedrich letztes Wort einem kleinen Hund. Die Welt freilich vergötterte Friedrich: er hatte die besten Köpfe am feindlichen französischen Hof, er hatte sogar den Sohn seiner Erzfeindin Maria Theresia für sich gewonnen, Josef den Kaiser, der ihn anbetete und ihm gesagt hatte: »Es gibt für Österreich kein Schlesien mehr!« – ihm, dem »schlimmen Mann« seiner Mutter. Und Goethe konnte selbst aus dem fernen Sizilien schreiben: »Wir mußten den Einwohnern von Friedrich dem Zweiten erzählen, und ihre Teilnahme an diesem großen König war so lebhaft, daß wir ihnen seinen Tod verschweigen mußten, um nicht durch eine so unselige Nachricht unseren Wirten verhaßt zu werden.«

Aber die Liebe seines eigenen Volkes – die hatte der König ebenfalls längst verloren. Es atmete auf, als der alte Geizhals, Querkopf, Besserwisser und Bedrücker endlich gestorben war. Und jetzt, nach seinem Tode, glich sich damit sein Schicksal dem seiner Feindin Maria Theresia traurig an: nach ihrem Sarg hatten die Wiener sogar mit Steinen geworfen, weil sie kurz vor ihrem Ende die Weinsteuer erhöht hatte. Dem Liebearmen wie der Liebereichen – keinem wußte man Dank.

Im Leben aber war ihnen nur eines gemeinsam gewesen: die miserable deutsche Orthographie. *Wie* sie schrieben, war es immer falsch; *was* sie schrieben, war meistens richtig. Und so hätten sie vielleicht doch sehr gut zusammen gepaßt ... obwohl die Kaiserin zeit ihres Lebens sagte: »Besser Schlesien verloren als *den* geheiratet!«

Es wär so schön gewesen, es hat nicht sollen sein. Der Klatsch hat es verhindert.

ELFTES KAPITEL
ODER DAS ROKOKO

Zart gebaut, doch hart gesotten
Sind die Rokokokokotten.

Wenn auch der Pfalzgraf von Neuburg in den Katholizismus nur sozusagen hineingeohrfeigt worden war – als er sich durch die Ehe mit der Bayernprinzessin auch noch in ihn hineingeheiratet hatte, nahm er ihn gründlich. Alle Pfalzgrafen aller Linien nahmen ihr Glaubensbekenntnis gründlich, ihr jeweiliges nämlich:

denn es gab lutherische, calvinische und katholische, und sie spielten gern »Verwechselt, verwechselt das Bäumelein« und konvertierten eifrig herüber und hinüber; von ihren Untertanen aber verlangten sie unnachsichtig dasselbe, und so waren die Pfälzer denn die Leidtragenden. Man werfe nur einen Blick auf den Geschichtskalender:

1544: der Kurfürst wird lutherisch und »bekehrt«, bedrückt oder verjagt die Katholiken;

1559: der neue Kurfürst wird calvinisch und »bekehrt«, bedrückt oder verjagt die Lutherischen;

1576: sein Sohn wird lutherisch und »bekehrt«, bedrückt und verjagt die Calvinisten;

1583: der Nachfolger wird calvinisch, siehe oben;

1685: das geohrfeigte Neuburgergeschlecht kommt zur Herrschaft, ist noch immer katholisch und »bekehrt«, bedrückt oder verjagt sowohl Lutherische wie Calvinisten ...

Also: rin in die Kartoffeln, raus aus die Kartoffeln. Nur kostete das viel Blut und Not; die reiche Pfalz verarmte, und Zehntausende von Pfälzern, die ihr Bekenntnis nicht so rasch zu wechseln verstanden wie ihre Fürsten, wanderten nach Amerika aus.

Dabei waren die letzten protestantischen Vorgänger der Neuburger schon recht tolerant gewesen; bei Karl Ludwig war das so weit gegangen, daß er auf eine von ihm gebaute Kirche in Mannheim kurzerhand drei Kreuze setzen ließ, eins für die Calvinisten, eins für die Lutherischen und eins für die Katholiken; ein viertes Kreuz hatte ihn so duldsam gemacht: das Kreuz seiner Ehe. Seine Hausehre nämlich, eine aus dem Hause Hessen, war eine allzu resolute Person; sie gebar ihm zwar drei Kinder, darunter die Liselotte von der Pfalz, aber seine Herzensfreundin Luise von Degenfeld gebar ihm dreizehn. Dergleichen macht eifersüchtig, und so beschoß die Kurfürstin die allzu fruchtbare Luise denn mit Pistolen. Sie traf zwar nicht, und deshalb mochte das noch hingehen; als sie aber vor versammeltem Reichstage zu Regensburg ihren Gatten »mit Entblößung des Leibes beschimpfte«, wie der Chronist das Vorgehen dieses weiblichen Götz von Berlichingen höflich ausdrückte, da verstieß sie der Kurfürst. Sie ging heim nach Kassel, blieb aber zänkisch genug, ihr Testament nicht als ihren »letzten Willen«, sondern als ihren

»letzten Unwillen« zu überschreiben. Karl Ludwig seinerseits schrieb der geliebten Luise nun in Ruhe seine herrlichen lateinischen Liebesbriefe, die man lange bewunderte, bis sich nach seinem Tode herausstellte, daß er sie aus einem Liebesroman abgeschrieben hatte, dessen Verfasser, nebenbei bemerkt, der spätere Papst Pius II. gewesen war. Zu Lebzeiten Karl Ludwigs wäre es übrigens nicht ratsam gewesen, jenes Plagiat aufzudecken: einen Genfer Schriftsteller, der über ihn und Luise berichtet hatte, zwang er, das Manuskript mit den anstößigen Stellen aufzuessen, und er achtete scharf darauf, daß auch gründlich gekaut und nicht einfach geschluckt wurde. Diese seine Energie hatte seine Tochter Liselotte geerbt, wie ihre Pariser Ohrfeige bewies, seine Toleranz aber auch: sie, die legale Nachkommin, wechselte zeit ihres Lebens zärtliche Klatschbriefe mit der nur »natürlichen« Tochter aus dem schönen Schoß der Luise, der »Raugräfin«, und beide Halbschwestern bemühen sich, weitere Sprößlinge ihres Vaters von weiteren Geliebten aufzutreiben, um auch sie in den Schoß der Familie aufzunehmen. Man nähert sich eben dem Rokoko, das eine an sich alte Erfahrung zur öffentlichen Maxime erhob: die Erfahrung nämlich, daß Vollzug und Genuß der ehelichen Liebe grundsätzlich anderer Art sind als Vollzug und Genuß der außerehelichen und daß also beide sehr wohl nebeneinander existieren können. »Was schadet es«, schrieb ein Dichter dieser galanten Zeit, »daß meine Geliebte die Frau eines anderen ist? Ich liebe sie ja auch anders als er!«

Aber vorerst kamen in Heidelberg, Mannheim und Düsseldorf die glaubensstrengen Pfalz-Neuburger und dann die ebenso glaubensstrengen Pfalz-Sulzbacher ans Ruder; offiziell und fürs Volk war es mit so freier Auffassung wieder Schluß, inoffiziell und für die Fürsten freilich nicht: des forschen Jan Willems italienische Gattin hatte ebensoviel Grund zur Eifersucht wie die hessische Gattin Karl Ludwigs und schlich ihm oft in Maske durch Düsseldorfs nächtliche Straßen nach, um hinter seine amourösen Abenteuer zu kommen – ganz gelang ihr das nie, es waren zu viele. Offiziell indessen herrschte Frömmigkeit strengster Observanz. Wenn bei der Mannheimer Wachtparade gebetet wurde, dann ging das so vor sich: erster Trommelschlag: Helm ab; zweiter Trommelschlag: Gebet; dritter Trommelschlag: Helm wieder auf – und wer auch nur einen Moment länger betete als vorgeschrieben, bekam zehn Stockhiebe. Und Offiziere, um aufzupassen, gab's genug; die ganze fünftausend Mann zählende pfälzische Armee hatte allein fünfundzwanzig Generale; auf jeden General kamen also zweihundertundfünfzig Mann. Erhalten wurde diese Armee durch den Verkauf aller zivilen Ämter an die Meistbietenden; Väter konnten die Ämter für ihre eben geborenen Söhne im voraus kaufen; so bestand etwa das höchste Gericht des Ländchens aus so viel Minderjährigen, daß man es allenthalben »das jüngste Gericht« nannte. Immerhin tat es viel für den Glauben, indem es jedem Verurteilten, der zur rechtmäßigen Kirche übertrat, die Hälfte seiner Strafe erließ.

Und auch der Kurfürst Karl Theodor demütigte sich um des Glaubens willen: alljährlich am Gründonnerstag wusch er zwölf armen alten Männern, den sogenannten »Aposteln«, die Füße – das heißt in Wirklichkeit und vorsichtshalber mußten sie sich die Füße schon vorher gewaschen haben, darauf wurde scharf geachtet. Der Apostelposten war begehrt: die zwölf Greise durften nämlich das ganze Jahr hindurch in Mannheim betteln, und keiner durfte ihnen eine Gabe verweigern, und überdies gab ihnen der Kurfürst je fünf Gulden. Nur dem Darsteller des Judas brauchte der Fürst die Füße nicht zu waschen, und also brauchte er selbst sie sich auch nicht zu waschen, und überdies bekam er nicht fünf, sondern zehn Gulden. Infolgedessen war die Judasrolle zu Mannheim die allerbegehrteste.

Kein Wunder, daß so viel Dienst an Gott dem braven Karl Theodor nur wenig Zeit für den Dienst an der Liebe ließ. So hatte er denn in Mannheim von seiner Frau gar kein Kind und von nur zwei Mätressen nur fünf Kinder, und auch hinsichtlich dieser Mätressen zeigte er seine Demut und Bescheidenheit: die eine, Fräulein Huber, war eine Bäckerstochter, die andere, Fräulein Seyffert, eine kleine, eine schon sehr kleine Schauspielerin. Die Pfalz war halt ein kleines Land. Man mußte sich nach der Decke strecken – auch nach der Bettdecke.

Da aber, anno 1777, starb Kurfürst Max Josef von Bayern und hatte Karl Theodor zum Erben eingesetzt. Der zog also ein ins reiche München – und nun mußte sich alles, alles wenden.

Auch Bayern war katholisch, viel katholischer als die Pfalz – aber es war fröhlich-katholisch. Die Gegenreformation hatte ja, was man immer vergißt, nicht nur mit der Inquisition gearbeitet und gesiegt, sondern vor allem mit der Festesfreude, der Buntheit, der Fröhlichkeit. Damit hatte sie bei südlichen Gemütern leichtes Spiel gegen den düsteren, schwarzen, verzankten Protestantismus des Nordens, der Luthers Lebenslust so rasch vergessen hatte. Gewiß, auch in Bayern hatten Andersgläubige und Arme nichts zu lachen: es gab auch hier viel Verfolgung, Ausbeutung und Korruption; auch in Bayern hatten gekrönte Ehemänner oft nichts zu lachen: es gab auch hier viele Hörner und viel Streit. Aber, weiß der liebe Gott, wie und woher das kam: in Bayern wurde immer irgendwie alles zur Gaude, zur »Hetz!«

Da war die berühmte Fronleichnamsprozession, von der keiner sich drücken durfte und darf, vom Staatsoberhaupt bis zum letzten Beamten, von der aber doch gesungen wurde und wird: »Schön ist's mit dem Umgang gehn ... mit die Kerzn in die Händ, die wo gar net brennt!«, und bei der »St. Georg der schönste Mann der ganzen Stadt sein muß, um den Rachen des Lindwurms richtig zu durchbohren, damit die darin verborgene riesige Blutwurst das zuschauende Frauenzimmer selbst bis zum zweiten Stock und alles Volk umher unter allgemeinem Gelächter mit dunkelem Blute übergieße!« Da war ferner die Karfreitagsprozession in Beilngries, bei welcher der Tagelöhner, der den Herrn Christus darzustellen hatte, gelegentlich der Geißelszene erst einmal herzhaft verprügelt wurde – wofür er freilich, wenn er dann am Kreuze hing und das »Mich dürstet« sprach, keinen Essigschwamm, sondern ein Glas Starkbier hinaufgereicht bekam. Bis dann, gerade zu Karl Theodors Zeiten, ein Herr von B. Landrichter von Beilngries war. Der war einerseits »volksnahe«: deshalb hetzte er während der Geißelszene »zu größerer Verherrlichung der Darstellung« noch seinen Lieblingshund auf den »Herrn Christus«, worob der Tagelöhner aber so erschrak, daß er ausriß und ins Wasser sprang, so daß er mit Mühe herausgezogen und naß ans Kreuz geschlagen werden mußte. Weil aber der Landrichter andererseits auch sparsam war, ließ er nun dem Dürstenden statt des gewohnten Starkbiers ein Glas Dünnbier hinaufreichen – und nun riß dem Geplagten die Geduld. Mit dem üblichen bayerischen Gruß schrie er wütend um sein Starkbier – worauf Herr von B., der drittens auch ein gestrenger Herr war, die Strafe des Kreuzes in eine Strafe von fünfundzwanzig Stockhieben aufs Gesäß umwandeln und auf der Stelle vollziehen ließ. Er verlor daraufhin zwar seinen Posten, aber, so schließt der Bericht, »die Gläubigen haben sehr gelacht«. Mit Recht: eben dieses Lachen zeigt, wie gesund ihr Glaube war und ist; wie fern ihm jede Verwechselung liegt zwischen ewiger Wahrheit und irdisch gebundener Nachahmung; wie unzugänglich der bleichsüchtigen Angst vor der Blasphemie – wie echt. Nur er ermöglicht die Oberammergauer Passionsspiele, »Spiele« eben – bis heute.

Wie's Gescherre, so der Herre – bei aller Frömmigkeit und aller Krisenstimmung hatten auch die Kurfürsten, Karl Theodors Vorgänger, nie den Sinn für die Gaude verloren. Wenn die Schloßkapelle zu Nymphenburg der Büßerin Magdalena geweiht und mit erschreckenden Bildern ihrer Bußübungen ausgeschmückt wurde, so stand doch dicht daneben das Badehaus, das mit höchst erotischen Gemälden geziert war sowie mit den Porträts der sechzehn Damen, die mit dem Kurfürsten »unter sanfter Musik im Bade herumschwammen«. Das war durchaus zu verantworten, denn, wie Max II. einmal schrieb: »Meine Liebschaften haben den Grund nicht in meinem Herzen, sondern in der Politik. Diese meine Untreuen lasse ich mir nicht verwehren, weder von Gott noch von den Menschen. Und wenn Gott mich fallen läßt, so geschieht das immer fein säuberlich unter der Hand und ganz heimlich.« Das schrieb er wütend seiner Gemahlin, denn bei ihr geschah dergleichen keineswegs heimlich, sondern geradezu unheimlich. Schließlich zog sie der Stadt München die Stadt Venedig und ihren Beichtvater Dorotheus Schmacke aus Lüttich dem Kurfürsten vor; immerhin brachte das kein Geld ins Haus, denn Max zahlte für seine eigenen Amouren genug und hatte keine Lust, auch noch für die Amouren seiner Gemahlin zu zahlen. Da jedoch hatte die Kurfürstin den Einfall ihres Lebens: sie adoptierte kurzerhand einen Knaben, der durch Taufschein als armenischer Königssproß und durch einen mitgebrachten Schatz als wohlhabend legitimiert war, und nun jauchzte der Obersthofmeister von Preysing in einem Briefe auf: »Erst ging es uns in Venedig ziemlich scheißig, dann aber kam der armenische Knabe, hei, da war der Himmel voller Geigen und wir alle wieder wohlauf!« Ganz und gar nicht voller Geigen hing der Himmel hingegen fortan dem armenischen Prinzen: zwar hatte er in seiner Kindheit den Vortritt vor den Kurfürstensöhnen, denn er war nun einmal königlicher und nicht bloß kurfürstlicher Abkunft, und die legitimen Sprößlinge ärgerte das grün und blau; als er aber als junger Mann einen Lakaien erstach, wurde er zwar nicht, wie man's mit jedem gewöhnlichen Sterblichen getan hätte, geköpft, aber er verlor seine Prinzenwürde und mußte als schlichter und armer Hauptzollmeister nach Ingolstadt gehen, und der gute Preysing konnte abermals aufjubeln: »Daß der Armenier den Lakaien erstach, ist traurig, hat aber auch sein Gutes: wir sind ihn los!« Und wie war man ihn los: als seine Adoptivmutter starb, verteilte man den Rest seiner Schätze an die Söhne des Kurfürsten, er selbst hatte das Nachsehen, und erst kurz vor seinem eigenen Tode machte man ihn wenigstens zum Freiherrn von Aretin und bestätigte seine armenische Abstammung. Korrekterweise fehlt sein Name denn auch in der höchst umfangreichen Liste der illegitimen Nachkommen des kurfürstlichen Hauses, die jeder Herrscher Bayerns persönlich führte, denn Ordnung muß sein, und die bis heute erhalten ist – die Nachkommenschaft übrigens auch. Die Aretins aber, hochintelligent wie alle Armenier, dienten hinfort mit Treue und Erfolg dem bayerischen Staat, und einer von ihnen ist heute, ungeachtet seiner armenischen Abstammung, sogar ein führendes Mitglied der Bayernpartei.

Wie's Gescherre, so der Herre – wie der Vater, so der Sohn. »Wenn sich's bei den Bayernprinzen vatert, so laufen sie den Grisetten nach«, schrieb Liselotte von der Pfalz. Sie behielt recht: bei Karl Albrecht, dem Konkurrenten Franz von Lothringens im Kampf um die Kaiserkrone, vaterte sich's ausgezeichnet. Er hinterließ an die vierzig außereheliche Kinder. Es half seiner frommen Gemahlin wenig, daß sie als Beweis für die eheliche Liebe, die ihr Mann ihr angedeihen ließ, oft eine Schachtel voller Haare herumzeigte, die er ihr ausgerauft hatte.

Nur, der Nachfolger dieser Herren und der Wahrer ihrer Tradition wurde also Karl Theodor von der Pfalz; er konnte sich jetzt nach einer bedeutend längeren Decke strecken und tat's: er nahm keine Bäckerstöchter und Statistinnen mehr zu Mätressen, sondern ausschließlich leibhaftige Gräfinnen, eine Törring-Seefeld etwa, eine Schenk zu Castel. Bei all dem war seine Vaterliebe zu seinen natürlichen Kindern geradezu rührend: um ihre Zukunft sicherzustellen, wollte er Bayern zum größten Teil an Österreich verkaufen, es lag ihm mehr an den Lendenkindern als an den Landeskindern. Nur Friedrich der Große verhinderte das Geschäft, indem er seine Truppen marschieren ließ: Karl Theodor hat's ihm nie verziehen. Immerhin: Bayern, gräßlich zu sagen, war durch Preußen gerettet, und somit gewinnt jener Lapsus der Bayernpartei aus dem Jahre 1954 seinen unfreiwilligen historischen Sinn: nach dem Parteitag dieses Jahres nämlich, bei welchem manch markige antipreußische Rede gehalten wurde, wohl auch vom Armenier Aretin, marschierte man durch die Straßen zu den Klängen von – – »Preußens Gloria!«

Karl Theodor aber mußte nun sein Bayern regieren, ob er wollte oder nicht. Er tat's auf seine Art, besonders in militärischer Hinsicht. Ein früherer Bayernfürst hatte seine Bayern nur dadurch bewegen können, Milizuniformen anzuziehen, daß er, als alle Strafen versagt hatten, jedem in der alten Ziviltracht auftauchenden Bayernknaben den Eintritt ins Bräuhaus verbot – das hatte sofort geholfen. Karl Theodor machte es wie in der Pfalz: er verkaufte Posten, hier aber nicht nur die Beamtenstellen, sondern auch die Offizierschargen. So kamen denn jetzt auf dreitausend Mann dreißig Generale, auf jeden also nur hundert Mann, jeder vierte Mann war Offizier, und für die drei Rheinschiffe der bayerischen Flotte ernannte er einen »Großadmiral«. Viele dieser Offiziere bettelten allerdings auf der Straße die Fremden an, weil die Löhnung fast nie gezahlt wurde, bis Karl Theodor 1793 auf die alles lösende Idee kam: er beurlaubte den größten Teil seiner Soldaten und – behielt ihren Sold für sich.

Übrigens zahlte er auch seine Zivilisten ungern und nach Möglichkeit gar nicht. Als bei einem Volksaufstand in London die Menge in die Hauskapelle des als sehr fromm bekannten bayerischen Gesandten eindrang, war auf und unter dem Altar, auf und unter der Kanzel, war überall Tee, Kaffee, Schokolade und Whisky gelagert. Der Herr Gesandte Graf Haslang hatte vom Schwarzhandel gelebt – leben müssen.

Dennoch: einiges geschah auch unter Karl Theodors Regierung. Feste über Feste gab es, und deshalb – Adlige über Adlige, denn die Feste wollten bezahlt sein: hundertneunzig wohlhabende Familien wurden von ihm geadelt, dreiundzwanzig gegraft. Auch der Englische Garten wurde geschaffen, aber von einem tüchtigen

Engländer, dem Grafen von Rumford, der auch die ersten Armensuppen einführte, um dem verelendeten Volk zu helfen – von ihm stammt die »Rumfordsuppe«, von ihm auch jene Inschrift im Englischen Garten: »Harmlos wandelt hier, dann kehrt gestärkt zu jeder Pflicht zurück.« Eine etwas optimistische Inschrift, denn harmlos ward und wird im Englischen Garten nicht immer gewandelt, aber – a Gaudi und a Hetz is es halt!

Noch eine amtliche Formulierung erwies sich als allzu optimistisch: als der Kurfürst mit einundsiebzig Jahren zum zweiten Male heiratete, hieß es, er habe zu Innsbruck »das Beilager vollzogen«. Das war wohl übertrieben; legale Erben blieben jedenfalls aus, es vaterte sich nicht mehr, und Thronfolger wurde ein Pfalz-Zweibrückener.

In einer wirklich guten Stunde jedoch gründete Karl Theodor das erste deutsche Nationaltheater in Mannheim. Hier wurde das Erstlingswerk eines deutschen Dichters aufgeführt, das sich gegen die Tyrannen wandte und »Die Räuber« hieß. Karl Theodor hätte den Titel symbolisch nehmen können; aber er bezog ihn nicht auf sich. Warum auch? Die vier großen bayerischen F hatte er dem Volke nicht rauben können: die Frömmigkeit seines Herzens, die Fröhlichkeit seines Gemüts, die Frische seiner innigen Volkskunst und die Freiheit seiner Beziehungen zwischen hoch und nieder, reich und arm, Mann und Weib.

Währenddessen herrschten im schwäbischen Nachbarländle Ernst, Fleiß, Sparsamkeit und Tüchtigkeit. Aber auch diese zu Recht vielgerühmten Bürgertugenden hatten ihre höchst unbürgerliche Geschichte. Sie beginnen zur Zeit Luthers, aber sie hatten ursprünglich mit Luther nichts zu tun. Ursprünglich!

Herzog Ulrich von Württemberg nämlich, der »Wilde«, mochte seine sanfte Frau Sabina von Bayern nicht. Er bewies das dadurch, daß er seinen Hund auf sie hetzte, sie mit Füßen trat, ja sie sogar zwang, ihn auf allen vieren zu tragen, als wäre sie ein Pferd, wobei er ihr kräftig die Sporen gab. Ulrich gab das dem Kaiser gegenüber zu, sogar schriftlich, fand seine Schläge aber »dennoch nicht zu hart«; die Herzogin jedoch war anderer Meinung und floh zur Mama nach München. Der Verlassene tröstete sich mit Ursula, der Tochter seines Schloßhauptmanns, und als ihm deren Ehemann Hans von Hutten dabei im Wege stand, ging er mit dem

Ahnungslosen allein auf die Jagd im Böblinger Wald, stach ihn nieder und hing ihn mit dem Gürtel an einen Baum. Das schöne Urschele war nunmehr frei, aber der Mord ward ruchbar; und da der Tote einen mächtigen Verwandten hatte, nämlich Ulrich von Hutten, da zudem die Kurfürstin eine Nichte des Kaisers war und da schließlich Württembergs Bürger und Bauern mit dem wilden Herzog nichts weniger als zufrieden waren, überzog ihn Ulrich von Hutten mit Fehde und vertrieb ihn, brach der Aufstand des »Armen Konrad« aus und erklärte ihn der Kaiser in die Reichsacht. Der gesamte Adel Württembergs aber sagte sich von ihm los und unterstellte sich unmittelbar dem Kaiser. Und diese letzte Maßnahme sollte Württemberg zum Segen gereichen.

Denn die Leiden einer langen Emigration läuterten Ulrich dann doch, er durfte zurückkehren, und als er und seine Nachfolger wieder regieren durften – da mußten sie ohne Adel regieren, der ihnen ja nicht mehr unterstand. Und so wurde Württemberg und nur Württemberg fortan mit Hilfe seiner Bürger und damit zu ihren Gunsten verwaltet und nicht mit Hilfe der Herren und damit zu deren Gunsten. Und so oft auch Gewaltherrscher kamen und die damals erworbenen Rechte der Schaffenden im Lande verletzten: es dauerte mehr oder weniger lange, dann waren sie zurückerobert. Schwaben wurde demokratisch, weil der Ahnherr seiner Fürsten allzu undemokratisch gewesen war. Und daß diese Fürsten auch in puncto Frauenbehandlung am bösen Beispiel ihres Vorfahren gelernt hatten, bewies schon Herzog Friedrich: als er 1608 gestorben war, ließ sein Sohn alle Damen Stuttgarts verhaften, mit denen sein Papa außerehelich zu tun gehabt hatte. Aber als er etwa bei der zwölften angelangt war, stellte er die weitere Untersuchung ein, »um der väterlichen Ehre zu schonen.«

Das war klug, denn das Volk verstand in diesen Dingen keinen Spaß. Es blieb bieder und neigte nur dazu, sich in störrischem Sektengezänk zu verlieren; über die Frage etwa, ob der Mensch auch im Grabe noch bis zum Jüngsten Tage die Sünde selbst sei, oder ob er nicht vielmehr nur vor der Wiedergeburt die Sünde selbst, nach der Wiedergeburt aber lediglich eine getötete Sünde sei, konnte man sich streiten bis aufs Blut — buchstäblich: das letzte Wort des Pastors Funk, den sie einer heute längst vergessenen Ketzerei wegen hinrichteten, lautete: »Ich sterbe gern, denn in wenigen Sekunden werde ich wissen, daß ich recht gehabt habe.«

Ja, störrisch waren und blieben die Schwaben, sie wurden das Volk der Sekten, sie lebten förmlich in Sekten; und diese Zerrissenheit war es, die sie dann doch eine Zeitlang zu Sklaven von Fürsten machte, die auch in Sekten lebten, aber in Sekten anderer Art: in Fluten von Champagner. So konnte es geschehen, daß sie von der Mätresse Eberhard Ludwigs regiert wurden, der Landverderberin Grävenitz, die schließlich sogar den moraltriefenden »Soldatenkönig« von Preußen auf ihre Seite brachte, indem sie ihm alljährlich zu seinem Geburtstag ein Bündel »langer Kerls« schickte – statt Blumen sozusagen. Gestürzt wurde sie endlich nur, weil sie den Herzog mit seiner rechtmäßigen Gemahlin entzweite und sogar seine Scheidung durchsetzen wollte, und weil man eine neue Mätresse für Eberhard Ludwig fand, die in dieser Beziehung bescheidener und überdies hübscher und jünger war. Ihr hinterließ der Gute fünfzigtausend Gulden bar und achttausend Gulden Jahresrente mit der sinnreichen und zweifellos hübsch ausgedrückten Begründung, »daß sie ihm beim Versöhnungswerk mit seiner Gemahlin assistiert habe«. Nun ja, so kann man's auch sagen. Und es zahlte ja das Volk.

Geleistet hatte Eberhard Ludwig immerhin auch etwas: er hatte das Land gemehrt, indem er die Grafschaft Mömpelgard erbte, denn die dort herrschende Seitenlinie seines Geschlechts war ausgestorben, und das mit Recht: gegen den letzten Herzog jener Linie war er geradezu ein Sittenheld. Der, Leopold hieß er, konnte zwar nicht lesen und schreiben, dafür aber heiraten – heiraten, wen er wollte. Zuerst ein Kammermädchen: den Pfarrer hatte er mit vorgehaltener Pistole zur Trauung gezwungen, ohne ihm zu sagen, wer die Braut war. Leider lernte er kurz nach dieser Hochzeit vier Schneiderstöchter kennen, und da er auch auf diese Schönen nicht verzichten zu können glaubte, trat er kurzerhand zum Mohammedanismus über, und seine Gattin mußte die vier in ihren Hofstaat aufnehmen und mit ihnen unter einem Dache leben, wo es denn nichts gab als Zanken, Keifen, Raufen, Schlagen und Beißen; der Lärm rief den Herzog herbei, der sich natürlich auf die Seite der Schwestern stellte, und so erlag die Gattin denn der Mehrheit und wurde, nachdem sie mit vereinten Kräften halbtot geprügelt worden war, von Lakaien aus dem Zimmer getragen. Schließlich ließ sich Leopold von ihr scheiden und heiratete die dritte der Schwestern. Kinder hatte er von der geschiedenen wie von der neu angetrauten Frau, je einen Sohn und eine Tochter, und nun trieb er den Mohammedanismus selbst für seine Zeit und seinen Stand zu weit: er verheiratete die vier untereinander und machte aus ihnen zwei Ehepaare. Indessen, das war dem Kaiser zu bunt, er erkannte die Nachkommen aus diesen Geschwisterehen nicht als erbberechtigt an – und wie gesagt, Eberhard Ludwig erbte Mömpelgard. So kommt man zu Land.

Hier herrschte dann Herzog Karl Eugen – eben der, der den Freiheitsdichter Schubart auf der Festung Hohenasperg festsetzte. Schubart freilich verstand sich nach einiger Zeit wirklich strenger Haft mit dem Festungskommandanten so gut, daß er nach dem Reisebericht des Prinzen von Baden allabendlich für ihn und seine Gesellschaft Klavier spielte, mit ihm trank und schließlich sternhagelvoll in seine Zelle gebracht werden mußte. Dort besuchte ihn bekanntlich eines Morgens der junge Schiller und fand ihn so elend aussehend, daß der Tyrannenhaß in dem werdenden Genie geweckt wurde; Schubart dürfte jedoch nur seinen allmorgendlichen Kater gehabt haben. Je nun, kleine Ursachen, große Wirkungen ... Mit dem Herzog selbst aber war wirklich nicht zu spaßen; wenn er auch die mit Recht berühmte Karlsschule gründete, so war er doch so wenig Volksfürst, daß er deren adlige und bürgerliche Zöglinge gesondert speisen ließ, daß die Adligen wöchentlich dreimal, die Bürgerlichen aber nur zweimal weiße Wäsche erhielten, und daß nur die Adligen sich die Haare pudern durften – mit einer Ausnahme: Schiller. Der hatte als einziger Bürgerlicher das Recht, sich zu pudern, aber nicht etwa in Anerkennung seines Genies, sondern weil er rote Haare hatte; die konnte der Herzog nämlich nicht sehen, obgleich – oder weil er selbst rote Haare hatte.

Im übrigen malträtierte, betrog und bedrückte er sein Volk so, daß es vollends verelendete und – wie die Pfälzer – in Scharen nach Amerika auswanderte, und schließlich nahm er ihm die alte, freiheitliche Verfassung. Da aber kam Rettung von draußen: Friedrich der Große tat sich mit den beiden anderen protestantischen deutschen Höfen zusammen, Hannover und Holstein, und erzwang die Wiederherstellung der alten Volksrechte in vollem Umfang. Er hatte Bayern gerettet, er rettete nun auch Württemberg. Und Karl Eugen selbst, den Menschen Karl Eugen – den rettete eine Frau.

Bis es dahin kam, hatte er so viele illegitime Sprößlinge gezeugt, daß er ein Regiment bilden wollte, dessen gesamtes Offizierkorps aus seinen Söhnen bestehen sollte. Nun aber trat Franziska von Hohenheim in sein Lieben und in sein Leben, und was sein Urahn Herzog Ulrich der Reformation verdankte, das verdankte er ihr: er läuterte sich. Zu seinem fünfzigsten Geburtstag ließ er von allen Kanzeln sogar ein Sünden- und Reuebekenntnis verlesen, in welchem er sich vor seinem Volk nicht schonte und Besserung versprach. Ganz konnte er das Versprechen nicht halten: es mußten weiterhin Landeskinder als Soldaten verkauft, denn es mußten ja weiterhin kostbare Schlösser gebaut werden; schließlich führte er den prunkvollsten Hof Deutschlands, und dergleichen verpflichtet. Aber kein Casanova brauchte ihm mehr Mätressen zuzuführen, er hatte das Schwabenalter erreicht und blieb seiner Franzl treu, seine Liebesbriefe sind entzückend; sein Volk war ihm schon für den guten Willen dankbar, und er wurde nun wirklich beliebt, zumal er die Verfassung nicht mehr antastete; Franziska zuliebe befaßte er sich sogar ernstlich mit Volks- und Landwirtschaft, und hatte man ihn früher nur sein Volk melken sehen, so sah man ihn nun auch beim Melken der Kühe.

Auf die Dauer mußten sich also Württembergs Fürsten nach Württembergs Volk richten; Württemberg wurde wieder demokratisch und ist es geblieben bis auf den heutigen Tag. Es hatte dabei nur eine Konkurrenz: das »Muschterländle« Baden gleich nebenan, und mit dem hat es sich ja nun auch zusammengetan. Wie dies Musterland aber zum Musterland wurde – das ist ein Musterbeispiel für die göttliche List der Geschichte.

Markgraf Eduard Fortunatus, so um 1600 herum, war kein Musterfürst gewesen: er trieb Falschmünzerei, er überfiel aus den Kornfeldern heraus die Reisenden persönlich und beraubte sie, er heiratete die Kammerjungfer eines Engländers, die zugleich dessen Geliebte gewesen war, und erschien bei der Trauung in Pantoffeln und ohne Rock, das Hemd zur Hose heraushängend, dennoch aber, wie der artige Hofprediger es ansieht, »mit Züchten«, und er starb schließlich recht jäh, indem er total betrunken eine Treppe hinunterstürzte und sich den Hals brach. Markgraf Ernst hingegen, etwa zur selben Zeit, war ein Musterfürst, sparsam und leutselig zugleich: als er vom Fenster aus sah, wie sein Küchenmeister einen gestohlenen Karpfen unter dem Mantel davontrug, wobei der Karpfenschwanz aber unter dem Mantel hervorsah, da rief er nur weise: »Entweder du nimmst einen längeren Mantel oder einen kürzeren Fisch!« Er ist damit der Ahnherr eines heute als jüdisch geltenden Witzes geworden. Auch jüdische Witze können arische Großväter haben – wie deutsche Schnurren jüdische. Markgraf Karl Wilhelm jedoch, so nach 1700 – der war ein Musterfürst und kein Musterfürst in einem.

Er regierte höchst autokratisch, aber höchst tüchtig, er gründete Karlsruhe – aber er hatte es auch mit den Mädchen und mit dem Wein. Sein Hofbiograph drückte das höchst diplomatisch so aus: »Da die Natur unschlüssig war, ob sie einen Herkules oder einen Sohn der Venus aus ihm machen sollte, machte sie beides aus ihm.« Ein Späterer sagt es genauer: »Mit den angestrengtesten Tagesbeschäftigungen wechselten die deliziösesten Vergnügungen der Nacht.« Für die letzteren hatte er genau einhundertundsechzig Gartenmädchen eingestellt. Sie waren alle verteufelt hübsch, sie waren in süße Husarenuniformen gekleidet, die prall ansaßen, sie wohnten im Schloß und reisten mit ihrem Herrn, acht von ihnen hatten täglich die Wache und bedienten ihn bei der Tafel. Wichtiger aber war die Nacht. Allabendlich nämlich wurde mit ihnen Tarock gespielt, und zwar mit achtundsiebzig von ihnen, weil das Tarockspiel achtundsiebzig Karten hatte; und weil sie in zwei Gruppen geteilt waren, von denen heute die eine und morgen die andere drankam, und weil ja auch mal eine oder zwei krank werden und ausfallen konnten, brauchte Karl Wilhelm zwei Gruppen zu je achtzig, mithin genau jene hundertsechzig, denn er verstand zu rechnen. Und die nun im Spiel den Trumpf bekam – der gehörte die Nacht. Es war also ein schönes und ein gerechtes Spiel, mit gleichen Chancen für alle. Schien jedoch die Nacht nicht ausreichend, oder hatte dem Markgrafen diese oder jene besonders gefallen, wenn sie vor ihm tanzte oder sang, eine Theaterrolle oder ein Instrument spielte, denn all das verstanden die Gartenmädchen auch – dann gab es hundertsechzig Klingelzüge in seinem Schlafzimmer, mit hundertsechzig Namen versehen, und jede Klingel führte in eines der hundertsechzig Boudoirs, und die Gewünschte kam. Und das Ganze nannte sich – Karls Ruhe.

Natürlich kostete die Idylle einiges, aber dafür sparte Karl Wilhelm an anderem Ort: am Militär. Er hatte hundertsechzig ıädchen, aber im ganzen Lande nur vierhundert Mann Miliz. Diese vierhundert waren so miserabel uniformiert und exerzierten so schlecht, daß ihre Manöver unweigerlich zum Lachen reizten. Wer aber lachte, der wurde sofort festgenommen und eingezogen – eben zu dieser Miliz. Und da dennoch immer wieder mal einer lachen mußte, blieb der Stand von vierhundert die ganze Regierungszeit Karl Wilhelms hindurch aufrechterhalten.

Da er außer den Mädchen auch den Wein liebte, teilte der so amouröse wie gestrenge Herr seinen Untertanen den Wein zu. Ein großer Teil seiner Tätigkeit als Selbstherrscher bestand denn auch in der Beantwortung von Gesuchen um höhere Weindeputate. Hier machte er genaue Unterschiede und schrieb etwa an den Rand der Gesuche: »Dem Förster St. gebe ich gar keinen Wein mehr, denn er sauft zu viel, das sehe ich ihm an seinen drei Nasen an.« Wenn sich aber einer besonders um den Staat verdient gemacht hatte, erfolgte als besondere Anerkennung der eigenhändige Vermerk: »Vom alten! Carl.«

Da nun aber der Markgraf ebenso beliebt wie gefürchtet war, trank sich so mancher Untertan, der persönlich um mehr Wein einkommen wollte, vorher Mut an. Da gab es dann Verfügungen wie: »Dem Salzinspektor H. nur Wasser und Brot, weil er sich so voll in die Audienz begeben hat«, oder: »Dem versoffenen Lumpenhund Förster M. drei mit der Hundepeitsche, wenn er noch einmal besoffen in die Audienz kommt!«

Im übrigen aber regierte Karl Wilhelm wirklich tüchtig und tolerant; in Karlsruhe gab es eine Kirche für die Protestanten, ein Bethaus für die Katholiken, eine Synagoge für die Juden; in seinem Sinne handelte sein Nachfolger, als er fast als erster deutscher Fürst die Todesstrafe abschaffte; er war wirklich zum Vater des Musterländles geworden. Schade, daß man ihm das schlecht lohnte, indem man ihn schließlich doch zwingen wollte, seine süßen Gartenmädchen abzuschaffen. Ganz aber ließ er sich nicht zwingen: die Hälfte behielt er bis an seinen Tod, und zwar die achtzig schönsten.

Denn, so argumentierte er, so viele mindestens brauche er zum Tarock.

ZWÖLFTES KAPITEL
ODER LOUIS SEIZE

Steht's in puncto Liebe kritisch,
Kriselt's meistens auch politisch.

Indessen nicht nur im verspielten Rokokorähmchen von Karlsruhe wird Tarock gespielt, sondern auch im weiten Rahmen der Weltgeschichte, und Maria Theresia spielt fleißig mit und spielt ihre Karten mutig aus – mutig und falsch. Sie, der der Segen des Hauses Österreich, das Liebenkönnen, Söhne und also Nachfolger schuf, so daß gerade eine beständige, aber ganz unpolitische Liebe der Politik Beständigkeit gab – sie konnte es dennoch nicht lassen, auch ihre Töchter beim politischen Spiel einzusetzen, ihnen die Liebe zu versagen und sie der Politik zu opfern. Spielen aber kann man nur mit der Erotik, nicht mit der Liebe.

Noch und nur ihrer Lieblingstochter Christine gestattet sie, dem Zuge des Herzens zu folgen und den politisch bedeutungslosen Herzog von Sachsen-Teschen zu heiraten – diese und nur diese Ehe wird glücklich, im Heim dieses und nur dieses Paares kann die todmüde Kaiserin Ruhe und Frieden finden. Dann aber werden nicht weniger als fünf Töchter um des Bündnisses mit Frankreich willen zu Ehen mit Bourbonenprinzen bestimmt: haben Brauträubereien die Feindschaft zwischen Habsburg und Bourbon mitverschuldet und dadurch Europa gespalten, so sollen nun Vernunftehen die beiden Häuser versöhnen und Europa einigen. Aber wo Österreich die Liebe verrät, hat es kein Glück.

Zunächst wird Erzherzogin Johanne dem König von Neapel verlobt; aber sie stirbt noch als Kind, ein erstes Menetekel des Schicksals. Es wird überhört: Erzherzogin Josephe muß an der Schwester Stelle treten. Maria Theresia weiß, daß dieser König melancholisch, halb wahnsinnig und jedenfalls blödsinnig dumm ist wie sein Großvater, sein Vater, sein Bruder, daß er keine anderen Interessen kennt als Jagden und grobe Späße; sie schreibt selbst: »Ich bedauere die arme Josephe als ein Opfer der Politik; wenn sie aber ihre Pflicht gegen Gott und ihren Gatten erfüllt, so werde ich zufrieden sein, selbst wenn sie unglücklich wird.« Ist es die Besorgnis, auch Gott zufriedenzustellen, die die Mutter veranlaßt, die Tochter zum Besuch der Kapuzinergruft zu zwingen? Sie soll dort, wenige Tage vor ihrer Abreise nach Neapel, noch einmal an den Gräbern ihrer Vorfahren beten; aber die ungewöhnlich schöne, liebenswürdige und empfindsame Josephe hat Angst vor diesem Besuch bei den Toten, denn erst vier Monate zuvor hat man in der Kapuzinergruft ihre Schwägerin bestattet, und die war an den Blattern gestorben, an so bösartigen Blattern, daß man sie nicht einmal hatte einbalsamieren können. Josephe kniete und winselte vor der frommen Mutter, ihr die Zeremonie zu ersparen – umsonst. Unter Tränen stieg sie in den Wagen, während des Gebets im Gewölbe überfiel sie ein Frösteln, und wenig später starb sie an den Blattern – an eben dem Tage, an dem sie reisen sollte.

Als ihr Bräutigam, der König von Neapel, von ihrem Tode erfuhr, stimmte ihn das recht verdrießlich, weil ihm der Anstand nun für eine Weile das Jagen verbot. Er suchte sich durch Billardspiel, er suchte sich durch seinen Laubfrosch zu zerstreuen – umsonst; bis endlich ein Höfling auf den Gedanken kam, Josephes Leichenbegängnis nachzuahmen und zu parodieren. Man kleidete einen etwas weibischen Hofmann in ein Leichenhemd, setzte ihm eine Frauenperücke auf, legte ihn auf die Bahre, vergaß auch nicht, Gesicht und Hände mit Schokoladetröpfchen zu betupfen, um die Blattern zu imitieren. Und die Prozession bewegte sich durch die Prachtgemächer des Palastes, der König mimte den Hauptleidtragenden – und bezeugt hat das alles der englische Gesandte Sir William Hamilton, der mittun mußte.

Indessen auch vor dem zweiten bösen Omen gab Maria Theresia nicht nach; sie zwang ihre dritte Tochter, die rundliche Caroline, sich mit diesem König zu vermählen. Während der Hochzeitsnacht, noch im Morgengrauen, ließ er die Braut liegen und ging jagen. Während er sein Bedürfnis verrichtete, mußten seine Günstlinge nach der Sitte dieses Hofes um ihn herumstehen, und als sie ihn fragten, wie ihm die Braut gefalle, antwortete er: »Dorme come un' ammazzata e suda come un porco – sie schläft wie eine Erschlagene und schwitzt wie ein Schwein!« Stand er aber abends, nach der Jagd, vor den Haufen erlegten Wildes, zwischen mannshohen rauchenden Eingeweiden, mit blutbeflecktem Wams, und zerstückelte die Tiere – dann mußte wieder die Königin dabeistehen. Man weiß nicht, ob die tote Josephe hier nicht glücklich zu preisen war ... Diese Ehe jedenfalls wurde nicht glücklich, und politischen Sinn gewann sie auch nicht: Napoleon kam dazwischen. Und als Caroline während des Wiener Kongresses starb, verheimlichte man ihren Tod, »um die Vergnügen nicht zu stören . . .«

Unglücklich und sinnlos verlief auch die Ehe der vierten Tochter Maria Theresias, Amalias, mit dem Herzog von Parma; und doch benutzte die unwarnbare Mutter ihre hübscheste Tochter zu ihrem politischen Hauptschlag: mit noch nicht fünfzehn Jahren mußte Marie Antoinette den König von Frankreich heiraten.

Sie war kein übler Mensch, diese fromm erzogene Prinzessin, sie war nur erschreckend ungebildet; aber das war Ludwig XVI. auch. Während er sich jedoch in seine Werkstätten zurückziehen konnte, wo er, statt zu regieren, nach Herzenslust den Schreiner, Messerschmied und Techniker spielte, blieb ihr nur der Tanz, die Mode, der Flirt, der Klatsch: nur der Schein. Denn auch Frankreichs Macht war nur noch Scheinmacht.

Das hatte schon unter Ludwig XIV. begonnen, als er alt geworden war. Durch militärische und politische Fehlschläge vereinsamte sein bisher so üppiger Hof, selten nur fand sich ein fremder Gesandter ein, um ihm zu huldigen oder ihn gar, wie man es früher tat, anzubeten. Nur kurz vor seinem Tode kam der alte Glanz noch einmal wieder: eine Gesandtschaft aus dem fernen Persien erschien, um »Zeugnis abzulegen von der Bewunderung ihres Herrn für den größten Monarchen der Christenheit«. Die Höflinge wunderten sich; hatte sich die Kunde vom Zerfall dieses größten Monarchen noch nicht bis Persien herumgesprochen? Der alte König aber lebte wieder auf: nie hatte er sich mehr Edelsteine auf den Rock nähen lassen als diesmal, nie versuchte er trotz seinen klapperigen Beinen mehr königliche Würde zu zeigen als vor diesen Fremden mit den spitzen Hüten und den langen Röcken. Es war seine letzte Audienz, gleich darauf starb er – und erst nach seinem Tode erfuhr man die Wahrheit: Höflinge hatten sich verkleidet und geschminkt, um dem Alten diese Farce vorzuspielen, alles war Theater gewesen . . .

Und alles war im Grunde Theater geblieben seither – nur nahm man's nicht zur Kenntnis. Noch immer nahm man jede kleine Erkrankung des Königs so wichtig wie dereinst den Bandwurm Ludwigs XIV. – nur war dieser Bandwurm wirklich wichtig gewesen, obwohl es ihn gar nicht gegeben hatte. Jahrelang hatte man den Sonnenkönig durch unmenschliche Roßkuren von dem Untier befreien wollen, bis man endlich dahintergekommen war, daß es sich um eine Darmfistel handelte, entstanden durch fortgesetztes Sichüberfressen. Nun holte man Untertanen herbei, die am selben Übel litten und sich freiwillig zu Probekuren hergaben, zu Verbänden, Abführmitteln, Bädern, Medizinen und Klistieren, die man hofpoetisch »la bouillon des neuf soeurs« nannte, die Bouillon der neun Schwestern. Als alles nichts half, wurden die armen Untertanen sogar probeweise operiert, und erst als die letzte Einzelheit ausprobiert war, operierte man Majestät selbst. Der Eingriff gelang, man veranstaltete ein Festmahl und ein Tedeum in Notre-Dame, und die Oberin von St. Cyr dichtete dazu eine Hymne, die der Hofkomponist Lully vertonte und die mit den Worten begann: »Dieu sauve le roi« – »Gott rette den König!« Ein Engländer, sagt der Klatsch, übersetzte den Text ins Englische, machte das Lied populär und machte es schließlich zur Nationalhymne: »God save the king.« Im übrigen: so abwegig ist dieser Brückenschlag vom französischen Bandwurm zur englischen Hymne nicht, viele Nationalhymnen zeichnen sich dadurch aus, daß sie ursprünglich weder hymnisch noch national waren: die Marseillaise beruht auf einem Thema von Händel, der Yankee-Doodle ist ein irischer Gassenhauer und die bulgarische Hymne ein deutscher, und Neapels »Santa Lucia« wurde geschaffen von einem biederen – Sachsen. Was international ist, heißt es immer, sei so schwer zu bestimmen; nun, was national ist, erst recht.

Wenn also Ludwig XIV. eine Darmfistel hatte, so hatte Ludwig XVI. etwas viel Harmloseres, nämlich eine Phimose; aber im Gegensatz zu seinem Ahn hatte er nicht den Mut, sich operieren zu lassen. So war und blieb denn der eheliche Umgang für ihn mit fast unerträglichen Qualen verbunden, und er vermied ihn soviel wie möglich, war seiner Frau dafür freilich auch treu; und obwohl sie unter dieser Art von Treue zu leiden hatte, kann man ihr nicht nachsagen, daß sie ihre Treue geradezu gebrochen hätte; es blieb beim Flirt – bewundernswert genug; es blieb dabei, daß sie in leichtem, aber nicht uncharmantem Exhibitionismus die Milch, die sie selbst gemolken hatte, ihren Freunden in rosafarbenen Tassen aus Sévresporzellan kredenzte, deren Form ihrem eigenen wundervollen Busen nachgebildet war. Dennoch: man nahm's ihr übel, denn man nahm Schlimmeres an.

Und es blieb beim Klatsch, der sich immer nur im engsten Hofkreise bewegte; von der Welt da draußen, in der es Menschen ohne Adelstitel gab, nahm man keine Notiz. Noch immer erzählte man genüßlich die Anekdote von Richelieus etwas närrischer Schwester, die sich immer nur sehr behutsam setzte, weil sie überzeugt war, eine Sitzgelegenheit aus Glas zu haben, die beim leisesten Anstoß leicht zerbrechen könne – bis ihr einmal ihr Bruder sagte: »Madame, Sie haben nichts aus Glas, Sie werden damit nicht anstoßen, und Sie werden sich's nicht zerbrechen – Sie sind verrückt, Madame!« Aber als die Astronomen die Sonnenflecken entdeckten und ein Höfling gefragt wurde, was es denn Neues gebe, kleidete er die wissenschaftliche Novität in die Antwort: »Ach Gott, man spricht schlecht von der Sonne!« Und Kirchlichkeit trug man nicht einmal mehr zur Schau; als sich Desbarreaux an einem Festtage eine Omelette mit Speck bestellte, als der fromme Wirt sich zuerst weigerte und das Verlangte dann doch brachte, als in diesem Augenblick draußen ein Donnerschlag ertönte und der Wirt die Speckspeise vor Schreck fallen ließ, warf Desbarreaux sie zum Fenster hinaus und sagte: »Tant de bruit pour une omelette!« – eine Redensart, die sich immerhin bis heute erhalten und bewährt hat.

Und wenn doch mal einer Ernst machen und den ganzen teuren Prunk um des darbenden Volkes willen verbieten wollte, dann nahm man ihn nicht ernst – so wenig wie das Volk. Dem Finanzminister de Silhouette ging es so, der sparen wollte und deshalb unter anderem die kostspieligen Miniaturen verbot; um ihn zu verspotten, schnitten die leichtsinnigen Höflinge sein Porträt aus schwarzem Papier und schufen somit die »Silhouette« – sie blieb bis heute, sie ward Kunst, der Minister aber kam nicht durch und mußte zurücktreten. Der Flirt, der Tanz, der Klatsch halten sich noch einmal, obwohl es bereits in die Zimmer von Versailles hineinzuregnen beginnt, weil niemand mehr die Reparaturen bezahlen kann, und obwohl es Marie Antoinette beim letzten Hofball erleben muß, daß junge Leute, die sie zum Tanz befiehlt, das Engagement ablehnen. Aber auch diese gescheiterte Damenwahl belehrt sie nicht.

Dann, am 2. März 1792, finden sich bei Ludwig XVI. zwei

Ärzte und der Scharfrichter Sanson ein, um ihm das Modell einer neuen Erfindung vorzuführen: der Guillotine, von der der Menschenfreund Dr. Guillotin im Parlament behauptet hatte: »Diese Maschine wird Ihnen in einem einzigen Augenblick das Haupt von den Schultern nehmen, ohne daß Sie auch nur das geringste spüren.« Schallende Heiterkeit im ganzen Hause war die Antwort. Der Messerschmied in Ludwig XVI. aber nimmt die Sache ernst und entdeckt gleich ihren Fehler: »Ein sichelförmiges Eisen«, sagt er, »wird nicht für alle Hälse passen, der meine zum Beispiel wäre schon zu groß.« Und lächelnd zeichnet der König auf einem Blatt Papier ein Fallbeil mit schräger Schneide und zieht sich befriedigt zurück . . .

Wenig mehr als ein Jahr später fällt sein Kopf unter der Maschine, der er selbst die endgültige Form gegeben hatte – und der Kopf Marie Antoinettes auch. Im fernen Rußland bekommt die Zarin Katharina die Nachricht, eilt zu ihrem Sekretär Luschkow und schreit: »Ist das nicht gräßlich? Ist das nicht erstaunlich?« Aber der Sekretär erwidert: »Erstaunlich, Ew. Majestät, ist es nicht, denn es haben sich ja viele zusammengetan, um einen zu köpfen. Aber daß ein einzelner viele köpft und daß sie noch den Hals dazu hinstrecken – das ist erstaunlich. Darüber sollten sich die Philosophen wundern!«

Ja, die Revolution war da, Flirt, Menuett und Klatsch ertranken in Blut – und dann kam Napoleon. Ach, wie mokierte man sich über den Emporkömmling und die Seinen an den Höfen Europas, in erster Linie Preußens Königin Luise, die ihn dann, als es zu spät und sie in Leid geläutert war, vergeblich durch eine Rose zu versöhnen suchte! Und wiederum: wie bald erliegt er selbst der gleichen dummen Arroganz, die zu bekämpfen er ausgezogen war! Noch als der Papst ihn zum Kaiser krönen muß, wendet er sich während der Zeremonie zu seinem Bruder Joseph um und flüstert treuherzig: »Ach Joseph, wenn das Papa sehen könnte!« Noch als er mit seiner Josephine in die Tuilerien einzieht und mit ihr das Bett der Bourbons, das Brautbett Marie Antoinettes, besteigt, sagt er überlegen: »Allons, petite créole, montez dans le lit de vos maîtres« – hoppla, kleine Kreolin, nun mal rein ins Bett deiner Beherrscher! – aber wenige Jahre später glaubt er ernsthaft, er könne, wie die früheren Könige Frankreichs, Kranke durch Handauflegen heilen, und versucht den

Brauch wieder einzuführen, wenige Jahre später ist er bereits geschmacklos genug, sich vergoldetes Nachtgeschirr herstellen zu lassen mit dem N inmitten des Bodens ... Er spürt die Emporkömmlingskomik überhaupt nicht, die doch selbst seine Kreaturen verspürten: Bernadotte, der vom Revolutionär über den napoleonischen General zum König von Schweden avancierte, wagte nicht mehr zu baden und verbarg vor seinen Dienern ängstlich seinen nackten Arm, denn dessen Haut wies aus seiner Jugendzeit die tätowierte Inschrift auf: »Mort aux rois« – Tod den Königen!; und der lustige Jérôme, der Westfalens lustiger König wurde und der jeden Tag ein Bad im besten Rotwein zu nehmen pflegte, erfuhr eines Tages, daß seine Lakaien den Wein in Flaschen zurückzufüllen und an Höflinge zu verkaufen pflegten – worauf sich am nächsten Tage fand, daß nach dem Bade eine Flasche Wein mehr aus der Wanne herauskam, als vor dem Bade hineingefüllt worden war ...

Napoleon selbst aber konnte sich nicht enthalten, an Stelle seiner nach Aug' wie Herkunft dunklen Kreolin ins Bett der Bourbons eine blonde und stammbaumgesegnete Kaisertochter zu legen – gerade er, der dem deutschen Kaisertum ein Ende gemacht hatte. Er hatte den Glauben an die tausendjährige Macht zerbrochen; der Glaube an den tausendjährigen Stammbaum zerbrach ihn. Und der kaiserliche Vater gab ihm die fade Luise – einmal weil er mußte, zum anderen aber, weil er immer noch glaubte, eine politische Ehe könne eine tausendjährige Feindschaft heilen, und eine Vernunftehe sei identisch mit der Vernunft der Geschichte. Also opferte man auch Luisen – umsonst.

»Der Mensch«, sagte Aristoteles, »ist das dümmste Tier, denn er geht immer in dieselben Fallen.« Und diese Fallen, könnte man ergänzen, stellt er sich noch dazu selbst.

Europas Mitte, Europas Süden, Europas Norden kann Napoleon erobern – und, ehe er es wieder verlassen muß, verändern. Nur zwei europäische Staaten widerstehen ihm: der östlichste und der westlichste, der autokratischste und der liberalste: Rußland und England; und seltsam: beide erreichten ihre bis dahin größte Macht unter deutschen Fürsten.

Die kleine Prinzessin Katharina von Anhalt-Zerbst, in die sich der schöne Zarewitsch Peter verschossen hat, ist keineswegs eine glänzende Partie für den künftigen Herrscher aller Reußen, und die Zarin Elisabeth ist denn auch dagegen. Aber auch Katharina ist schön; und wie sie einander zum ersten Male gegenüberstehn, das Duodezprinzeßchen und der Weltreicherbe, die Schöne und der Schöne, da verlieben sie sich ineinander, echt und tief, und das rührt die immer betrunkene Zarin: es erinnert sie an ihre Jugendzeit, da sie einen Onkel Katharinas ebenso liebte, aber der starb. So wird das Märchen Wahrheit: sie gestattet die Heirat. Katharina fährt wieder heim und kehrt erst zurück, als die Hochzeit gerüstet ist. Aber wie sie ihren Prinzen wiedersieht, fällt sie vor Abscheu und Grauen in Ohnmacht: er war inzwischen an den Blattern erkrankt, er ist zwar gerettet, aber sein schönes Gesicht ist bis zur Gräßlichkeit entstellt, sein klarer Geist verwirrt. Sie heiratet ihn dennoch, aber sie kann ihren Widerwillen nicht überwinden, kann auch seine fette, wüste Mätresse nicht verwinden, die er ihr rücksichtslos vorzieht. Da setzt sie ihn ab und belohnt den, der ihn dann ermordet, durch ihre Hingabe: die Geschichte von Katharinas Weg zur Macht ist die Geschichte einer enttäuschten Liebe.

Sie hat als Zarin keinen leichten Stand; man liebt in Rußland die Deutschen nicht. Das hat seine Gründe. Aus Deutschland, so mußte das Volk es sehen, brachte Peter der Große jene neuen Unsitten mit, die es verabscheute und die es doch annehmen mußte. Edelfrauen, die bisher streng abgeschlossen gelebt und hochgeschlossene Kleider getragen hatten, mußten nun plötzlich dekolletiert bis fast zum Nabel bei Hofe erscheinen; das war der Anfang der Feindschaft zwischen der Zarenpartei, der sogenannten deutschen Partei, und den Altrussen. Und jenes Fest, bei dem Peter der Große dann zwanzig Strelitzen persönlich den Kopf abschlug, jeweils nach einem Glase Branntwein – dies Blutfest war veranstaltet zu Ehren des preußischen Gesandten; der hatte sich zwar, als der Zar ihn höflich bat, auch seinerseits einen Strelitzen zu köpfen, damit entschuldigt, er habe keine rechte Übung in diesem Metier – aber immerhin: zu eines Deutschen Ehren wurden jene Russen ermordet.

Das war noch ein Irrtum des Volkes. Aber über manch anderen Deutschen irrte es sich nicht. Iwan der Schreckliche hatte als Folter nur die Knute gekannt: ein Deutscher war, es, der die raffiniertesten Qualen der Tortur und der Inquisition in Rußland einführte. Er wurde reich dafür belohnt, aber man hatte es nicht vergessen. Dann, nicht lange vor Katharina, waren der deutsche General Münnich gekommen und der deutsche Kanzler Biron. Münnich hatte den russischen Soldaten durch Tagesbefehl verboten, die Pest zu bekommen – wer sie dennoch bekam, sollte lebendig begraben werden. Am folgenden Tage waren alle, die noch lebten, gesund, und die übrigen waren ja tot, der Befehl hatte also seinen Zweck erfüllt – aber die Russen hatten auch das nicht vergessen, sowenig wie die Tatsache, daß der Kanzler Biron mehr als fünfundzwanzigtausend Russen ohne Gericht nach Sibirien geschickt hatte – so viele waren es noch unter keinem Slawen gewesen. Ach nein, man liebte die Deutschen nicht!

Und hatte sich nicht gerade unter deutschem Einfluß der gesamte Hofstaat über die Vorschriften der geheiligten Kirche hinweggesetzt? Und waren nicht selbst die Zarinnen liederlich geworden, wahllos sich betrinkend und sich hingebend? Und nun war gar eine Deutsche Zarin ...

Aber siehe: diese Zarin betete viel, betete immer öffentlich, hielt die Fasten aufs strengste. Gewiß, sie liebte Bücher, Bilder, Schlösser, sie gab viel dafür aus – aber nun kamen die Herren aus dem Westen nicht mehr zu ihr, um sie zu belehren, sondern um sie zu bewundern und von ihr zu lernen. Und an alle wichtigen Stellen in Heer und Staat kamen Russen, und mit ihrer Hilfe mehrte sie das Reich und mehrte sie auch die Habe des Bauern – sie tat das wirklich; sie ließ sich auch nicht, wie ihre Vorgängerinnen, von Günstlingen hinters Licht führen; die Geschichte, wonach Potemkin ihr in der Krim die berühmten »Potemkinschen Dörfer« vorgegaukelt habe, ist einfach erfunden und eitel Klatsch: für solche Scherze war sie zu intelligent. Und sie betrank sich auch nicht und gab sich in der Betrunkenheit auch keinem hin. Das einzige, was man ihr nachsagen konnte, war, daß sie immer sehr große, männliche und schöne Adjutanten hatte und daß sie diese Adjutanten glänzend bezahlte und daß sie diese Adjutanten oft wechselte. Aber taten das andere, dem männlichen Geschlecht angehörige Herrscher nicht auch, und ziemte es sich nicht für Mütterchen Zarin, Adjutanten zu haben, die recht ansehnlich waren – mußten sie doch des Nachts mit ihr wachen! Man hörte auch zu Moskau und Petersburg fast nie, daß einer von denen, der ausgewechselt worden war, unziemliche Geschichten über Mütterchen erzählte – dazu kam er gar nicht, denn er wurde sofort auf

Reisen geschickt und durfte sich bei Hofe nie wieder sehen lassen. Das war einerseits bitter, denn als Adjutant hatte jeder zwölftausend Rubel Taschengeld im Monat erhalten und täglich vierundzwanzig Gäste bewirten dürfen; aber es war andererseits wieder nicht so bitter, denn die Abfindung betrug jeweils hunderttausend Rubel. Und wenn sich Katharina auch prächtig schmückte und kleidete, wie es sich für eine Zarin gehörte – andererseits stand sie doch Morgen für Morgen um sechs Uhr auf und machte im Winter das Feuer im Ofen mit eigener Hand an, und bei der Hoftafel machte sie die Serviette mit Stecknadeln unterm Kinn fest. Mochte das auch eine letzte Erinnerung an Anhalt-Zerbst sein – man durfte sie ihr gönnen, es zeigte doch, daß sie sich bewußt war, aus welch armem Deutschland sie ins reiche Rußland gekommen war. Nein, Mütterchen war schon in Ordnung, denn sie hielt Ordnung, aber sie verstand doch zu leben; sie war eben eine »schiroka natura«, eine »breite Natur«, wie die Russen sie lieben.

Ja, so war es: Peter der Große hatte sich äußerlich verwestlicht und trotz allem Zwang das Land barbarisch lassen müssen; Katharina veröstlichte sich äußerlich und kultivierte das Leben von innen her mit milder Hand. Man streitet sich darüber, ob ihr Schicksal »die Belohnung des Lasters« war oder die Belohnung der Klugheit oder der Willenskraft; aber man sollte nicht vergessen, daß es vor allem die Belohnung des Taktes war: des Taktes nämlich gegenüber dem Volke, in dessen Gebiet sie lebte. Damit war sie freilich unter Deutschen ein weißer Rabe – aber auch ein weiser Rabe; und das Land, dem sie Gestalt gab, hielt dem Emporkömmling aus Korsika stand. Hätte sie noch gelebt, als er, der körperlich so Kleine, kam – sie hätte ihn nicht unterschätzt wie andere gekrönte Frauen und Männer; gewiß aber hätte sie gesagt: »Als Adjutant kommt er für mich nicht in Frage!«

DREIZEHNTES KAPITEL
ODER CHIPPENDALE

Die Verfassung muß man schützen
Gegen die, die oben sitzen.

War Katharina von Anhalt-Zerbst durch Heirat und Mord auf den Thron Rußlands gekommen und durch Intelligenz und Takt auf ihm verblieben, so kam Georg von Hannover durch Erbschaft auf den Thron Englands und verblieb auf ihm trotz Unintelligenz und Taktlosigkeit. Dabei saß er auf diesem Thron wie auf einem Vulkan: im damaligen Britannien bekämpften sich noch die Anhänger der roten und der weißen Rose, der Stuarts und der Antistuarts, der Protestanten und der Katholiken, der Torys und der Whigs nicht nur bis aufs Messer, sondern bis aufs Schönheitspflaster; im Mittelalter waren die Parteien der Welfen, also der Ahnen Georgs, und der Waiblinger so auseinandergeraten, daß sogar die Äpfel von den einen rechtsherum und von den andern linksherum geschält wurden, und zu Georgs Zeiten mußten die Damen der Torys die Schönheitspflästerchen auf die rechte Wange, die Damen der Whigs aber auf die linke kleben; nur sehr kluge Ladys bedangen sich im Heiratskontrakt aus, das Pflaster kleben zu dürfen, wohin sie wollten. Das waren sozusagen die Suffragetten ihrer Zeit, die Ahnmütter der Frauenemanzipation, die ja aus England kam.

Natürlich versuchten beide Parteien den König, die Königin oder die Mätresse oder den Kronprinzen zu gewinnen und gegeneinander auszuspielen, und das war gefährlich; aber Georg I. merkte es gar nicht. Er kam von einem biderben und patriarchalischen Hofe, an dem man noch nicht allzu lange Zeit zuvor den Höflingen hatte verbieten müssen, »bei der Hoftafel einen Dritten mit Fleisch, Brot, Knochen und Braten zu bewerfen oder mit den verabreichten Speisen seine Taschen zu füllen«, und an dem der Landesherr noch im Rausch den Bürgern die Fenster einzuwerfen pflegte. Georg lebte und webte noch ganz in diesem braven Hannover, wo kein Parlament ihn im Regieren gestört hatte, und da er das englische Parlament nicht ausschalten konnte, zog er es vor, überhaupt nicht zu regieren. Er betrank sich allabendlich am mitgebrachten hannöverschen Bier mit seinen ebenfalls mitgebrachten hannöverschen Mätressen, der Gräfin Schulenburg und der Gräfin Kielmannsegg, von den Londonern ihrer Leibesdürre beziehungsweise ihres Leibesumfangs wegen »die Kletterstange« und »der Elefant« benannt. Die letztere, deren Busen nach Walpoles Versicherung »ein Ozean war, der überfloß«, hatte er geradezu ererbt. Denn ihre Mutter, die Gräfin Platen, war die Mätresse seines Vaters gewesen, und ihre Nichte, die Gräfin Walmoden, wurde die Mätresse seines Sohnes. So blieb das Mätressenamt drei Generationen und ein Jahrhundert lang in der gleichen Familie; und da Georg I. diese Gräfin Walmoden mit der Schwester der Gräfin Platen, bei der er in seiner Jugend das Lieben erlernt hatte, selbst erzeugt hatte, und Georg II. mithin seine Halbschwester zur Mätresse nahm, blieb überhaupt alles in der Familie. Bei einem Geschlecht, das so auf den Mann dressiert war, war es denn kein Wunder, daß sein berühmtester Sproß, der Dichter August Graf von Platen-Hallermünde, die Männer den Frauen vorzog, und Heinrich Heine hatte unrecht, sich über diese Neigung so zu entrüsten.

Nun war es nicht etwa so, daß die Engländer ihren neuen Königen die Mätressen als solche verübelt hätten. Sie mokierten sich auch nicht weiter darüber, daß alle diese Damen sich schöne Wappen und Besitztümer erliebelt hatten: das Wappen der Gräfin Platen trug die nicht ganz passende Devise »Beständige Tugend überlebt den Tod«, das Wappen der Gräfin Schulenburg, der Kletterstange, die schon passendere Devise »Alles mit Verstand!«, und die Gräfin Kielmannsegg, der Elefant, erhielt zwar keine Devise, dafür aber neben anderen Besitztümern in der Nähe von Bremen das Gut Fickmühlen. Nein, dergleichen verwunderte die Engländer nicht, und sie gingen nicht einmal so weit wie der deutsche Hofbiograph Pfeffinger, der Aussehen und Karriere der Kletterstange höchst listig und doppeldeutig immerhin so be- und umschrieb: »...eine Dame eines fast majestätischen Wesens, so von Georg I. aus eigener Bewegnis zur Herzogin und später zur Fürstin ernennet, welches ein Exempel, so noch niemalen unter vornehmen Frauenzimmern ist gesehen worden« – womit er recht hatte. Auch daß man bei den Damen Ämter und Adelsdiplome kaufen konnte, hätte man hingehen lassen: die Gräfin Walmoden machte das sogar sehr elegant. Sagte ihr einer: »Ich möchte gern geadelt werden!«, dann fragte sie: »Nun, und glauben Sie, daß Sie es werden?« — »Nein«, meinte der, »ich glaube es nicht.« — »Ich aber«, replizierte sie, »wette mit Ihnen um fünftausend Pfund Sterling, daß Sie es werden!« — und sie gewann immer... So wurde sie reich und der Verlierer adlig.

Alles das also nahm man nicht übel, wohl aber, daß diese Mätressen alle so alt und häßlich waren und daß die neuen Majestäten sie nicht aus dem englischen Adel bezogen wie ihre Vorgänger und daß sie trotzdem so maßlos eingebildet waren. Diese Einbildung kaufte der Kletterstange und dem Elefanten schließlich die alte Lady Dorchester ab, die Mätresse von Georgs Vorgänger Jakob II. gewesen war und die die beiden Hannoveranerinnen im Vorzimmer gemeinsam mit den Ladys Portsmouth und Orkney antraf, den Mätressen von Georgs Vorgängern Carl II. und Wilhelm von Oranien. Die alte Dame machte eine Handbewegung über alle fünf hin und sagte vernehmlich: »Guter Gott, wer hätte das gedacht, daß wir fünf Huren uns hier mal treffen würden!« – und bewies damit, daß sie eben doch eine Lady geblieben war.

Besonders übel jedoch nahm man es Georg I., daß er überhaupt nur mit Mätressen und ohne Frau in England eintraf. Dafür konnte er aber nichts, denn seine Frau saß gerade – wegen Ehebruchs. Die Unglückliche mußte bis an ihr Lebensende im Schlosse Ahlden bei Celle sitzen, weil sie es gewagt hatte, die fortgesetzten Treuebrüche ihres Mannes mit einem eigenen Treubruch zu vergelten: sie hatte sich in den wunderschönen Philipp von Königsmark verliebt. Die Mätresse ihres Schwiegervaters Ernst August, die »böse« Gräfin Platen mit der Devise »Die Tugend überlebt den Tod«, hatte es bemerkt, sich in das Vertrauen der Armen eingeschlichen und dann alles Georg I. hinterbracht; der ließ Königsmark spurlos verschwinden und seine unglückliche Frau für Lebenszeit gefangensetzen. Aber die Liebe der unglücklichen Kronprinzessin, die nun die Königin werden sollte, hatte Folgen gehabt: vielleicht war ihre Tochter Dorothea, die den Preußenkönig heiratete und Friedrich des Großen Mutter wurde, eine Königsmark, ziemlich sicher war ihr Sohn, der als Georg II. englischer König wurde, ein Königsmark; jedenfalls hat ihn Georg I. immer dafür gehalten, hat ihn gehaßt und hat versucht, ihn von der Thronfolge auszuschließen und nach Amerika abzuschieben, damit er dort verschölle. Das gelang nicht; England hatte eben ein Parlament, das seit einem halben Jahrtausend eifersüchtig über die »Magna Charta« wachte, in der der unsterbliche Satz stand: »Kein freier Mann soll ergriffen oder gefangengesetzt, seines Landbesitzes, seiner Freiheiten und Gewohnheiten beraubt, geächtet, verbannt oder sonstwie vernichtet werden, noch wollen wir über ihn urteilen oder verurteilen, es sei denn durch gesetzliches Urteil oder durch das Gesetz des Landes; niemanden wollen wir Recht und Gerechtigkeit verkaufen, verweigern oder verzögern.« Und wenn das damals auch nur für den hohen Adel und erst später fürs gemeine Volk galt: hier liegen doch die Wurzeln für Englands Größe, hier die Wurzeln jener Kraft, die es sogar jene neuen Könige ertragen ließ.

Denn wenn auch nur deren erster aus dem Welfenhause Braunschweig, die übrigen aber mit größter Wahrscheinlichkeit aus dem Hause Königsmark stammten: diese Nachfolger waren und wurden nicht besser. Georg I. hatte zu Hannover, wohin er sich doch so sehnte und dem er so gewogen war, dessen größten Bürger, den Philosophen Leibniz, unbeachtet sterben lassen, so unbeachtet, daß kein Mitglied des Hofes, kein Geistlicher mit zu Grabe ging, nur sein getreuer Diener. Selbst Leibnizens Neffe und Erbe, der Pastor Löffler in Probstheida, kam erst nachträglich und nur, um ihn zu beerben, aber das brachte ihm kein Glück: als der Pastor die für seine Verhältnisse ungeheure Summe von sechzehntausend Talern nach Hause brachte, rührte die Frau Pastorin vor Freude der Schlag.

Georg II. aber haßt Wissenschaften, Künste und Bücher grundsätzlich und überhaupt. Seine gescheite Frau Karoline von Ansbach muß heimlich lesen, denn der König bekommt Wutanfälle, wenn er ein Buch auch nur sieht. Er spielt nur Karten, und sein Hof tut's ihm bald gleich, die Damen eingeschlossen. »Bücher«, ruft die als gebildet berühmte Lady Sarah Marlborough freimütig aus, »sprecht mir bloß nicht von Büchern! Die einzigen Bücher, die ich kenne, sind Karten und Männer!« Und Lady Montagu spottet: »Einen Liebhaber verlieren, das kann passieren, darauf kann man sich vorbereiten; doch einen Grand mit vieren, den zu verlieren — das ist ein furchtbares Leiden!«

Und dieselbe Lady, die sich nur autodidaktisch und heimlich bilden kann, denn ihre Eltern hätten so etwas nie gestattet – sie formuliert das Urteil über den Hof Georgs II.: »Unsere vornehmen Damen sind so ungebildet wie der König – und das will viel heißen!«

Und gerade dieser König stiftet die nachmals so berühmte Universität Göttingen! Freilich ist sie zunächst nichts weniger als eine Stätte der Gelehrsamkeit: ihre Studenten benehmen sich so, daß die Stadt Celle, vor die Wahl gestellt, ob sie eine Hochschule oder ein Zuchthaus in ihre Mauern aufnehmen will, das Zuchthaus vorzieht – dorthin kämen die Studenten später sowieso, und darin säßen sie dann wenigstens fest, und die Unschuld der Bürgerstöchter wäre sicher vor ihnen ... Und als Göttingen dann wirklich ein Hort der Freiheit wird, da geschieht das nicht unter dem Schutz des Königs, sondern seines freisinnigen englischen Ministers: der gestattet dem Professor Schlözer, die erste kritische deutsche Zeitschrift herauszugeben und wirklich alle unguten Staatszustände in der ganzen Welt zu brandmarken – Hannover aber ausgenommen. Als Schlözer es zum ersten Male wagt, auch nur einen hannoverschen Postmeister anzugreifen, greift der König ein und unterstellt ihn fortan der strengsten Zensur, und die Herrlichkeit ist wieder aus. Im übrigen gründete Georg II. die Universität nur, weil sein Schwager und Todfeind, der preußische »Soldatenkönig«, auch über eine Universität verfügt, nämlich Halle.

Bei dieser Feindschaft handelte es sich um eine Feindschaft nicht der lachenden, sondern der krachenden Erben. Georg I. nämlich hatte in seinem Testament seiner Tochter, der Schwester Georgs II. und Frau Friedrich Wilhelms, eine namhafte Geldsumme ausgesetzt – der geizige Bruder aber hatte es kurzerhand verbrannt und die Erbschaft nicht ausgezahlt. Zwar hatte Georg I. seinen Sohn gekannt und vorsichtshalber ein zweites Testament beim Herzog von Braunschweig hinterlegt. Dieser wakkere Vertrauensmann aber verkaufte die Abschrift an Georg II. gegen eine hübsche Summe in englischen Pfunden. Immerhin hatte dadurch der Preußenkönig von der Erbschaft erfahren und war nun so empört, daß er sich sogar mit seinem Schwager duellieren wollte – was seine Diplomaten nur mit Mühe und List verhindern konnten. Jedenfalls war man sich hinfort nicht grün, und der Preußenkönig wußte denn auch die Heirat seines Sohnes Friedrich mit einer englischen Prinzessin zu verhindern. So wird Weltgeschichte gemacht – oder verhindert, daß welche gemacht wird.

Aber nicht nur Preußen gegenüber erwies sich Georg II. als ausgesprochenes Ekel, sondern auch seinem eigenen Volke gegenüber. Die Taktlosigkeiten seines Vaters vervielfachten sich: sooft er aus Hannover zurückkam, und dorthin fuhr er oft, erzählte er jedem, der es hören und insbesondere nicht hören wollte, wie alles in Deutschland besser sei, die Küche, die Kutscher, die Jockeis, die Pferde, der Anstand, die Soldaten, die Frauen – umgekehrt wie die kluge Katharina von Rußland und getreu dem alten deutschen Nationalfehler: »Alles nischt jejen bei uns!« Er machte sich so unbeliebt, daß man, als ein anderer Thronprätendent einen Aufstand entfachte, seiner Regierung riet: »Wenn ihr euch den Mann vom Halse schaffen wollt, dann macht ihn doch einfach zum Kurfürsten von Hannover – daher holt sich das englische Volk nie wieder einen König!« Und man neigte nun dazu, der Aversion seines Vaters gegen ihn recht zu geben; der hätte ihn, meinte man, wirklich nach Amerika schicken und verschwinden lassen sollen. Im übrigen haßte er selbst seinen eigenen Sohn nicht weniger und behandelte ihn nicht besser: er verbannte ihn vom Hofe, ja er befahl sogar, ihn und seine Frau nicht mehr ins Kirchengebet einzuschließen. Und als dieser Sohn noch vor ihm starb, behauptete man, sein Vater habe ihn vergiften lassen.

Daß man ihn überhaupt regieren ließ, lag einfach daran, daß er in Wirklichkeit kein regierender, sondern ein regierter König war. Ihn regierte seine kluge Frau, und deren Kunst war es, ihn das nicht merken zu lassen. Er verlangte, daß sie bei seinen Beratungen mit seinem Minister zugegen war, doch sie hatte zu schweigen; er wollte nur, daß sie bewundernd zusah, wie er »regierte«. Sie aber hatte mit dem Minister stumme Geheimzeichen verabredet, nach denen der sich richtete; der Minister schlug dem widerspenstigen König stets das vor, was sie nicht wollte; und da Georg dann immer das Gegenteil anordnete, geschah immer das, was sie wollte. Und nach solchen Beratungen pflegte der König stets stolz zu sagen: »Alle englischen Könige und Königinnen vor mir wurden von Frauen, Mätressen und Günstlingen regiert. Wer aber regiert jetzt?« Und dann antwortete die Königin ernst: »Du, mein Geliebter, du allein!«

Auch sonst half sie ihm durch so manchen Engpaß – besonders was seine Liebeshändel betraf. Er liebte seine Frau wirklich, aber er glaubte sich Mätressen schuldig zu sein. Der Mann der ersten, ein Mr. Howard, verstand jedoch weder einen Spaß, noch verstand er als schlichter Bürger die ihm widerfahrene Ehre zu würdigen, wie das die adligen Gatten vom Mätressen taten – so erschien denn Herr Howard vor dem Palast, verlangte seine Frau zurück und vollführte einen entsetzlichen Lärm. Er wurde weggeprügelt, aber die Kirche griff nun ein, die, wenn auch fast nie gehört, immer gegen dergleichen eiferte. Man mußte mit Herrn Howard verhandeln, und diese Verhandlungen führte – die Königin; es gelang ihr, den wildgewordenen Ehegatten durch eine Summe von zwölftausend Pfund jährlich zu besänftigen, für die er seine Frau verkaufte, und die ihm durch der Königin Hand ausgehändigt wurde; bezahlen mußte sie freilich der König. Auch als sich Georg zu Hannover in die Gräfin Walmoden verliebte, seine Halbschwester, hatte die Königin nichts dagegen und riet ihm sogar, sie nach London zu holen. Dazu kam es vorerst nicht, denn Königin Karoline starb vor ihrem Gatten; wohl aber kam es zu jenem berühmten Gespräch am Sterbebett. Sie bat den schluchzenden Georg, sich nach ihrem Tode wieder zu verheiraten. Da stammelte der König unter Tränen und heroisch: »Nein, nein, das tue ich dir nicht an! Ich werde mir nur eine Mätresse nehmen.« – »Mein Gott, das kommt schließlich auf eins heraus!« sagte die wahrhaft heroische Königin und verschied.

Im nächsten Jahre schon holte Georg die Madame Walmoden nach London und machte sie zur Gräfin Yarmouth – aber wirklich nicht zur Königin. Er starb, ohne wieder vermählt zu sein, und ihm folgte sein Enkel als Georg III.

Der nun war der erste Welfe oder vielmehr Königsmarker, der in England geboren war und in England blieb und nie nach Hannover kam und der es seinen deutschen Untertanen verbot, sich mit Bitten oder Klagen an ihn zu wenden. Er wollte und konnte nicht einmal Deutsch sprechen, und die Engländer wären mit diesem ersten anglophilen Hannoveraner zufrieden gewesen, wenn nicht gerade er den Kampf gegen Englands Heiligtum begonnen hätte: den Kampf gegen die »Magna Charta«, die

Wurzel der englischen Demokratie. Seine Losung war: »Der König hat zu regieren, das Parlament muß gedemütigt werden!« Es ist schon so: auch der bestwillige Herrscher kann es oft seinem Volke nicht recht machen; aber die Geschichte macht es grundsätzlich keinem Volke recht.

Und doch: mit diesem König schien sie es anfänglich getan zu haben. In puncto Moral war er einwandfrei, sehr im Gegensatz zu seinem Großvater und seinem Vater und insbesondere seiner Mutter, die mit dem Kanzler Lord Bute ein sehr eindeutiges Verhältnis hatte, wie er sehr wohl wußte und worunter er litt, derart litt, daß er vor dergleichen zurückschreckte. Eine Jugendliebe überwand er und heiratete die sehr hübsche und einfältig-fromme Charlotte von Strelitz. Als er mit ihr gekrönt wurde, gab es einen höchst neckischen Zwischenfall, der die Höflinge veranlaßte, der Ehe eine dunkle Prognose zu stellen: man hatte nämlich der langen Dauer der Zeremonie wegen der Königin hinter dem Altar vorsorglich ein Abtretezimmerchen eingerichtet, und tatsächlich mußte sie es benutzen. Aber da ertönte es: »Besetzt!« – der Herzog von Newcastle hatte es auch nicht ausgehalten und sich in seiner Not auf den geheiligten Ort gewagt. Die Königin mußte also umkehren und es dennoch aushalten. Nun, sie hielt es aus – und deshalb wohl bekamen die Höflinge unrecht, die prophezeit hatten: »So wird sie auch den Platz im Herzen des Königs eines Tages besetzt finden!«

Nein, Georg blieb ihr treu; bei ihm zum ersten Male gab es keine Mätressenwirtschaft. Nur war er leider träge; so träge, daß er, der König des größten Seereiches der Geschichte, bis zu seinem vierunddreißigsten Lebensjahre noch nicht einmal das Meer gesehen hatte und auch später England nie verließ. Dazu war er von Jugend an sehr kurzsichtig und erblindete schließlich; dann verdunkelte sich auch sein Geist; und so kam er nie recht dahinter, wie wenig seine Umgebung seine Moralauffassungen teilte. Konnte er doch seiner schwachen Augen wegen nicht einmal jene Gemälde sehen, die sein Großvater in der Toilette des Palastes hatte anbringen lassen: sie stellten nach dem Chronisten »nackende Frauenzimmer cum naturalibus« dar.

Mie diesen »naturalibus« gingen die schönen Ladys seiner Zeit sehr freigebig um. Auf einem Hofball zum Beispiel erschien die allerdings sehr schöne Lady Elisabeth Chudleigh praktisch unbekleidet. Georgs III. Mutter, die Freundin Lord Butes, stellte sie zur Rede: »Was soll dies Kostüm darstellen?« — »Iphigenie kurz vor der Opferung!« erwiderte die Schöne unbeirrt. »Finden Sie nicht, daß Sie selbst für eine Iphigenie kurz vor der Opferung zu nackt sind?« fragte die Königinmutter. »O nein, Majestät«, schloß Lady Elisabeth das Gespräch, »die alten Opferpriester mußten ja auch die Eingeweide besichtigen!« Und Lady Montagu nun gar, deren Mann englischer Gesandter in Konstantinopel war, bestand dort darauf, des Sultans Harem zu besichtigen. »Nur wenn ich Sie als meine Favoritin betrachten darf!« erwiderte der galante Sultan. Lady Montagu willigte ein, ging in den Harem und ward vom Sultan so ausgiebig als Favoritin betrachtet, daß Folgen eintraten – worauf Lord Montagu sich scheiden ließ. Sie jedoch blieb mit dem termingemäß eintreffenden Sohn in Stambul und ließ diesen Sohn nach dortiger Methode gegen die Blattern impfen – als ersten Christen; dadurch führte sie die Impfung in London ein, noch vor Jenner, und ward damit zur Wohltäterin nicht nur des morgenländischen Sultans, sondern des gesamten Abendlandes. Ursache und Wirkung stehen eben nicht immer im rechten Verhältnis.

Was den Ladys recht war, war den Lords billig. Jener Sultanssohn der Lady Montagu reiste als Türke gekleidet mit vielen und stets wechselnden Damen und Nichtdamen, aber ohne Kinder durch die ganze Welt. Schließlich, am Ende seiner Tage, wollte er doch einen Erben haben und inserierte deshalb in den Zeitungen zwecks Heirat »nach einem anständigen jungen Fräulein, das zugleich guter Hoffnung ist«. Das Fräulein stellte sich ein, aber noch vor ihm der Tod: Lord Montagu erstickte an einem Drosselknochen, nachdem er sich noch in aller Eile zum Islam bekannt und einen Inder sowie eine römische Nonne als seine Kinder angegeben hatte. Der Herzog von Hamilton wiederum verliebte sich in eine junge Schöne, die ihm aber ohne Trauung nicht die Nacht gewähren wollte; der Herzog ließ einen Priester holen, der die beiden auch sofort traute — aber, in Ermangelung von Trauringen, mit Hilfe von zwei Gardinenringen, die der Herzog vom Bettvorhang gerissen hatte ... Solchen Trauungssitten entsprachen die Scheidungssitten: »Unter Georg III.«, sagt der Chronist, »wurden in London so viel Lords geschieden wie unter Cromwell geköpft.« Ersteres war jedenfalls angenehmer.

Schließlich schlug man, klatscht und spottet Lady Montagu, dem Premierminister vor, das Wort »nicht« aus den Zehn Geboten zu streichen und dafür ins Glaubensbekenntnis einzufügen; also: »Ich glaube *nicht* an Gott, an Jesum Christum, an den Heiligen Geist«, hingegen: »Du *sollst* falsch schwören, stehlen, morden, ehebrechen.« Der witzige Premierminister aber gab zu bedenken: wenn auch alle Lords zweifellos für diese Änderung stimmen würden, so sei doch zu befürchten, daß man nicht mehr mit der gleichen Freude falsch Zeugnis ablegen und ehebrechen würde, wenn es vorgeschrieben wäre – denn es gefalle nur, was nicht erlaubt sei.

Der keusche, blinde und blöde König aber merkte von all dem nichts und hatte es weder nötig, für seine Fehltritte Gartenmädchen einzustellen wie der Markgraf von Baden oder für die Fehltritte seiner Frau Adjutanten wie Katharina die Große, noch konnte er das für seine Lords und Ladys tun. Ihr Treiben erregte zwar Ärgernis; aber nur die Kirche wetterte von den Kanzeln herab dagegen, doch wagte sie keine Namen zu nennen, und so blieb sie machtlos. Da, im letzten Moment, tauchte ein Retter der Sittlichkeit auf: die Presse.

Die ersten Reviews erschienen. Es waren ausgesprochene Skandalblätter, aber eben darum wirkten sie, denn sie bezeichneten jeden Sünder mit Rang und vollem Namen. Im Anfang suchte man die Herren Redakteure einzusperren; aber dazu mußte man ihnen den Prozeß machen, man war ja in England; dann traten sie den Wahrheitsbeweis an, und der gelang fast immer. Daraufhin trachtete man die Schriftsteller zu bestechen und ihre Blätter aufzukaufen: noch anno 1816 brachten die vornehmen Damen Londons die »Morning Post« an sich, um samt ihren Anbetern in Ruhe gelassen zu werden. Indessen die Auflagen stiegen zu schnell, und die Bestechungs- und Kaufsummen konnten nicht mehr mit den Einnahmen konkurrieren. So blieben denn die Zeitungen, und so schuf gerade das, was man mit gewissem Recht die »unsittliche« Presse nannte, das, was man mit geringerem Recht die »Sittlichkeit« nannte.

Mit geringerem Recht: denn natürlich ließ man nicht von den alten Vergnügungen. Man hatte nur Angst vor der Öffentlichkeit, man betrieb sie fortan nur heimlich – oder im Ausland. Der englische »Cant«, die englische Form der Wohlanständigkeit begann zu herrschen, von Moralfanatikern schlicht als Heuchelei bezeichnet — und herrscht heute noch, in freier Abwandlung des Heinewortes: »Blamier mich nicht, mein schönes Kind, und grüß mich nicht Unter den Linden, wenn wir erst wieder im Ausland sind, wird sich schon alles finden.« Und bis auf weiteres wird dieser Cant den Engländer beherrschen — und der Engländer den Cant. Soviel über die Presse als moralischen Faktor.

Ganz anders freilich und gar nicht verheuchelt verhielten sich die Angelsachsen, als es um ihre politische Freiheit ging, um den Kampf gegen das autoritäre Regime, das der König einführen wollte. Innenpolitisch erlitt Georg III. ein vollkommenes Fiasko: er wollte, um die Königsmacht zu festigen, Zwangssteuern und sogar die Kopfsteuer einführen, aber das Parlament verweigerte die Zustimmung trotz stärkstem Druck, und das Volk antwortete mit drei Attentaten auf seinen Möchtegerntyrannen. Außenpolitisch konnte er sich eine Weile durchsetzen: er ließ Friedrich dem Großen durch Lord Bute, der dem Preußenkönig noch wegen der Barberina-Affäre grollte, die versprochenen Subsidien sperren, wodurch beinahe der Siebenjährige Krieg verloren worden wäre, und er setzte die Einführung der Zwangssteuer wenigstens in den amerikanischen Kolonien durch. Aber eben deswegen fielen diese Kolonien ab, kämpften sich frei und wurden die Vereinigten Staaten von Amerika, die Verkünder der Menschenrechte; eben deswegen mußte Lord Bute zurücktreten und dem freisinnigen älteren Pitt Platz machen, der Vorsorge traf, daß die Magna Charta, daß Recht und Freiheit nunmehr dem ganzen englischen Volke zugute kamen. Georg III. hatte das Gegenteil erreicht von dem, was er gewollt hatte; er starb blind und irre in seinem Palast, der zu einem Gefängnis mit korkgetäfelten Böden und kissengepolsterten Wänden geworden war, auf daß der Rasende sich nicht verletze. Als seine geliebte Frau gestorben war, hatte man auch den Hof des Schlosses mit dickem Stroh belegen müssen, auf daß er das Rollen des Trauerwagens nicht höre — das Rollen der neuen Zeit zu hören, hinderte ihn sein Leiden.

Die Geschichtsbücher erzählen, daß der jüngere Pitt, des älteren Pitt noch größerer Sohn, auf dem Sterbebett von Napoleons Sieg bei Austerlitz erfahren habe und mit den Worten verschieden sei: »O mein Vaterland! Wie verlasse ich mein Vaterland!«

Das ist kitschig erfunden und schlecht erfunden. Pathos liegt nicht in der rechten Demokratie, und das demokratische England hatte es nicht mehr nötig, vor dem Tyrannen zu zittern. Auch Napoleons drohende Invasion fand nie statt. Und Pitts letzte Worte lauteten weit englischer; sie waren an seinen Diener gerichtet und hießen: »Ich glaube, ich könnte doch noch eine von den guten Pasteten essen!«

VIERZEHNTES KAPITEL ODER EMPIRE

Gott erhalte, Gott beschütze
Uns vor Kaisern, die nichts nütze!

Ja, der aufgeklärte Despotismus der russischen Kaiserin und der abgeklärte Liberalismus des englischen Volkes widerstanden Napoleon; die drei deutschen Großstaaten Europas, Österreich, Preußen und Sachsen, widerstanden ihm nicht. Und Österreich mußte fallen – nicht obgleich, sondern weil es noch immer den Grundsatz befolgte: »Du glückliches Österreich, heirate!«

Denn Maria Theresia verheiratete nicht nur ihre Töchter nach rein politischen und konfessionellen Gesichtspunkten, sondern auch ihre Söhne; und sie hatte und schuf mit den Ehen dieser so wenig Glück wie mit den Ehen jener. Aber wenn sie durch die Zwangsehen der Töchter nur das Leben ihrer Kinder zerstört hatte: durch die Zwangsehen der Söhne zerstörte sie auch ihre Krone.

Joseph, ihr Erstgeborener und ihr Nachfolger, sollte natürlich vor allem gut katholisch heiraten; dabei hatten sich die später so schlechten Beziehungen zwischen ihm und dem Papst schon in seinen allerfrühesten Lebensjahren symbolisch angedeutet. Joseph nämlich sollte selbstverständlich nur in vom Papst persönlich geweihte Windeln gewickelt werden; Benedikt XIV. hatte denn auch ausreichende Mengen davon geweiht, hatte aber dann die Absendung vergessen, und so kam es, daß sie der besorgten Mutter erst zum fünften Geburtstag des Kronprinzen vom Nuntius überreicht wurden, so daß sie nicht mehr benutzt werden konnten, sondern trocken bleiben mußten, und somit ihren Zweck verfehlt hatten, worüber Maria Theresia mit Recht höchst ungehalten war. In der Konstellation Joseph-Papst saß eben von Anfang an der Wurm.

Aber die Kaiserin beachtete es nicht. Sie hatte sogar einen doppelt zugespitzten Pfeil im mütterlichen Heiratsvermittlungsköcher: die Ehe mit der Infantin Isabella von Parma, denn die war zwar weder schön noch besonders liebenswürdig, aber sowohl ihr Vater wie ihre Mutter waren Bourbonen, die Mutter sogar eine Tochter Ludwigs XV. von Frankreich – die Heirat Josephs mußte also die neue Freundschaft zwischen Österreich und Frankreich genauso festigen wie die Heirat Marie Antoinettes; doppelt genäht hält besser. Zwar war Isabella, das Duodezprinzeßchen, mit der glänzenden Partie keineswegs einverstanden; sie erklärte zunächst, die Ehe werde keinen politischen Sinn haben, da sie ganz genau wisse, daß sie sehr bald sterben werde. Und als man sie ob dieser melancholischen Prophezeiung verlachte, bat sie, lieber in ein Kloster gehen zu dürfen. Es half ihr nichts: sie wurde Kronprinzessin.

Und Maria Theresia schien recht zu behalten; denn zweifellos, Joseph liebte Isabellen, und er zeigte diese Liebe; wo man das junge Paar zusammen sah, trug er ihren Mantel wie ein schlichter bürgerlicher Ehemann; man war darob voll frohen Erstaunens, weil sich Joseph bisher gegen Damen recht gleichgültig gezeigt hatte. Aber nun zeigte sich Isabella gegen ihn gleichgültig, wenn sie sich's auch äußerlich nicht merken ließ; indessen sie blieb unfroh und melancholisch und behauptete fortgesetzt, sie werde bald sterben. Selbst bei der Krönung Josephs zum römischen König sagte sie: »Das geht mich nichts an, ich werde nie Königin werden!«, und als sie eine Tochter gebar, zu Ehren der Großmutter Theresia genannt, erklärte sie noch düsterer: »Sie wird mich nicht lange überleben, sie wird höchstens sechs bis sieben Jahre alt.« Und wirklich, die kleine Theresia starb mit sieben Jahren.

Zuvor aber starb ihre Mutter, fünf Tage nachdem sie eine zweite Tochter geboren hatte, die jedoch tot zur Welt kam. Neun Nächte vor dieser Geburt schlug die Uhr in ihrem Zimmer fortgesetzt, alle Stunden auf einmal, ohne aufzuhören; das Räderwerk war gestört. Isabella aber wurde kreideweiß und flüsterte:

»Das ist das Signal. Man ruft mich ab.« Einen Tag darauf brachen die Blattern aus. Joseph wich nicht von ihrem Bett; sie jedoch erkannte ihn nicht, sondern rief im Fieber einen italienischen Namen, den Namen eines anderen, den sie geliebt hatte und nicht hatte haben dürfen ... Joseph wußte und begriff das nicht; da tat seine Schwester, um ihn zu trösten, aus bestem Willen das Schlimmste: sie sagte ihm, daß die Tote seine Liebe immer nur zum Schein erwidert habe. Joseph verwand das nie. Er fuhr fort, sein Volk zu beglücken, aber er tat es als verbitterter und unglücklicher Mann. Er wurde zum Gewaltbeglücker. Hatte Friedrich der Große im Alter Gewalt angewendet, um das von ihm geschaffene Neue zu bewahren, so wandte er bereits Gewalt an, um es zu schaffen. Darüber wurde er mißtrauisch und ungeduldig, und er tat dabei, wie Friedrich sagte, immer den zweiten Schritt vor dem ersten.

Heiraten wollte er nicht wieder. Aber Maria Theresia ließ nicht locker, sie wollte einen männlichen Enkel auf dem Thron wissen. Schließlich gab Joseph nach; er dachte an die liebenswürdige Elisabeth von Braunschweig, aber deren Katholizismus schien der Kaiserin nicht fest genug. Nun dachte Joseph an die schöne Donna Benedicta von Portugal; aber von der vernahm wieder Josephs Vater Franz, sie sei sehr zierlich gebaut und werde vielleicht keine Kinder bekommen können; und so blieben nur noch Kunigunde von Sachsen und Josephe von Bayern.

Maria Theresia schickte ihren Oberstallmeister von Dietrichstein, einen bekannten Frauenkenner, aus, die hübschere zu wählen. Der kam zurück und sagte freimütig: »Ich würde raten, keine von beiden zu nehmen; wenn es aber absolut sein muß, dann die Bayerin, denn die hat doch wenigstens Busen!« Joseph nahm also die Bayerin, von der man, meinte Maria Theresia, überdies Bayern würde erben können, nach dem man seit Jahrhunderten trachtete.

Sie war liebenswürdig und freundlich, aber reizlos und ungebildet. Sie liebte Joseph leidenschaftlich und zeigte ihm das durch unterwürfige Demut; wenn er nur ins Zimmer kam, begann sie zu zittern und zu erbleichen. Aber ihre Zärtlichkeiten und ihre Liebkosungen widerten Joseph an; und dann stellte sich heraus, daß sie infolge eines körperlichen Mangels nie würde gebären können. Ihr Bruder, der Kurfürst von Bayern, hatte das sehr wohl gewußt – aber verschwiegen. Er hatte Maria Theresia hereingelegt. Habsburg hat es Bayern nie verziehen und böse entgelten lassen. Aber zunächst mußte es die arme Josephe entgelten: ihr Mann zeigte ihr seinen Widerwillen, ihre Schwägerinnen konnten kaum ihre Abneigung verbergen, und selbst ihre Schwiegermutter behandelte sie kalt – sie brachte ja keinen Enkel ins Haus. Nur ihr Schwiegervater Franzl war nett zu ihr, einmal aus angeborener Nettigkeit und dann aus Mitleid. Als er starb, war sie ganz allein und weinte bitterlich, und zwei Jahre später starb sie ihm nach, an einer besonders bösartigen Form der Blattern.

Joseph heiratete nicht wieder, denn auch Maria Theresia starb, und niemand drängte ihn mehr zur Ehe. Nun, als Alleinherrscher, durfte er noch mehr, durfte er alles für sein Volk tun; aber er tat es noch unfroher und verbitterter denn bisher; darum liebte man ihn nicht, wenn er auch der erste Kaiser war, der seine Untertanen nicht mit »Er«, sondern mit »Sie« ansprach; wenn er auch dem fußgehenden Volke den Augarten öffnete und dem Adel, der sich darüber beschwerte, weil sich Leute von Stand doch nur unter ihresgleichen ergehen könnten, die prachtvolle Abfuhr erteilte: »Dann könnte ich ja nur in der Kapuzinergruft spazierengehen!«; und wenn er auch auf die Frage, was er von der republikanischen Staatsform halte, nur achselzuckend erwiderte: »Gott, wissen Sie, mein Beruf bringt es halt so mit sich, daß ich monarchistisch bin!«

Nein, man liebte ihn trotzdem nicht, er hatte keinen Rückhalt im Volk; und so konnten ihn Adel und Geistlichkeit zwingen, alles, was er diesem Volke an Freiheiten gegeben hatte, in der Stunde seines Todes wieder zurückzunehmen. Er starb diesen Tod, schon nach zehnjähriger Regierung, sehr einsam.

Als er tot war, war auch die Freiheit in Österreich wieder tot. Die Ehefesseln, die seine Mutter ihm angelegt hatte, waren zu Volksfesseln geworden.

Ihm folgte sein Bruder Leopold. Der war anders als Joseph, er verstand sich auf Frauen – aber sonst verstand er sich auf nichts. Und selbst die Frauen, auf die er sich allein verstand, strengten seine schwache Gesundheit zu sehr an: nach den ersten Hochzeitsnächten soll ihm Maria Theresia die Erfüllung der ehelichen Pflichten so lange untersagt haben, bis er sich wieder erholt hätte. Er erholte sich gut: seiner Ehe entsprossen sechzehn Kinder. Aber auch diese Ehe hatte seine Mutter erzwungen; auch seine Frau, die unbegabte Maria Ludovika von Spanien, war eine Bourbonin. Der Friede um jeden Preis mit diesem Hause war Maria Theresias Tick.

Nun, das mit der Dummheit wäre noch hingegangen, da die bourbonische Mutter ja Kinder genug brachte. Leider aber hatte sie allen ihren Söhnen, bis auf einen, das böse Erbübel ihrer Familie mit ins Leben gegeben: die Epilepsie. Und so folgte denn auf Leopold, der, vermutlich an galanter Überanstrengung, schon nach zwei Jahren starb, sein und ihr Sohn Franz II. – ein Epileptiker. Und zudem, als Sohn eines geistig dürftigen Vaters und einer geistig nicht vorhandenen Mutter, ein schlecht oder vielmehr gar nicht erzogener Schwächling, der sich nichts hatte aneignen können als die Kunst der höfischen Verstellung, des nur scheinbaren Wohlwollens gegen jedermann, eine Kunst, die er allerdings meisterlich beherrschte und zur Vollendung steigerte und die seine Höflinge und Beamten nachahmten, so daß die spezifisch österreichische Verbindlichkeit in den Ruf der spezifisch österreichischen Falschheit und Heuchelei geriet, er selbst aber in den Ruf des »guten Kaisers Franz« – beides zu Unrecht. In Wirklichkeit war er mißtrauisch gegen jedermann und von Neid erfüllt auf den einzigen seiner Brüder, der nicht fallsüchtig war, den begabten Erzherzog Johann, der Tirol und den Tirol liebte, der mit Hilfe seiner Tiroler Franzosen und Bayern geschlagen hatte und der Land und Volk seiner Sehnsucht eben deswegen nie wiedersehen durfte, solange Franz lebte. Ohne diesen Neid des Kranken auf den Gesunden, des Inferioren auf den Überlegenen hätte sich nicht das furchtbare Schicksal des treuen Andreas Hofer erfüllt – jenes Andreas Hofer, der sich den Bayern vor allem auch deshalb nicht unterwerfen wollte, weil deren Kurfürst seine Tochter mit Napoleons Stiefsohn verheiratet hatte und dadurch König geworden war. Aber genau am selben Tage, da Hofer zu Mantua seiner Österreichtreue wegen auf Napoleons persönlichen Befehl hingerichtet wurde, wobei er übrigens, allen Hoferliedern und Hoferbildern und Hoferfeiern zum Trotz, zum ersten Male persönlich im Feuer stand – an diesem selben Februartage verlobte Kaiser Franz seine Tochter Luise mit Napoleon selbst und blieb dadurch Kaiser. Seinen Verrat bemäntelte er damit, daß er Hofers Nachkommen adelte; es war ein schlissiger Mantel. Dabei hatte der gute Franz, als er Napoleon zum ersten Male begegnet war, gesagt: »Etzt weil i Eahm g'sehgn hab, etzt mag i eahm gar nimmer leiden!«

Gewiß, einmal, zur Zeit von Napoleons größter Macht, schien er so etwas wie Einsicht in die Gründe für diese Macht gezeigt zu haben; er hatte zu seinem Finanzminister gesagt: »Sö, etzt hoaßt's fei stad sein, denn schaun S', dö Völker san etzt aa was!« Aber damals mußte er eben dieser Völker wegen, die jetzt auch was waren, mit dem liberalen Grafen Stadion regieren, der ihm sogar die Aufhebung der Zensur abnötigte, freilich »nur für die Bücher, nicht für die Presse«, und der ihn zwang, zum ersten Male in Österreichs Geschichte einen Orden zu stiften, der »ohne Rücksicht auf Geburt und Religion für alle und jede Verdienste« verliehen werden konnte. Jenen der Volksfreundlichkeit verdächtigen Stadion behielt er indessen nicht lange; vor ihm hatte der tüchtige, aber ultrakonservative Thugut regiert, dessen Vater der Fama nach noch »Thunichtgut« geheißen und den Namen »aus Rücksicht auf seinen Sohn« mit kaiserlicher Erlaubnis verkürzt hatte und dessen Regierungsmaxime hieß: »Wer unter mir was erreichen will, der muß entweder Butter am Kopf ham oder blöd sein; gescheite Leut mit eigenen Ansichten echauffieren mich zu sehr!« — was etwa auf die Maxime des Kaisers Franz selbst hinauslief: »Schaun S', kümmern S' sich net um all's, denn zu viel wissen macht Kopfweh!« Und nach Stadion regierte Metternich — im Urteil des Volkes ein Tunichtgut wie Thugut, aber wenigstens ein Mann von altem Adel.

Trotzdem blieb es vielen rätselhaft, wie der gute Franz mit dem »bösen« Metternich auskommen konnte, denn auf dem immerhin wichtigen Gebiete der Geschlechtsmoral verstand man sich gar nicht. Franz nämlich, dem drei Frauen starben und der dann noch zum viertenmal heiratete, kannte keine Seitensprünge und war der jeweiligen Gattin geradezu eisern treu, wenn ihn auch die Todesfälle nicht weiter alterierten; er hatte, sagt der Chronist, »mit seinen Brüdern ein feindliches und mit seinen Frauen kein freundliches, sondern höchstens ein vegetativ freudiges Verhältnis«; die Vegetation, die ihn schließlich umgab, bestand denn auch aus zwölf Kindern. Metternich hingegen, der Frauenjäger par excellence, gewährte seiner wenig schönen, aber gescheiten Frau ohne weiteres das Recht, ihrerseits Männer zu jagen, und legte auf legitime Nachkommenschaft nicht den geringsten Wert. Er hatte wohl, lange vor Strindberg, erkannt, daß immer nur die Frau weiß, ob ein Sprößling wirklich legitim ist, und daß mithin das monarchische Prinzip auf dem schwankendsten Boden steht, den es gibt. Weshalb denn die Versessenheit so vieler und besonders aller fürstlichen Häupter auf den »Stammhalter« und die Legitimität für den Kenner von Leben und Geschichte etwas unfreiwillig Komisches hat; bei der Republik weiß man doch wenigstens gleich nicht, von wem wer ist. »Von Kindern«, erklärte er freimütig seinem Freunde Hormayr, »ist nur die Marie von mir. Die schöne Clementine und Viktor mit seinem feinen Geiste sind vom französischen Gesandten, das weiß alle Welt. Die Leontine ist vom russischen Gesandten, und das Herminerl schließlich ist eine ausgesprochene Gemeinheit des österreichischen Gesandten in Paris: er hat es im Wagen erzeugt, auf der Fahrt von St. Cloud nach Paris, und daher kommt der kurze Fuß des armen Kindes.« So libertinistisch sprach Metternich — und so wahr. Und dafür natürlich waren wieder die Kinder so manches Gesandten von Metternich.

Und war schon sein Vater kindlich stolz gewesen, wenn sich irgendwer als sein Bastard ausgab und Geld und Titel von ihm verlangte und auch erhielt, so vernahm auch Metternich selbst dergleichen wohlgefällig, verlangte aber doch einen entsprechenden Nachweis. Bei solcher Einstellung machte es ihm, der sich bei wichtigsten Konferenzen mit ausländischen Staatschefs manchmal verspätete, weil er noch irgendwelche schauspielernde Damen vor ihrem Auftritt persönlich schminken mußte, nichts aus, in zweiter Ehe eine ausgesprochene Mesalliance mit der süßen Antonie von Leykam einzugehen, der Tochter der italienischen Schauspielerin und Kurtisane Bredella — weshalb ihn der Hofwitz zum »Herzog von Bordella« erhob.

Und auch ein vielbelachter Zwischenfall bei dieser Hochzeit machte ihm nichts aus. Seine vornehme alte Mutter nämlich, die sehr gegen diese Hochzeit des ebenfalls schon alternden Sohnes war, stürzte vor Wut und Aufregung über die Stufen des Traualtars und zog sich eine empfindliche Knieverletzung zu. Am Morgen nach der Hochzeitsnacht nun schickte Kaiser Franz einen Boten, um sich artig nach dem Befinden der Fürstin Metternich erkundigen zu lassen – und meinte damit die Braut. Der Bote aber glaubte, es sei die verletzte Fürstenmutter gemeint, und so bekam Franz denn folgende überraschende Auskunft: »Ihre Durchlaucht die Frau Fürstin haben nach den Umständen eine recht ruhige Nacht gehabt. Auch die Schmerzen waren nicht mehr von Bedeutung, und überhaupt ist seit gestern abend alles beim alten geblieben.« Metternich dürfte auch hierüber gelacht haben – Franz kaum.

Was den Kaiser trotzdem an den Fürsten band, war dessen meisterliche Diplomatie, die sich ausschließlich auf den hohen Adel und die hohe Generalität stützte, auf die Leute also, die sich schon durch die riesigen Manschetten an ihren Diplomaten- oder Offiziersuniformen von gewöhnlichen Sterblichen unterschieden und sich, wenn sie auf dem Schlachtfeld auftauchen mußten, meist so feige benahmen, daß man bis auf den heutigen Tag von einem ängstlichen Menschen sagt: »Er hat Manschetten.« Gekrönte Häupter aber wußte Metternich immer durch Devotheit zu beherrschen; was sie falsch machten, mußten ihre Untergebenen ausbaden – entsprechend der Devise des Kaisers selbst, der gesagt hatte: »Wenn sich meine Brüder mit so unruhige Leut umgeben, darf man trotzdem niemals net die Prinzen strafen, sondern immer nur die Leut – dabei gewinnt die Legitimität, und die Leut merken sich's!« Von einem gekrönten Haupt aber ließ sich Metternich, scheinbar, alles gefallen – »Gib ihm«, sagte der Marschall Lannes über ihn, »hinten einen Tritt, und er wird vorn nicht mit dem Munde zucken!« In Wahrheit aber ging's Metternich nach dem Wort der gescheiten Rahel: »Diplomaten werden hart durch Weichlichkeit« – auch er wurde hart, hart gegen das Volk, und die Leut merkten es.

Vor allem merkten es die Leute von der Kunst. Die österreichische Zensur feierte unter Metternich Orgien. Kein Buch von Goethe, Schiller, Herder, Wieland, Lessing, Jean Paul konnte ohne umfangreiche Striche erscheinen – von den Stücken zu schweigen. Hamlet, Macbeth und fast alle Königsdramen Shakespeares wurden verboten, »damit man sich nicht in der Zerstreuung an die Absetzung und Ermordung von Königen und Kaisern gewöhne«, König Lear, »damit man nicht glaube, Fürsten verlören im Unglück den Kopf«, Maria Stuart, »weil es sich um eine Anspielung auf Marie Antoinette handelt«, Egmont, Fiesco, Tell und Wallenstein, »weil sie Revolutionen provozieren könnten«, Emilia Galotti, »weil der Herzog einen schlechten Charakter hat« – wie denn überhaupt »Schurkencharaktere sich höchstens bis zum Freiherrnstand, denselben einschließlich, erheben« durften; vom Fürsten aufwärts gab es eben keine Schurken mehr. Der Faust wurde erst nach endlosen Kämpfen und Strichen und nur unter der Bedingung gestattet, daß Gretchen kein Kind bekommen dürfe, sondern deshalb in Wahnsinn fallen müsse, weil sie einen Mann liebte, der nicht den rechten Glauben hatte; und der Don Carlos wurde endlich mit dem Ukas erlaubt: »Die Aufführung des an sich klassischen Stückes unterliegt keinen Bedenken, nur hat die anstößige Liebe des Stiefsohns zur Stiefmutter auszubleiben« – außerdem mußte natürlich des Prinzen Beichtvater in einen Hausmeister verweltlich werden. Nur einmal drang der witzige Hormayr als Oberzensor durch, als ihm der Unterzensor ein Traumstück mit der Anfrage zuschickte: »Ist der Traum nicht zu wollüstig? Man sieht es jetzt oben nicht gern«, und als Hormayr entschied: »Der Traum kann bleiben, und ich kann Sie versichern, man hat es jetzt oben und unten gern.«

Dem Kaiser war solche Zensur recht, und noch etwas anderes war ihm recht: Metternichs Geheimpolizei.

Sie arbeitete besser als jede andere. Sie erbrach heimlich alle Briefe — schon seit eh und je hatte ja so mancher Thurn und Taxissche Postmeister durch den Verkauf des Briefgeheimnisses an gekrönte Häupter Karriere bis zum Grafentitel gemacht, und im letzten Grunde auch das Geschlecht der Thurn und Taxis selbst. Nun aber geschah dergleichen durch die Polizei direkt, und der fromme Kaiser las alle Intimitäten seiner Hauptstadt und seines Hofes und anderer Hauptstädte und anderer Höfe mit dem größten Vergnügen jeden Morgen unmittelbar nach dem Gottesdienst. Dazu kam die raffinierte Verfolgung, Festsetzung und Folterung wirklicher oder vermeintlicher Anhänger der Freiheit; hier war die Polizei unübertrefflich, wie denn freilich auch die Demagogen auf die tollsten Pfiffe und Kniffe kamen, um über die Grenzen zu gelangen. So erfährt einmal einer der besten Polizeikommissäre der Monarchie, Herr S., zuerst in Brünn und dann in Laibach tätig und seines blitzschnellen Zugreifens wegen berühmt, daß »der heute von der Polizei autorisierte Menagerieinhaber unter anderem auch einen großen Bären zeigt: dieser ist aber kein Bär, sondern ein in die Bärenhaut eingenähter Demagog auf der Flucht«. Der tapfere Kommissär betritt sofort persönlich den Bärenkäfig und spricht: »Laß er die Possen sein. Er ist entlarvt. Komme er augenblicklich mit!« Und als der andere keine Miene macht, ihm zu folgen, will ihm Herr S. die Larve vom Gesicht reißen und greift zu. Es war sein letzter Zugriff. Der Bär war echt.

Aber sonst funktioniert die Polizei: die Gefängnisse sind überfüllt, und wer nicht drin sitzt, ist geknechtet und verarmt. Österreich, so sagte man damals, »ist Europas Kinderstube geworden, denn dort ziehen die Großen die Kleinen aus«. Es ist also zu erwarten, daß das Volk den Eindringling Napoleon als seinen Befreier begrüßen wird. Aber dies Volk glaubt in seiner Not an zwei seiner Fürsten: an einen Lebenden und einen Toten.

Der Lebende ist der Erzherzog Karl, des Kaisers Bruder. Ihn haben nach dem frühen Tode seiner Eltern der Herzog von Sachsen-Teschen und dessen Frau Christine, Maria Theresias Lieblingstochter, an Kindes Statt angenommen, und der Segen dieser einzigen Ehe aus Liebe, die die fanatische Heiratsvermittlerin geduldet hatte, wirkt sich noch auf dies Adoptivkind aus. Karl wird in diesem guten Milieu anders als sein Bruder, wird mehr als er: Karl ist der erste Mensch, der Napoleon schlägt – in der Schlacht bei Aspern. Napoleon kostet die Niederlage den Ruf der Unbesiegbarkeit, den Sieger Karl kostet es die Karriere: sein neidischer Bruder entzieht ihm das Kommando, er darf am Befreiungskampf nicht teilnehmen. Aber auf ihn setzt das Volk seine Hoffnung. Der Tote ist Joseph II. Jetzt, da das Volk sieht, was man ihm genommen hat, sieht es auch, was er ihm gab. Er wird zum Volkskaiser, zum Volksidol. Und die Menge glaubt fest, daß nur der böse Adel, der böse Metternich ihre Feinde sind; der gute Kaiser Franz weiß nur nicht, was um ihn geschieht. Aber man wird erst einmal die Feinde vertreiben, dann wird man es ihm sagen, und dann wird er auch Metternich vertreiben. Es ist die ewige Fehlspekulation aller unterdrückten Völker bis hin zum deutschen Volk unter seinem einstweiligen letzten Tyrannen: rings geschieht nur Böses, aber der Gute da oben weiß es nicht; und darum nur zunächst den äußeren Feind vertreiben und dann erst den inneren. Sie wird immer mit Blut und Trümmern bezahlt, diese Fehlspekulation. Aber sie ist nicht auszurotten.

Auch Österreich zahlt mit Blut und Trümmern. Als indessen Napoleon in Wien einzieht, empfängt ihn das Volk in so düsterem Schweigen, daß ihn die Angst packt. Er residiert außerhalb Wiens in Schönbrunn. Er weicht vor dem Adoptivkind eines liebenden Paares und dem Schatten eines liebevollen Kaisers, der am Hasse seines geliebten Volkes starb, das ihn nun erst wiederliebt. Die Völker, sagt Mirabeau, existieren *trotz* ihren Regierungen.

Metternich aber, der Verhaßte, der dennoch den Frieden will und wahrt und nur eben der melancholischen Meinung ist, die Menschheit ertrage nun einmal keinen Frieden in Freiheit, sondern nur einen Frieden unter Zwang, und der darum zum vielleicht größten Politiker des Friedens wie der Fron wird — er läßt, der Kluge, seinen jüngsten und geliebtesten Sohn in der freien Schweiz erziehen, im liberalsten Geiste. Kaiser Franzens, des Epileptikers, Sohn und Nachfolger Ferdinand jedoch, Maria Theresias Urenkel, wird ein Trottel.

Der Fluch ihrer Heiratsstifterei wird heimgesucht an ihren Kindern bis ins dritte und vierte Glied.

FÜNFZEHNTES KAPITEL ODER ALTPREUSSISCH

Ihn betrachten wir mit stillem
Grau'n, den guten Friedrich Willem!

Als Napoleon in Wien eingezogen war, hatten die Wiener geschwiegen. Als er in Berlin einzog, jubelten die Berliner ihm zu, »tausendstimmig« — die Berliner Friedrichs des Großen! Und Napoleon quittierte das »Vive l'empereur!« aus Feindeskehlen mit der kopfschüttelnden Bemerkung: »Ich weiß nicht, ob ich mich freuen oder schämen soll!«, und nochmals mit den ernsten Worten an seine Generale vor dem Sarge Friedrichs: »Meine Herren, wenn der noch lebte, wären wir nicht hier!«

Was war geschehen? Lag es daran, daß Preußen inzwischen das erste Weiberregiment seiner Geschichte erlebt hatte?

Es hatte begonnen als rührende Idylle. Friedrichs Neffe und späterer Nachfolger Friedrich Wilhelm der Dicke, der mit zweiundzwanzig Jahren, also noch dünn, bereits eine Ehe und ein gutes Dutzend Amouren hinter sich hatte, war nicht nur sinnlich, sondern auch sentimental. Als er eines Nachts bei der hübschen Schauspielerin Encke weilte, störte ihn deren zufällig auftauchendes dreizehnjähriges Schwesterchen Wilhelmine bei der Sinnlichkeit; und weil sich die Schauspielerin ebenfalls gestört fühlte und deshalb das unschuldige Kind jammervoll verprügelte, regte sich seine Sentimentalität: er stand sofort auf, zog sich an, ließ die Schauspielerin liegen und brachte die Kleine zu ihren Eltern; es stellte sich heraus, daß ihr Vater Trompeter war und ihre Mutter eine kleine Kneipe unterhielt, denn das Trompeten allein brachte nicht genug ein. Der Kronprinz befahl den erstaunten Eltern, dem Wilhelminchen auf seine Kosten eine gute und moralische Erziehung zu geben, und das war zweifellos eine gute Tat. Er vergaß sie aber wieder, weil er zum zweiten Male heiraten und für Nachkommen sorgen mußte, worauf er sich ausgezeichnet verstand.

Nach einem Jahre jedoch erfuhr er, daß die Schauspielerin den reichen Grafen Matuschka geheiratet hatte und mit ihm nach Venedig durchgebrannt war – und dabei fiel ihm sein vergessener Schützling wieder ein. Er sah sie, er fand sie als blühende Schönheit, als graziles, naives und in jeder Weise dankbares Wesen, schlug ihren Dank nicht aus und brachte sie aus dem Trompeter- und Kneipenmilieu heimlich ins Haus eines Getreuen. Hier indessen war er nicht nur ihr Liebhaber, sondern auch ihr Lehrer: er brachte ihr Geschichte und Erdkunde und überhaupt alles bei, nur nicht Rechtschreibung, denn die beherrschte er selber nicht. Aber er las mit ihr Rousseau und Shakespeare, wobei, wohl in der Vorahnung seines eigenen späteren Leibesumfangs und seiner sonstigen Allüren, Falstaff seine Lieblingsgestalt war. »Unter tausend fürstlichen Mätressen«, schrieb Wilhelmine später selbst, »ist vielleicht keine, die sich mit mir vergleichen läßt; sie mögen alle weit schöner und klüger gewesen sein als ich, aber keine ist von ihrem Geliebten selbst gebildet worden!« Indessen er bildete sie nicht nur, er tat noch mehr: mit eigenem Blute schrieb er einen Zettel: »Bei meinem fürstlichen Ehrenworte, ich werde dich nie verlassen. Fr. W., Prinz von Preußen.« Und sie wiederum bestätigte ihm mit ihrem Blute, daß sie ihm bis zu seinem Tode eine treue Freundin bleiben werde. Sie hat ihren Schwur gehalten.

In allem, was er ihr beibringen konnte, hatte sie sich als äußerst anstellig erwiesen; indessen verlangte der verwöhnte Liebhaber noch manches, was nicht er, sondern was nur Paris sie lehren konnte. Darum schickte er sie für ein halbes Jahr dorthin, und diese sechs Monate genügten, um sie zur vollkommensten französischen Kurtisane zu machen; sie war eben wirklich hochbegabt. Der Prinz soutenierte sie nach ihrer Rückkehr aufs großzügigste, und dabei wäre es geblieben, wenn sie nicht eines Tages im Schloßpark dem alten Friedrich begegnet wäre. Der wußte Bescheid, war aber für Ordnung und fuhr sie an: »Sie hat's mit meinem Neveu. Eh bien. Aber sie hat sofort den ersten besten Mann zu heiraten. Für die Aussteuer sorge ich. Adieu, M'selle.«

So hatte es also zu geschehen, und so geschah's. Immerhin muß ihre Schönheit auch den König gewonnen haben, denn der sonst so geizige alte Herr schenkte ihr zu ihrer Hochzeit ein Landhaus um zwanzigtausend Taler. Sie hieß nun Madame Rietz, wobei Herr Rietz, ein Kammerdiener und Günstling des Kronprinzen, die Verpflichtung übernahm, nie mit ihr auch nur unter einem Dache zu wohnen. Der große, dicke Mann hielt sich daran, aber im übrigen stieg ihm die neue Funktion doch zu Kopf. Er aß und trank nach Herzenslust, der Champagner floß in Strömen, und als er bei solch einer Gasterei zu Mannheim später einmal Goethe kennenlernte, sagte er leutselig: »Es freut mich ganz besonders, Sie zu sehen, Herr von Goethe. Man hat mir nämlich immer gesagt, Leute von Genie müßten klein und hager sein. Dabei bin ich doch wirklich nicht auf den Kopf gefallen, nur eben groß und stark. Na, und nun sehe ich: das sind Sie ja auch, und schließlich sind Sie doch auch ein Genie!«

So viel oder so wenig ist über Herrn Rietz zu sagen. Frau Rietz aber wurde, mit Friedrichs Einverständnis, vom Kronprinzen weiterhin betreut und gebar ihm einen Sohn und eine Tochter, die nach Friedrichs Tode Graf und Gräfin von der Mark wurden. Wilhelmine tat noch mehr: sie führte dem fleißigen Könige weitere Mätressen zu, so Julie von Voß und Sophie von Dönhoff, die sich dem neuen König freilich erst ergaben, als sie ihm zur linken Hand angetraut worden waren, und dann gegen die Trompeterstochter intrigierten; sie waren ja von Adel. Wilhelmine selbst verlangte keinen Titel und keinen Trauschein. Wozu sollte sie auch Gräfin werden? Sie war ja mehr: sie war die eigentliche

Königin. Tatsächlich ist es nichts als eine servile Höflichkeit der Geschichtsschreiber, wenn sie noch immer behaupten, von 1786 bis 1797 habe in Preußen König Friedrich Wilhelm II. regiert. Tatsächlich regierte Wilhelmine I., geborene Encke.

Wen sie empfahl, der wurde angestellt; wen sie als ungeeignet für einen Posten fand, der brachte es zu nichts. Alle Probleme beriet der König mit ihr und richtete seine Entscheidungen nach ihrem Urteil. Alle Versuche, sie zu stürzen, scheiterten, selbst der gefährlichste: ihre Gegner ließen vor dem an Geister glaubenden König eines Nachts den römischen Kaiser Mark Aurel, den Philosophen Leibniz und den Großen Kurfürsten erscheinen und gestatteten ihm, Fragen an die drei Herren zu richten. Er jedoch begann zu zittern und brachte keinen Laut über die Lippen; dessenungeachtet bedrohten ihn die Geister mit wilden Strafreden und moralischen Ermahnungen, vom Laster und insbesondere von Madame Rietz zu lassen und auf den Pfad der Tugend und insbesondere zu seiner Gattin zurückzukehren. Der vor Angst wimmernde König von Preußen versprach alles, bat sie jedoch inständig, ihm nur den ehebrecherischen Umgang mit Wilhelmine zu verbieten und sie ihm zu »Trost, Erheiterung und Läuterung seiner Gefühle« gnädigst zu belassen. Unbegreiflicherweise hatten die Toten heute ihr schwaches Geisterstündchen und billigten ihm das zu, und Madame Rietz war nachher klug genug, zu erklären, daß sie ihm jedes Opfer bringe und sich also hinfort mit seiner Freundschaft begnüge.

Das fiel ihr nicht allzu schwer; sie hielt sich anderweit schadlos, und der König wußte das. Mochte er sein, wie er wollte: die Moral mit dem doppelten Boden hatte er nicht. Und er wußte, daß sie unbestechlich war: hunderttausend Guineen, die ihr England bot, damit sie den König im englischen Sinne beeinflusse, schlug sie aus, und ehrenvolle Heiratsanträge, deren sie Dutzende vom höchsten Adel aller Länder bekam, ebenfalls. Als sie eine Italienreise unternahm, folgte ihr ein ganzer Schwarm von Liebhabern; ein Lord, den sie abwies, wurde aus Verzweiflung Mönch; die schönsten und geistreichsten Männer der Zeit schrieben ihr die zärtlichsten Briefe, wie sie denn selbst nach allen Zeugnissen immer noch wunderschön und bestechend geistreich war. Erst durch jene Italienreise mußte sie dann doch, notgedrungen und wider Willen, Gräfin werden. Die Königin Karoline von Neapel nämlich,

Maria Theresias Tochter, erklärte in sehr komischem Kaisertochterstolz, sie könne zwar der Mätresse eines Königs die höfischen Ehren bewilligen, nicht aber einer bürgerlichen Madame Rietz. So mußte es denn sein. Wilhelmine mußte sich, wie sie selbst schrieb, »den thörigten Eitelkeiten der Hof-Etiquette« beugen, ließ sich von Herrn Rietz scheiden und wurde zur Gräfin Lichtenau ernannt, mit je vier Ahnen väter- und mütterlicherseits und Adler und Krone Preußens im Wappen.

Und nun erst konnte sie nach ihrer Rückkehr auch an dem Hofe eingeführt werden, den sie seit Jahren beherrschte: am preußischen. Die Königin selbst mußte sie empfangen und ebenso der Kronprinz und seine schöne und stolze Gattin, die nachmalige Königin Luise. Ja mehr noch: sie mußten sich von der Gräfin Lichtenau empfangen *lassen.* Dieser Empfang war eine qualvolle Nacht für die allerhöchsten Herrschaften, war eine geradezu unerhörte Zumutung, ein grauenhaftes Erlebnis, dem nur noch der Weltuntergang folgen konnte; denn nicht nur, daß sich die Räume der Gräfin Lichtenau, die das allerfeinste Kunstempfinden besaß, als weit geschmackvoller erwiesen denn die der königlichen Familie – die Gastgeberin hatte auch ihren sonstigen Umgang geladen. Gewiß, das waren die Künstler und Gelehrten des Landes, aber doch, fi donc, Bürgerliche; das waren die geistreichsten Frauen des Landes, die Rahel und die Arnstein und die Eybenberg, aber nun gar, doppelt und dreifach fi donc, Jüdinnen; denn fast nur Juden gaben damals und noch auf lange hinaus ihren Töchtern eine gute Bildung. Kronprinz und Kronprinzessin »bebten vor Ingrimm«, und nur Luises wunderschöne Schwester Friederike fühlte sich wohl, die es nach drei Ehen und dreißig Liebschaften schließlich doch noch zur Königin von Hannover bringen sollte; und außerdem amüsierte sich der König, indem er den Kindern seiner drei Mätressen, die eine Sonderloge füllten, in väterlichem Stolz Näschereien zuwarf.

Was die Gräfin Lichtenau ihren Gästen angetan hatte, war bitter; aber ihr Schicksal wurde es eben darum auch. Man warnte sie vor der Rache des Kronprinzen, man riet ihr, zu fliehen, der König selbst riet es ihr – aber sie blieb bei ihm, weil er seit langem sehr krank war, so krank, daß man in seiner Gegenwart nicht mehr zu sprechen wagte, und den eben deshalb der plötzliche Knall einer Champagnerflasche so erschreckte, daß er ohnmächtig weggetragen werden mußte und sich nicht mehr erholte. Er segnete den Kronprinzen, er bat die Königin unter Tränen um Verzeihung wegen seiner Untreuen, aber er sprach so leise, daß die Gräfin Lichtenau, in deren Armen er lag, die Worte wiederholen mußte. Dennoch sank die Königin der Gräfin draußen im Vorzimmer um den Hals und dankte der Nebenbuhlerin für ihre unermüdliche Ausdauer bei der Pflege des Sterbenden. Der Kronprinz aber sah sie nur verächtlich an. Als Wilhelmine ins Sterbezimmer zurückkehrte, fragte der König: »Hat mein Sohn Ihnen ein Wort des Dankes gesagt?« Wilhelmine mußte verneinen, und der Sterbende sagte: »Dann will ich meine Familie nicht mehr sehen.« Wieder war es die Lichtenau, die diesen Bescheid überbringen mußte ... und dann erkrankte sie selbst. Der Arzt log ihr vor, daß der König schlafe; so schlief sie auch, und der König starb in den bezahlten Armen des Herrn Rietz. Der Oberst, der der Gräfin die Nachricht von diesem Tode überbrachte, vollzog zugleich den Auftrag des neuen Königs, sie zu verhaften.

Man machte ihr den Prozeß: sie sollte den Krondiamanten und den Siegelring des Königs, eine Mappe mit geheimen Staatspapieren, fünfhunderttausend Taler beiseite gebracht haben. Sie konnte alles widerlegen, man konnte sie nicht verurteilen, sie war eben nur verschwenderisch gewesen. Trotzdem setzte Friedrich Wilhelm III. sie fest und beschlagnahmte alle ihre Güter; schließlich erpreßte er sie, indem er sie nur gegen ihren Verzicht auf alle ihre Ansprüche freiließ. Erst nach zehn Jahren erzwang Napoleon eine Entschädigung für sie. Sie verheiratete sich noch einmal, sehr unglücklich und sehr kurz, mit dem Theaterdichter Franz von Holbein und lebte noch bis 1820. Der Haß der Menge wurde immer stiller, die Zuneigung der Besten immer größer. Wenn die Rede auf den toten König kam, schwieg sie und weinte. Sie hatte ihn wirklich geliebt, auf ihre Art. Es war die schlechteste nicht.

Sie war es nicht, unter und an deren Regime Preußen zugrunde ging; es war nicht mächtiger und nicht machtloser denn zuvor, es hatte nur mehr Schulden; aber daß Friedrich ein Genie gewesen war und sie nicht, war deshalb nicht ihre Schuld. Zugrunde ging Preußen unter und an dem König, den das Volk »den Guten« nannte – wie drüben in Wien das österreichische Volk den Kaiser Franz.

Denn die Menge kommt nun einmal nicht von der Zwangsvorstellung los, ein guter Familienvater müsse sozusagen automatisch auch ein guter Volksvater sein. Friedrich Wilhelm III. war ein guter Familienvater: er liebte seine schöne, gescheite Luise und seine Kinder, er war sparsam, er trug immer die einfache Soldatenkleidung und führte dadurch als erster die langen Hosen bei Hofe ein. Wo es um seine Familie ging, konnte er, der der treueste Ehemann war und alle lasche Geschlechtsmoral haßte, sogar für die reichlich lasche Geschlechtsmoral seiner entzückenden Schwägerin Friederike eintreten: als die den künftigen König von Hannover geheiratet hatte, wollte die alte englische Königin sie ihrer Vergangenheit wegen bei Hofe nicht empfangen; Friedrich Wilhelm aber schrieb, der vielen galanten Balken im englischen Auge gedenkend, in seinem komisch-schauerlichen Infinitivdeutsch: »Was denn das sein? Doch meine Schwägerin sein. Sehr unangenehm sein. Die Andern auch nichts nütz sein. Die Andern kein Haar besser sein!« Und Friederike wurde empfangen.

Führte er die Soldatentracht bei Hofe ein, so diktierte Königin Luise die Mode der höheren Stände überhaupt: als sie einmal für kurze Zeit einen geschwollenen Hals hatte und deshalb ein Tuch um die bezaubernde Kehle schlang, verbreitete sich zwar sofort das falsche Gerücht, sie habe einen Kropf zu verbergen, aber das Halstuch wurde gleichwohl für lange Zeit Mode. Und ausschließlich in Mode- und Hofkreisen bewegte sich das Königspaar überhaupt, Berührungen mit dem Bürger- und Künstlertum fanden seit der Vertreibung der Lichtenau kaum mehr statt, Ball folgte auf Ball, wobei man geschmackvoll genug war, den Herrn Oberhofmarschall in Frauenkleidern als »hochschwangere Sultanin« auftreten zu lassen — laut Programm. Laut Programm tat man sogar was fürs Volk: auf den Programmen der Hofoper schrieb man »Orkester« und fügte hinzu: »Orkester ist nicht etwa ein Druckfehler, sondern wird in dieser Art abgedruckt zur Belehrung desjenigen großen Theils des Publici, der ›Orchester‹ unrichtig ›Orschester‹ ausspricht.« Für denjenigen Teil des bürgerlichen Publici, der gebildeter war als der Adel, hatte man weniger übrig: der für Hofbegriffe zu spät erst geadelte Bürgerliche Struensee war zwar der gescheiteste der Minister, konnte sich aber nie durchsetzen, weil er als Zivilist nicht gestiefelt und gespornt, sondern »nur in Schuhen und Strümpfen auftrat und als gelehrter Bürgerlicher denen revolutionären Grundsätzen gewiß nicht abgeneigt sein dürfte«.

Ja, nur höchster Adel durfte dem Zauber der Königin Luise erliegen, der darin bestand, »daß jeder wie im Traume glauben mußte, dieses lebendige, regsame Frauenbild sei in ihn verliebt, und er dürfte nun auch in sie verliebt sein«, und jenen revolutionären Grundsätzen war auch sie so abhold, daß sie in aller Öffentlichkeit über Napoleon sagte, »man müsse das Monstrum erschlagen!« – was der natürlich erfuhr. Nur der Prinz Louis Ferdinand, der mit der Rahel verkehrte und die bürgerliche Pauline Wiesel ebenso liebte wie die Hutmacherstochter Demoiselle Fromm und deshalb bei Hofe nicht wohl gelitten war, ahnte etwas von Napoleons geschichtlichem Auftrag. Er fand, daß der Kaiser viele lächerliche Vorurteile beseitigt und das Glück der kommenden Generationen vorbereitet habe, und er pflegte die Lehren der Französischen Revolution oft preisend darzustellen. Nichtsdestoweniger war er einer der ganz wenigen, die dann tapfer gegen Napoleon kämpften: er, der Liebling des Volkes, fiel bei Saalfeld. Er war eine Ausnahme von der Regel, die Rahel aufstellte: »Der Mensch sieht der Geschichte nicht immer ins Gesichte — wohin's die meisten setzen, da hat sie's nicht!«

Nun, um der Geschichte ins Gesichte zu sehn: wenn Königin Luise später behauptete, »unsere Armee war auf den Lorbeeren Friedrichs des Großen eingeschlafen«, so stimmte das nicht ganz. Die Armee exerzierte besser und vollkommener als zu Friedrichs Zeiten, mit jenem exakten Drill, von dem der Deutsche noch immer den sicheren Sieg erwartet hat. Nein, es lag am Geist der Offiziere oder vielmehr daran, daß sie keinen hatten. Wie unter Friedrich mußten sie noch immer von Adel sein; damals aber hatte der König den Adel beherrscht, jetzt beherrschte der Adel den König, und dazu bedurfte es bei dessen Geistesverfassung keines Geistes, bedurfte es nicht einmal des Mutes, der Hochmut genügte. Selbst für den alten Yorck, der eine Bürgerliche geheiratet hatte, waren seine Bauern nichts als »Ungeziefer«; der Bildungsstand des Offiziersadels war derart, daß über General von Bülow, den Sieger von Dennewitz, sein eigener Bruder sagte: »Unter uns Brüdern ist er der dümmste, aber in der Armee ist er noch immer der klügste Offizier!« Und die jüngeren Chargen, die bei den Hofbällen das Büfett zu stürmen und zu plündern pflegten wie die Wandalen, und die, während mit Napoleon noch über den Frieden verhandelt wurde, auf den Stufen der französischen Gesandtschaft ihre Säbel wetzten – sie waren nicht besser; nach der Schlacht von Jena erbeuteten die Franzosen ungeheure Mengen von Offiziersequipagen mit Toilettegegenständen, Leckereien, Hühnern, Weinfässern und insbesondere mit »Damen«.

Und der Beamtenadel? Der Minister Graf Hagen, dem seine Untergebenen zum Geburtstag einen gedruckten Glückwunsch überreichten, wies ihn mit den Worten zurück: »Sie wissen doch, ich lese prinzipiell nichts Gedrucktes. Geben Sie mir das schriftlich!« Den Minister Köckeritz, wohl der einflußreichste Mann am Hofe, nannte der Herzog von Braunschweig »einen ausgehöhlten Kürbiskopf, aber ohne Licht im Innern«. Der Minister Graf Haugwitz, der längst zum Krieg entschlossen war, hielt es für sehr schlau, seinen Pariser Gesandten von Knobelsdorff, einen Friedensfreund, hierüber nicht zu informieren; er glaubte, mit dem Gesandten zugleich Napoleon hinters Licht führen zu können; natürlich war Napoleon der Schlauere – der unglückliche Knobelsdorff aber fragte, als der Kaiser zu seinen Truppen abging, in Berlin an, »ob er ihn nicht auf seiner Lustreise begleiten solle?« Und in Preußens schlimmster Zeit, 1809, ernannte der König ein reaktionäres Ministerium, dessen erste Tat in einer Verfügung bestand, die das dringende Problem der Hoffähigkeit regelte.

Für die misera plebs aber sorgte der gute König auf seine Art. Hatte Friedrichs des Großen Regierung damit begonnen, die Tortur abzuschaffen, so blieb es ihm vorbehalten, die Prügelstrafe wieder einzuführen, »vorzüglich bei verstocktem Leugnen, gänzlichem Schweigen oder wenn der Verbrecher die Angabe der Mitschuldigen verweigert«. Er ließ es sich auch nicht nehmen, sie persönlich anzuordnen: als man bei einem Mädchen, das für Königin Luise strickte, einige der Königin gestohlene Sachen fand, befahl er, »die Inquisitin Louise M. so lange zu peitschen, bis sie ihre Mitschuldigen bekenne, und wenn sie unter den Streichen tot bleiben sollte«. Das Mädchen bekam am ersten Tag neunundsiebzig, am nächsten Vormittag sechsundachtzig und am Nachmittag fünfzig Peitschenhiebe »theils auf den bloßen Hintern und theils auf den Rücken ohne Barmherzigkeit« und wurde dann zu Zuchthaus »auf des Königs Gnade« verurteilt, das heißt also, solange es dem guten König beliebte. Nicht umsonst liebte er über alles Friedrich Wilhelm I., den »Soldatenkönig«, nach dessen Namen er sich aus lauter Verehrung benannt hatte, aber er übertraf ihn schließlich bei weitem: er brachte es nämlich fertig, mit Rußland einen Vertrag zu schließen, wonach fortan alle »groben« Verbrecher den Russen übergeben und nach Sibirien verschickt wurden, »um dort zu den härtesten Arbeiten in den Bergwerken gebraucht zu werden, ohne daß ihnen einige Hoffnung bliebe, jemals wieder in Freiheit zu kommen«. Achtundfünfzig solcher Verbrecher, schloß die Mitteilung des Königs an sein Volk, seien bereits in Narwa »würklich abgeliefert worden«.

Und da dieser zweite »Soldatenkönig«, während seine Offiziere praßten, auch am gemeinen uniformierten Mann derart knauserte, daß die Westen ohne Rückenteil an die Uniformen genäht werden mußten, wodurch seine Soldaten zwar froren, aber einige hunderttausend Ellen Leinwand ersparten, kämpften sie auch schlecht; bis zum Feldwebel hinauf war fast alles napoleonisch gesinnt. Aber auch unter den Generalen kämpften nur die paar noch bürgerlich Geborenen: Nettelbeck, Gneisenau, Herrmann, Neumann, Götze und der Franzose Courbière. Als der Herzog von Weimar, Goethes Freund, den Herzog von Braunschweig bat, sein neuerbautes Schloß zu schützen, tat das dieser Feldherr und verlor auch dadurch die entscheidende Schlacht – *auch* dadurch; denn ebenso schuldig war der Feldherr Fürst Hohenlohe, der die Nacht vor Jena durchschlief, während Napoleon wachte und vom Jenaer Briefträger in Hohenlohes Rücken geführt wurde, und der sich am Morgen der Schlacht zunächst frisieren, ankleiden und ein reichliches Frühstück munden ließ, während Napoleon erst nach dem Sieg frühstückte. Schuld trug der Umstand, daß man in Preußens Armee nicht nach der Leistung, sondern nur nach dem Alter avancierte: als Magdeburg übergeben wurde, befanden sich darin neunzehn Generale, die zusammen eintausenddreihundert Jahre zählten . . . und alle »Manschetten hatten«.

Darum also siegte Napoleon: weil unter ihm und nur unter ihm jeder was werden konnte, der was leistete; und darum jubelten ihm die Berliner zu: weil er ihnen Freiheit und Recht und Beseitigung der adeligen und königlichen Mißwirtschaft, weil er ihnen die Menschenrechte zu bringen schien. Sie hatten eben Schlimmeres und Hoffnungsloseres durchmachen müssen als die Wiener, die wenigstens ihren toten Kaiser Joseph und ihren lebenden Erzherzog Karl hatten und deshalb schwiegen. Damit freilich, daß er sich dieser Begeisterten schämen zu müssen glaubte, bewies Napoleon schon, daß er nicht mehr der war, als der er ausgezogen war, daß auch er nun die Adelsherrschaft und die Knechtschaft mit sich brachte und nicht mehr die Freiheit. In Paris wußte man das, da hatte man's am eigenen Leibe gespürt – und als 1813 die Verbündeten in Paris einzogen, da jubelten ihnen die Pariser genauso zu wie die Berliner Napoleon, und wiederum mißverstanden selbst wohlmeinende Preußen das Volk und schämten sich ebenfalls für die »wetterwendischen Franzosen«. Ach, diese dumme Arroganz derer, die immer das Volk für wetterwendisch halten, weil sie selbst sich längst gewendet haben! »Die Welt dreht sich noch für uns!« hatte Napoleon triumphiert, als es bei der Schlacht von Leipzig eine Weile nach Sieg für ihn aussah; ach nein, er selbst hatte sich längst gegen die Welt gedreht, mit der, durch die und für die er gekommen war. Und nun, in Paris, verstanden auch diese Sieger ihren Sieg nicht zu nutzen, verstanden auch sie nur das Volk zu enttäuschen, indem sie ihm wieder die korrupten Bourbonen vor die Nase setzten, und indem sie sich so schlecht benahmen wie etwa der Held Blücher, der Napoleon gestürzt hatte, der aber nun nach Lord Byrons Wort »so tat wie ein Stein, der angebetet sein will, weil ein Mensch über ihn gestolpert ist«. Blüchers Benimm zu Paris war tatsächlich so schlimm wie seine Orthographie, er hatte die Stadt »ausradieren« wollen, verspielte aber nun ungeniert drei Millionen Franken, die ihm die französische Regierung gegeben hatte – die gleiche Regierung zahlte für die gesamte Befestigung des Niederrheins dann laut Friedensvertrag auch nur zwanzig Millionen. Fast ein Sechstel Westwall hätte man also von seinen Spielverlusten bauen können. Dem deutschen Volke aber wurde er als Moralwunder serviert wie der Befehlshaber der kaiserlichen Garde dem französischen Volke als Mutwunder. Der soll in der Schlacht bei Waterloo auf die Aufforderung, sich gegen freien Abzug zu ergeben, geantwortet haben: »Die Garde stirbt, doch sie ergibt sich nicht.« Man errichtete ihm in seiner Vaterstadt sogar ein Denkmal mit diesem Spruch, obwohl der alte Herr, der noch lange lebte, ihn immer abstritt. Mit Grund: erstens hatte sich die Garde sehr wohl ergeben, und zweitens hatte seine Antwort ganz anders und weit situationsgemäßer gelautet, nämlich: »Scheiße!«

Am Siege der Alliierten freilich und an der militärischen Befreiung Preußens hatte Preußens König keinen Anteil gehabt, das muß zugegeben werden. Hier hatte er sich als Pazifist erwiesen; es war nicht so gewesen, wie es damals der Dichter sang: »Der König rief, und alle, alle kamen«, sondern so, wie, auch schon damals, der Satiriker sang: »Als alle, alle riefen, kam der König endlich auch.« Und ebensowenig Anteil hatte er an Preußens sozialer Befreiung – eher schon die Königin Luise, die das Leid nicht nur geläutert, sondern auch erleuchtet hatte, die aber allzu früh gestorben war. Die Beseitigung der Adelsvorrechte jedoch und die Einsetzung der Volksrechte, die Durchführung der Levée en masse und der Möglichkeit für jeden Bürger, Offizier zu werden, und all das große, rettende andere — das hatte keiner seiner geliebten preußischen Adligen, das hatten zwei bitter arme Kerle und ein Ausländer durchgeführt: Scharnhorst war in einer Tagelöhnerhütte geboren, Gneisenau hatte zu Erfurt als Kurrendeschüler betteln gehn müssen wie einst Luther, und Stein war zwar Reichsfreiherr, aber einer von den Liberalen aus dem Nassauischen, in England politisch gebildet, und überdies war sein Geschlecht sarazenischen Ursprungs – er war ein Urenkel Malechsalas. Napoleon selbst hatte ihn, in einer letzten Erinnerung an seine eigentliche Aufgabe, dem König empfohlen; widerwillig hatte der ihn eingestellt; und als dann Napoleon wiederum seine Abberufung verlangte, entsprach der König dem mit Freuden, und der noch einmal »gerettete« Adel jubilierte; so Yorck, der geklagt hatte: »Der Mann ist zu unserem Unglück in England gewesen!«, und der nun triumphierte: »Ein unsinniger Kopf ist schon zertreten, das andere Natterngeschmeiß wird sich im eigenen Gift auflösen!« Der König konnte sich nicht einmal enthalten, der Entlassung noch eine Fleißarbeit von Fußtritt hinzuzufügen: »Er ist ein widerspenstiger, trotziger, hartnäckiger und ungehorsamer Staatsdiener, der nicht das Beste des Staates vor Augen hat, sondern aus Leidenschaft, persönlichem Haß und Erbitterung handelt.« Als er ihn dann doch wieder holen muß, weil Preußen sonst zugrunde geht, schreibt er zwar stolz: »Von heute an gibt es in meinem Staat nur freie Leute!«, aber kaum ist er gerettet, da kann der Mohr wieder gehn und bekommt nicht einmal einen Orden oder einen Titel oder ein Amt wie alle anderen, und um die von ihm versprochene freie Verfassung drückt sich dieser

König auf dummschlauere Art als seine Kollegen, die ihr Versprechen eleganter brachen; er sagt nämlich, eine Verfassung habe er dem Volke zwar versprochen, aber er habe ja nicht gesagt, für wann! Sie kommt denn auch zu seinen Lebzeiten nie.

Dennoch hält ihn das preußische Volk, wie das österreichische den guten Franz, für den lieben alten Herrn, der nur von nichts weiß. Daß er noch einmal und nicht ganz standesgemäß heiratet, macht ihn noch populärer. Er wird nun immer stumpfsinniger: liest man ihm Bücher vor, schläft er ein, und im Theater sieht er nur die seichtesten Lustspiele mit Wonne ein dutzendmal, während ihn Shakespeare, Goethe und Schiller langweilen und »Tell« sowie »Egmont« ihrer »Demagogie« wegen natürlich auch in Preußen nicht gespielt werden dürfen; doch befaßt er sich mit dem Wohl und besonders mit dem Wehe seiner Schauspieler und Schauspielerinnen insofern, als er ein streng militärisches Reglement für sie entwirft und sie bei Verfehlungen dagegen unnachsichtlich auf die – Festung schickt. Alles Neue haßte er so, daß er nicht einmal die Kleider mehr wechselte, und wen er aus unerfindlichen Gründen nicht leiden konnte, dem sagte er ungeniert: »Fataler Mensch sein!«, drehte sich um und ließ ihn stehen. Die Liebe seines Volkes erwiderte er nicht, er hielt es »für eine Nation ohne Intelligenz und Gewitztheit« – er, dem jeder Berliner Schusterjunge an Intelligenz und Gewitztheit überlegen war. Zwischen den seit der Düsseldorfer Ohrfeige immer noch streitenden Kirchen suchte er Frieden zu stiften, aber er machte auch das wieder allzu bauernschlau: er setzte einfach in jeder lutherischen Gemeinde einen reformierten Pfarrer und in jeder reformierten einen lutherischen ein. Das führte jedoch zu Auswanderungen ganzer Gemeinden, und auch zwei katholische Bischöfe glaubte er suspendieren und verbannen zu müssen. Liberale Leute jedoch flogen selbstverständlich in die Gefängnisse – man weiß das ja heute.

Viele wußten es aber wohl damals nicht, denn viele weinten, als der gute König starb. Er war halt so bescheiden und so ein guter Familienvater gewesen. Sein Nachfolger freilich wußte es besser; er hatte ihm einmal gesagt: »Ew. Majestät Regierung gleicht drei Pferden: einem mageren, einem lahmen und einem blinden. Das magere Pferd ist Ihr Volk, das lahme Ihre Bürokratie, und wer das blinde ist, wage ich aus schuldiger Ehrfurcht vor Ew. Majestät nicht zu sagen.«

Die Majestät hätte es wohl auch nicht verstanden.

SECHZEHNTES KAPITEL ODER KÖNIGLICH MEISSEN

Ach, er war zu seinem Schaden
Porzellan im Elefantenladen!

Und als nach dem Wunsche der toten Königin Luise »das Monstrum geschlagen war«, wenn auch nicht totgeschlagen, erschienen sie alle in Wien, um Europa wieder zu »ordnen«: es saß da der Erbe von Maria Theresias bigotter Heiratsstifterei, der »gute« Kaiser Franz; es erschien gleich einer Gottheit der Erbe von Katharinas aufgeklärtem Despotismus, der »gute« Zar Alexander; es kam der Erbe von des Soldatenkönigs Borniertheit, der »gute« König Friedrich Wilhelm; und es vertrat den Erben der Königsmarks, den schon verblödeten und nicht mehr verhandlungsfähigen »guten« König Georg von England, der Lord Castlereagh, der allerdings, da er ja im Ausland war, den englischen Cant zu Hause gelassen hatte: seine Frau unterhielt Wien durch derartige Witze, daß sie »die Frau Wirtin des Kongresses« genannt wurde. Auch der Selbstherrscher aller Reußen war der unbestritten vorbildlichen Ehemoral seiner drei Kollegen nicht ganz gewachsen; seine Frau, die er mitgebracht hatte, war immer tieftraurig, der schönen Fürstin Narischkin wegen, die Alexander der Gattin vorzog; Fürst Narischkin hingegen nahm die Sache leichter: als der Zar ihn fragte, wie es seinen Kindern gehe, fragte er zurück: »Welchen denn, Majestät – meinen oder Ihren?«

Von solchen Kleinigkeiten abgesehen aber hatte man noch nie so viel Güte auf einmal erblickt wie bei den großen Vier, und die kleinen Vielen, die auch erschienen waren, weil es ja um ihre Haut ging, hatten es verzweifelt schwer, da nachzukommen.

Arg mißgestimmt war zum Beispiel der König von Bayern. Das hing nicht mit seinem Volke zusammen; bei dem war er wirklich beliebt, denn er war ein schon sehr liberaler Herr, wenn auch mit ein wengerl arg verschlampter Finanzwirtschaft. Nein, das Elend war halt, daß er mit diesem Napoleon nun wirklich durch dick und dünn gegangen war. Das mochte noch hingehen, das hatten andere weiß Gott auch getan, aber da war doch die Sache mit der Gustl, seiner hübschen Tochter. Die hatte er mit Napoleons Stiefsohn Eugen verheiratet, dem ebenfalls hübschen Sohn der kleinen Kreolin Josefine, aber bitt' schön doch nur, damit er den Königstitel bekam. Und wenn sich das Mädel jetzt wenigstens scheiden lassen wollte, wär' ja alles in Ordnung. Aber das war's eben: wochenlang hatte damals die Gustl geweint aus Angst und Scham wegen dem »Halbkreolen«, und dann war er gekommen, und kaum hatten sie sich gesehn, die beiden, da war's aus gewesen, also wirklich eine richtige Liebe, und jetzt hielten sie zusammen wie Pech und Schwefel – als Opfer der Politik hätte sie geheiratet, hatte die Gustl geschrieben, aber als Opfer der Politik scheiden lassen tät sie sich nicht. Und wie, bitt' schön, sollte man da die Riesenüberschrift des Staatsanzeigers von damals vergessen machen: »Heil dem großen Napoleon, dem Schöpfer des bayerischen Königreiches«?

Andererseits, wenn man's recht besah, war man ja mit dem Zaren verschwägert, man hatte die Schwester der Zarin geheiratet, der Zar konnte schon was für die Familie tun. Und dann und vor allem hatte man ja noch fünf weitere Töchter. Die hatte man ein bißchen merkwürdig erzogen, das war freilich richtig, eben so ein bißchen liberal. Und wie sich einmal zwei von ihnen gestritten hatten, hatte die eine gesagt: »Ach, laß mi aus, du Scheißhur!« No, das hatte also eine gewaltige Aufregung gegeben bei der strengen Königin, und sie hatte gleich die Oberhofmeisterin entlassen, die mußte den Kindern doch so was beigebracht haben, wer denn sonst? Alsdann wie sie noch gestritten haben, ist er selbst dazugekommen, der König, und hat nicht gewußt, worum's ging, und hat gefragt, und keine hat's ihm zu sagen getraut, nicht die Königin und nicht die Töchter und nicht die Oberhofmeisterin – und da ist's ihm zu dumm geworden, und er hat gesagt: »No, dann leckt's mi halt im Arsch, ihr Scheißhurn!« Da hat die Königin also gewußt, von wem die Kinder das hatten, und die Oberhofmeisterin hat ihren Posten behalten.

Aber sonst waren's schon liebe Madln, man mußte sie halt ein bissel herumreichen bei den vielen Kronprinzen in Deutschland, daß man noch a wengerl politische Unterstützung bekam, Familie war doch schließlich Familie. Und bei den Damen vom Kongreß konnte man sich ja beliebt machen durch seine besondere Spezialität: schließlich beherrschte man eine sehr aparte Art von Genealogie. Man kannte die Amouren aller berühmten Schauspielerinnen mitsamt den Stammbäumen ihrer Liebhaber, so was hörte besonders die Lady Castelreagh gern, so könnt' man vielleicht auch England a bissel poussieren . . .

Und dem König von Bayern gelang's: die Gustl blieb zwar ihrem Kreolen treu bis ans Ende, aber seine übrigen Töchter heirateten alle: eine den Kaiser Franz, eine den Erzherzog Karl, eine den Kronprinzen von Preußen, eine den König von Sachsen und die letzte den Prinzen von Sachsen – und Bayern war gerettet. Der Mensch muß halt an Glück und hübsche Töchter ham – und die rechte Erziehungsmethode für solche Töchter. Wenn sie auch a ganz a klaans bisserl zu liberal ist.

Durchaus nicht liberal hingegen war der König von Württemberg. Er war am allerlängsten Napoleons Gegner gewesen, er blieb nun heimlich am allerlängsten Napoleons Freund und rechnete so ziemlich als einziges Kongreßmitglied ständig mit seiner Wiederkehr. Denn Napoleon hatte ihn zum kleinsten König Europas gemacht – und zum tyrannischsten König Europas hatte er sich dann selber gemacht. Dem Adel seines Landes, der reichsunmittelbar geworden und geblieben war, seit Herzog Ulrich seiner Gattin die Sporen und seinem Rivalen den Tod gegeben hatte, nahm er sofort seine Rechte und traktierte ihn hart, zu schweigen von seinem Volke; er hob alsogleich die Verfassung auf, von der es preisend geheißen hatte, es gebe in Europa nur noch eine ebenso freie Verfassung, nämlich die englische; er herrschte in seinem Zwergländle »wie ein Ungewitter über einem Petersilienbeet«. Die Zwangswerbungen für seine Truppen führte er persönlich und auf sehr persönliche Art durch: sah er gut gewachsene Bauernsöhne reiten, dann wies er auf irgendeinen und befahl: »Du muscht reite lerne, marsch, unter die Soldate!«, und nahmen sich die anderen dann zusammen, schrie er: »Die reite großartig, marsch, zur Kavallerie!« Weil er fast keinen einheimischen Adeligen fand, der unter ihm Minister spielen wollte, holte er sich Adelige aus Mecklenburg; einer von ihnen organisierte jenes Fest, bei dem der Schneider von Ulm als erster Mensch zu fliegen unternahm, aber in die Donau stürzte; jener Organisator indessen hieß Graf Zeppelin – und sein Urenkel flog dann wirklich als erster Mensch! Denn die Brüder Montgolfier hatten ja nur »geschwebt«.

Ein Pech teilte er mit dem Bayernkönig: auch er hatte seine Tochter mit einem Bruder Napoleons verheiraten müssen, um König werden zu dürfen – mit dem immer lustigen Jérôme, und es war seine einzige Tochter. Und obwohl auch ihr bekannt war, warum in der Kasseler Oper die Pausen immer länger dauerten als die Akte, darum nämlich, weil während der Pausen ebenfalls Akte stattfanden, und zwar mit den gleichen Aktricen, aber in der Loge Jérômes, von wo dann die Aktricen nicht so schnell abkömmlich waren – dennoch blieb auch sie ihrem Jérôme im Unglück treu wie des Bayernkönigs Gustl ihrem Eugen. »Ich war glücklich mit ihm«, schrieb sie ihrem Vater, »und wäre ich es nicht gewesen, ich hätte doch Ehre genug im Leibe, ihn im Unglück nicht zu verlassen. Wollen Sie vor ganz Europa eingestehen, daß Sie nur aus Furcht und Ehrgeiz in meine Heirat willigten?« Tatsächlich beschloß der Kongreß, daß Jérôme im Schwabenländle wohnen dürfe; erst als Napoleon III. ans Ruder kam, ging er, ein uraltes »Gespenst«, nach Paris und dem Kaiser maßlos auf die Nerven, indem er ihm fortgesetzt erklärte: »Sie haben nichts mit dem echten Napoleon gemein!« – »Doch«, antwortete aber Napoleon III., »leider eines: die Familie!«

Die Sache mit der Tochter hatte der landärmste König Europas damals beim Kongreß also ausbügeln können, und auch im übrigen war er noch besser dran als der Bayernkönig: er war nicht nur mit dem Zaren verschwägert, sondern auch mit Kaiser Franz, und dazu war er der Schwiegersohn des englischen Königs. Daß er diese zweite Ehe nicht konsumierte und gut gewachsene junge Männer nicht nur in seinen Kasernen, sondern auch in seinen Schlafzimmern einquartierte, ging niemanden etwas an; sein Nachbar im Badener Muschterländle trieb es da noch viel toller, der hatte die Gartenmädchen des alten Carl Wilhelm durch die Gartenjünglinge seiner »Fasanerie« ersetzt und war trotzdem guter Dinge, weil seine Enkelinnen die Throne von Rußland,

Preußen und Bayern bestiegen. Und da der Schwabenkönig weidlich um sich herum bestochen hatte, vor allem Herrn Talleyrand und noch mehr dessen Frau, und sich mithin laut zu rühmen pflegte, »er habe alles mit seinem guten schwäbischen Gelde bezahlt«, da er ferner ein schlauer Mann war und nach dem Urteil der Zeit »nie etwas Unvernünftiges gesagt und nie etwas Vernünftiges getan hatte« gleich Shakespeares Heinrich VIII., hätte er guter Dinge sein können; aber leider, ihn trieben, schwäbisch gesagt, au d'Sorge ausenand, und zwar sehr auseinander: er war so dick, daß Napoleon behauptet hatte, an ihm habe die Natur zeigen wollen, wie weit sich die menschliche Haut ausdehnen lasse.

In seinem Königreichle war das nicht weiter schlimm gewesen; die Tische in Schloß Ludwigsburg wurden an seinem Platze eben ausgesägt, damit auch sein Bauch Platz habe, diese Tische werden heute noch gezeigt; in Wien aber hatte sich das als unmöglich erwiesen, obwohl er's verlangt hatte. Das erboste ihn maßlos, und das führte dann die Katastrophe herbei. Als er beim Weihnachtsfest 1814, das er mit den großen Vier und ihrem ganzen Hofstaat feiern sollte, wiederum den bewußten und notwendigen Einschnitt nicht fand und also den Speisen nicht ausreichend zusprechen konnte, sprang er, rot vor Neid und Wut, plötzlich auf, und sein Bauch warf den ganzen Tisch mit Donnergepolter um. Er entfloh dem dröhnenden Gelächter, reiste noch in der Nacht ab und ward nie mehr gesehen; er verwand die Schande nicht und legte sich bald darauf zum Sterben nieder. Da er über einen sinnreichen Nachtstuhl verfügte, der Musik von sich gab, wenn man ihn benützte, und da sich sein Leibarzt vor Erschöpfung auf dies Instrument setzte, starb er unter den Klängen der Melodie: »Blühe, liebes Veilchen!«

Mit der Hinterlassenschaft seines Schwiegersohns Jérôme hatte sich auch dessen Vorgänger und Nachfolger abzumühen, der Kurfürst von Hessen-Kassel. Das war ein gar seltsamer Herr: war Jérômes Leidenschaft die Verschwendung gewesen, so war die seine der Geiz. Aus Geiz hatte er die in seinem Hause übliche Verhökerung von Landeskindern an England so arg getrieben, daß ihn Napoleon mit der ausdrücklichen Begründung absetzen konnte: »Sein Haus hat seit vielen Jahren seine Untertanen als Soldaten verkauft und dadurch unermeßliche Schätze gesammelt.

Sein Haus hat aufgehört zu regieren: dieses Kurfürsten schmutziger Geiz hat es gestürzt.« Die Schätze nahm er mit ins Exil, den Geiz auch: als sich eine Legion von Hessen sammelte, die Gut und Blut opfern wollte, um ihm sein Land wiederzugewinnen, bot er deren Führer zur Finanzierung des Unternehmens eine Summe im heutigen Wert von vierunddreißig Mark. Worauf die Erhebung unterblieb.

In Dingen der Liebe hingegen war er Jérôme sogar über. Dem Franzosen hatten sich die Damen des höchsten Adels von Hessen und den Nachbarländern freimütig und freiwillig angeboten, gräfliche Namen wie Bocholtz-Asseburg, Löwenstein-Wertheim-Freudenberg, Pückler, Haxthausen, Limburg tauchen da auf und teilen sich mit den Aktricen in Jérômes Gunst – wie man denn überhaupt vom Uradel, Blutadel, Schwertadel, Lehnsadel, Verdienstadel und so weiter auch noch den Bettadel unterscheiden sollte, wahrscheinlich den verbreitetsten von allen; denn sind die Taten der Ahnherren, die für ihre Fürsten siegten, oft nicht zu beweisen, so sind es die Taten der Ahnfrauen, die ihren Fürsten unterlagen, fast immer. Nun, der legitime Kurfürst von Hessen-Kassel wartete nicht erst auf bereits vorhandenen Bettadel, er schuf neuen: er hinterließ vierundsiebzig Kinder von seinen zahlreichen Mätressen.

Nur die nützten ihm jetzt nichts beim Kongreß zu Wien, und daß er der Sohn einer gescheiten und frommen englischen Königstochter war, nützte ihm auch nicht viel; sein Vater hatte sie nämlich zu Tode mißhandelt, und so waren die Beziehungen zwischen den beiden Höfen denn ziemlich abgekühlt. Er konnte also nicht, wie er wollte, »König der Katten« werden, sondern bekam nur den Titel »Königliche Hoheit«; mit ihm bewaffnet kehrte er nach sieben Jahren in sein Ländle zurück und erklärte feierlich, er habe diese sieben Jahre hindurch sozusagen nur geschlafen, und nun sei er wieder erwacht wie Dornröschen, und alles müsse jetzt genau da wieder anfangen, wo es vor sieben Jahren aufgehört habe, auch wie im Dornröschen; man nannte ihn fortan »den Siebenschläfer«, aber er machte es wahr. Immer hatte er die Zopftracht geliebt und den kurzen Haarschnitt verdammt, was ihm die Zuneigung des Friseurgewerbes einbrachte, sonst freilich keine; als er jetzt, beim Einzug in Kassel, pflichtgemäß bejubelt wurde und keinen Zopf mehr sah, blieb er eiskalt, bis ein uralter Offizier mit einem Riesending von Zopf auftauchte; da schrie der Alte unter Tränen des Glücks auf: »Der hat ihn noch!« Ein paar Wochen später hatte ihn ganz Kassel wieder. Und siehe, sein Sohn und Nachfolger Kurfürst Wilhelm II. ahmte ihm in puncto Haartracht nach: er zwang durch Ukas alle seine Beamten, ihre Bärte in Form eines »W« stutzen zu lassen, des Anfangsbuchstabens seines Namens; und so wurde er das Vorbild des kaiserlichen Wilhelm II. und der unvergeßlichen Barttracht. »Es ist erreicht!« Der »Siebenschläfer« übrigens blieb seinem Geiz auch nach seiner Rückkehr treu; er hatte wie alle anderen Souveräne dem Volke eine Verfassung versprochen, aber er allein wollte sie wirklich gewähren – falls man sie ihm nämlich bezahle! Er verlangte zuerst vier Millionen, dann zwei Millionen, dann achthunderttausend Taler; und als auch das dem ausgebluteten Volke zu teuer war, bekam es die Verfassung eben nicht.

Kurz, alle waren in Wien erschienen, sogar der kleine Großherzog von Weimar, obwohl ihn sein einflußreichster Minister, Goethe hieß er, immer ermahnt hatte, Napoleon treu zu bleiben: »Schüttelt nur eure Ketten, der Mann ist euch zu groß, ihr werdet sie nicht zerbrechen!« – aber schließlich war selbst dieser Kleinfürst mit dem großen Zaren verwandt, sein Sohn hatte dessen Tochter geheiratet. Und nur einer fehlte, und gerade der größte unter den Kleinen, gerade der, der am liebsten gekommen wäre und es am nötigsten gehabt hätte, aber man ließ ihn nicht, man ließ ihn ganz zuletzt mit Ach und Krach bis Preßburg: der König von Sachsen, in seinem Lande »Onkel August« genannt, obwohl er eigentlich Friedrich August hieß, mit der Betonung auf Friedrich.

Ihm warf man nämlich vor, daß er sich nicht rechtzeitig von Napoleon getrennt habe; als seine Truppen in der Schlacht bei Leipzig zu den Alliierten übergegangen waren, war es zu spät gewesen, er hatte sich gefangennehmen lassen müssen und wurde noch jetzt als Gefangener behandelt. Einflußreiche Familienverbindungen wie die anderen hatte er nicht, er war nur siebenmal um die Ecke mit dem Kaiserhaus verwandt, das zählte nicht, seine einzige Tochter war zu häßlich, um einen Mann zu kriegen, und verheiratet war er zwar mit einer Schwester des Königs von

Bayern, aber der hatte selbst seine Sorgen. So war er geradezu scheußlich allein, denn sein Volk war fern von ihm, sein Volk, das ihn liebte – und das wollte viel heißen, denn seit dem starken August hatte kein Herrscher Sachsens mehr die Liebe der Sachsen gewonnen. Schuld daran waren erstens mal wieder die Pfalzgrafen von Neuburg gewesen, die seit der Düsseldorfer Ohrfeige so katholisch geworden waren, daß sie mit unermüdlicher Wonne Proselyten machten. Einer von ihnen hatte denn auch August den Starken dazu überredet, um der Krone Polens willen zu konvertieren. Das hatte aber zu einer tiefen Kluft zwischen dem Herrscherhaus und seinen stockprotestantischen Untertanen geführt; die hatten so eifersüchtig und intolerant über ihre Rechte gewacht, daß erst der keineswegs glaubensstarke Napoleon den Dresdener Katholiken die Möglichkeit verschafft hatte, Glocken in ihre Kirche zu hängen.

Zweitens hatte den biederen Sachsen das immense Tempo mißfallen, in dem die Nebenlinien des Herrscherhauses ausstarben, so daß ihre Ländchen Zeitz, Merseburg und Weißenfels sehr bald wieder an das Stammhaus zurückfielen. Dabei hatten diese Herren durchaus ihre ehelichen Pflichten erfüllt, es hatte niemals an Kindern gefehlt, und an deren legitimer Herkunft waren niemals Zweifel aufgetaucht – außer einmal beim Herzog von Merseburg. Dieser etwas seltsame Fürst nämlich tat nur eines, aber das mit Leidenschaft: er sammelte Baßgeigen, ausschließlich Baßgeigen. Er strich sie den ganzen Tag, sogar in der Hofkirche, während der Pfarrer predigte; er hatte einen ganzen Saal davon, und auf Reisen mußten ihm alle nachgefahren werden, er konnte sich nicht davon trennen. Zur größten von ihnen mußte man auf einer Treppe hinaufsteigen; ihr Spender hatte den Geheimratstitel dafür bekommen. Eben die Liebe zu den Baßgeigen aber ließ dem Herzog kaum Zeit für die Liebe zu seiner hübschen und galanten Frau, und als die mit einem Knäblein niederkam, glaubte er an seiner Vaterschaft zweifeln zu müssen. Da jedoch überreichte ihm die Herzogin eine ganz winzige, ganz entzückende, ganz niedliche Baßgeige und erklärte ihm, die habe das Kind mit auf die Welt gebracht – worauf der entzückte Papa nicht mehr zweifelte und das Söhnchen seinem Stammbaum, die Baßgeige aber seiner Sammlung einverleibte als deren kleinstes und wertvollstes Stück.

Also wie gesagt, am Zustandekommen der Säuglinge lag es nicht; es lag an ihrer erstaunlich hohen Sterblichkeit. In den Erbbegräbnissen zu Weißenfels, Merseburg und Zeitz wimmelte es von den kleinen Bleisärgen: in Zeitz waren es ein Dutzend, in Merseburg und Weißenfels je anderthalb Dutzend. Und weil auch in den Nebenlinien des französischen Königshauses die Säuglingssterblichkeit ebenso erstaunlich war, neigte das Volk zu der Meinung, daß das Stammhaus an dieser bequemen Art der Erbfolgeregelung nicht ganz unschuldig sei . . .

Indessen zu beweisen war das nicht; wohl aber, drittens, etwas anderes: die von August dem Starken eingeführte und dann fleißig fortgeführte laxe Ehemoral, die den Landesgesetzen widersprach. In Sachsen stand auf Ehebruch die Todesstrafe. Hätte man sie auch an des Landes König vollstreckt, so hätte August der Starke, wenn die Historiker richtig gezählt haben, siebenhundertdreiundfünfzigmal hingerichtet werden müssen. Erst Onkel August, der doch als erster und einziger seiner Frau eisern treu war, schaffte die Todesstrafe für Ehebruch ab – wie er denn, und durchaus mit Grund, der Gerechte genannt wurde. Überhaupt suchte er der Laszivität seines Hauses und Hofes durch Einführung der strengsten Etikette zu begegnen. Ging Onkel August auf Reisen, dann wurde der königlichen Karosse ein Wagen angehängt, in welchem sich der königliche Nachtstuhl befand, denn es war undenkbar, daß eine Majestät die Gelegenheiten bloßer Untertanen benutzte. So wurde er der Erfinder des Anhängers, und der Anhänger hat somit, wie man sieht, eine sowohl königliche wie dunkle Vergangenheit. Für die sechzehn adligen Pagen wurde eine eigene Schule mit zehn Lehrern eingerichtet, deren Unterhaltung pro Jahr genausoviel kostete wie die der ganzen Universität Leipzig, und die Lakaien bei Hofe waren so darauf gedrillt, jeden Höhergestellten im pluralis majestatis anzureden, daß sie Onkel August, wenn sie sich pflichtgemäß nach dem Stand des Hochwassers bei Dresden erkundigt hatten, zu berichten pflegten: »Eurer Majestät Elbe stehen zwölf Meter hoch.« In Sachen der Sittlichkeit war der König so empfindlich, daß er es verbot, die Statuen der griechischen Götter und Göttinnen in den königlichen Sammlungen bei Fackellicht zu zeigen, denn in solcher Beleuchtung, erklärte er, wirkten sie stellenweise so sinnlich. Unter diesen Umständen war es eine ausgesprochene Gemeinheit von Napoleon und von ihm denn auch als Strafe für Onkel Augusts vermeintliche Untreue gedacht, daß er ihn zwang, wiederholt den höchst gewagten Aufführungen seiner »Visitandines« beizuwohnen, eines Fronttheaters von damals, und kräftig zu lachen – der gepeinigte König ließ gleich nach der Aufführung immer noch den Beichtvater kommen, um sich zu entsündigen.

Aber dergleichen war doch nur die Schattenseite seiner wirklichen und ehrlichen Sittenreinheit, Ordnungsliebe und Korrektheit, die das Volk an ihm liebte – und die doch wieder einen tiefen und schmerzlichen Grund hatte in der feindlichen Haltung seiner eigenen Mutter.

Onkel Augusts Großvater nämlich liebte, unter anderen, seine Tochter etwas zu stark: er wurde oft mit ihr »in den gewagtesten Stellungen« überrascht. Das empörte Onkel Augusts Großmutter, und sie beschwerte sich bei ihrem Beichtvater. Der jedoch fand, auf diese Weise bleibe die Sache jedenfalls in der Familie; täte es nicht die immerhin katholische Tochter, so könnte es am Ende eine Protestantin tun, was nicht auszudenken wäre. Die Großmutter aber bestand trotzdem darauf, daß das Kind aus dem Hause müsse. So wurde es denn an den Bayernherzog vermählt, und dessen Schwester mußte dafür den sächsischen Erbprinzen nehmen, Onkel Augusts Vater; seine Mutter wurde also sozusagen durch ein Tauschgeschäft seine Mutter.

Nun war dies Tauschgeschäft für sie nicht günstig, denn mit Onkel Augusts Vater hatte es eine besondere und schlimme Bewandtnis. Das Volk nannte ihn den »Jagdfrevel«, weil es behauptete, seine Mutter habe sich, während sie mit ihm schwanger ging, allzu heftig über ein angeschossenes Reh erschreckt, das die blutenden und gelähmten Beine hinter sich herschleppte; ihr Mann war nämlich seiner Jagdwut wegen berüchtigt und verhaßt. Tatsächlich wurde das Kind mit richtig proportioniertem Oberkörper, aber mit dünnen Rehbeinchen geboren; es konnte nur gehen, wenn es von zwei Männern gestützt wurde, und noch als es dann Kurfürst geworden war und geheiratet hatte, berührten die Knie fast den Bauch. Nach manchem Zeugnis der Zeit war der Vollzug der Ehe denn auch unmöglich; der Hof allerdings beschwor das Gegenteil.

Onkel Augusts äußerst temperamentvolle Mutter, vom Gatten

enttäuscht, versuchte nun, wenigstens ihrem Schwiegervater das zu sein, was ihm bisher die Tochter gewesen war, die er äußerst ungern hatte ziehen lassen; indessen der fand sie nicht gerade reizvoll, was sie auch wirklich nicht war, und so hielt sie sich denn an einem Herrn von Vitzthum schadlos, wie sie wenigstens später selbst behauptete. Sie gebar nämlich mehrere Kinder, konnte aber ihren Erstling nicht leiden, eben Onkel August, weil er als Kind schwächlich und nicht gerade gescheit war, ähnlich ihrem Mann, dem »Jagdfrevel«; sie zog ihm ihren Zweiten vor, der, wenn auch ebenfalls körperlich schwach, so doch geistig sehr rege war; und als dennoch Onkel August nach dem Tode des »Jagdfrevels« den Thron bestiegen hatte, schritt sie zur Tat: sie fand Zeugen dafür, daß Onkel August ein Bastard des Herrn von Vitzthum, ihr Zweiter aber der legitime Thronerbe sei.

Friedrich der Große indessen, der von ihrem Vorhaben Wind bekommen hatte, zog sofort den einzig richtigen psychologischen Schluß: war überhaupt einer ihrer Söhne legitim, so war es Onkel August, denn ihn haßte sie und wollte ihm schaden; der aber, den sie auf den Thron bringen wollte, mußte der Sohn des geliebten Mannes, mithin ein Vitzthum sein. Friedrich ließ also Onkel August in letzter Minute durch eine Stafette warnen. Er teilte ihm mit, daß ein Kurier seiner Mutter am nächsten Morgen zum Reichstag nach Regensburg fahren und dort die Papiere unterbreiten sollte, die ihn den Thron kosten würden. Onkel August griff sofort zu; der Kurier kam noch am gleichen Abend auf die Festung, wo er blieb, bis er nach vierundzwanzig Jahren starb; der schöne Vitzthum floh nach Paris, wurde aber dort in dieser Angelegenheit in ein Duell verwickelt und fiel, und das zartfühlende Mütterlein mußte ins Ausland verschwinden, wo auch sie bald starb – ebenso wie ihr Zweiter. Zurück blieb von ihr in Dresden nur ein anderes Unternehmen, das sie angestiftet hatte und mit dem die geschäftstüchtige Bayerin mehr Glück hatte: das bayerische Bräuhaus... Blutdurst vergeht, Bierdurst besteht. Tröstlich.

Onkel August aber blieb seither dem Preußenkönig in enger und dankbarer Freundschaft verbunden, was verständlich erscheint; denn, so seltsam es klingt, dieser unheimliche alte Fritz hat somit nicht nur Bayern und Württemberg, sondern auch Sachsen gerettet!

Der aber war nun längst auch tot und konnte seinem Schützling in den Preßburger Nöten nicht mehr helfen, und der jetzige Preußenkönig dachte gar nicht daran, im Gegenteil: er wollte ganz Sachsen schlucken und motivierte das moralisch damit, daß Onkel August zu lange an Napoleon festgehalten habe – ausgerechnet der Preußenkönig, den sein Volk zum Kampf gegen Napoleon hatte zwingen müssen! Aber wie das so geht, er war gerade noch rechtzeitig abgesprungen, und somit galten die einen Länder, *damals* Preußen und Österreich, als »befreit«, und das andere Land, *damals* Sachsen, als »besetzt«.

Dabei war Onkel August, eben weil der Wurm der Vergangenheit an seinem biederen Herzen nagte, eben weil seine legitime Abkunft auf so unkorrekte Art angezweifelt worden war, nichts anderes gewesen als überlegitim und überkorrekt. Er hatte sich Napoleon widersetzt wie die anderen; er war von Napoleon geschlagen worden wie die anderen; dennoch hatte ihn Napoleon zum König gemacht wie die anderen; dafür hatte er natürlich versprechen müssen, zu Napoleon zu halten – ebenfalls wie die anderen. Aber er war ein dankbarer und korrekter Mensch und hatte sein Versprechen nicht brechen wollen wie die anderen. Er sah sehr wohl, daß Napoleon nicht Freiheit gebracht hatte, sondern Knechtschaft, und nun in eben den Trümmern versank, die er anderen bereitet hatte, daß die von ihm aufgetürmte Gewaltwelt nun über ihm selbst zusammenbrach – wie es noch jede Gewaltwelt über ihrem Schöpfer tat; aber der Sachse in ihm sagte: Eid bleibt Eid, da helfen geene Billen! Er verhielt sich genauso wie die ebenso biedere, wenn auch ganz und gar nicht aristokratische Sächsin Christiane Vulpius, die Herr von Goethe zum Dank dafür, daß sie ihn vor der Soldateska beschützt hatte, zur Geheimrätin gemacht hatte wie Napoleon den Onkel August zum König; Christiane pflegte zu sagen: »Ich weeß nich, seid daß ich den Geheemen Rahd geheiradet habe, habe ich nischt dadervon gehabd als wie Arweet un geene Stunde Ruhe!«, und sie pflegte gewiß für sich hinzuzufügen: »Aber wo er mich doch nu mal zur Geheemen Rähdin gemachd had, muß ich ooch zu'n halden!« Jedenfalls tat sie so – und Onkel August auch. Und erst als die französischen Stände Napoleon abgesetzt hatten, ganz legitim, erst da setzte er ihn für sich auch ab.

Aber wer glaubte ihm das? Und wenn man's ihm heimlich auch

glaubte: wer würde es zugeben, wer ihn überhaupt anhören? Er regierte eben kein befreites, sondern ein besetztes Land. Und er sagte denn auch nicht nur das. Er hatte auch eine politische Konzeption. Er sagte: »Sähn Se, meine Gudesden, Sachsen, das is Sie nämlich das Land der eurobäischen Midde – un wenn mer de Midde von was gabudd machd, denn machd mer das Ganze gabudd! Das wärdn Se doch nich dun, meine Gudesden!«

Gewiß, er kannte das furchtbare Wort noch nicht: »Politik ist nicht Moral, sondern Kunst. Deshalb gilt in der Politik nicht, wie in der Moral, der gute Wille, sondern das Können.« Aber er war, bei aller Beschränkheit, der anständigste Monarch auf dem ganzen Kongreß – vielleicht der einzige grundanständige Monarch überhaupt.

Dem werden Sie doch nichts tun, meine Gutesten? Sie werden doch der europäischen Mitte nichts tun?

LETZTES KAPITEL ODER DER MUSEALSTIL

Es ist nichts so blöd gesponnen,
Es wird doch von vorn begonnen!

»Verwandtschaft« heißt jiddisch »Mischpoche«, und die klugen Juden haben das noch klügere Wort: »Mischpoche ist gut, aber bös muß man mit ihr sein!« Fragt dann ein des Jiddischen Unkundiger: »Was ist denn Mischpoche, ist das was zum Essen?« dann lautet die Antwort: »Nein, zum Kotzen!« Nun, und die beiden Größten unter den großen Vier, der gute Franz und der gute Alexander, waren den ganzen langen Wiener Kongreß über von nichts umgeben als von Mischpoche – und konnten es sich nicht einmal leisten, bös mit ihr zu sein.

Jeder von beiden war mit einem guten Dutzend deutscher Fürsten verschwägert oder verschwiegervatert, und jeder dieser Schwäger und Schwiegersöhne wollte natürlich nicht nur nichts hergeben, sondern noch was dazubekommen, nach dem Motto: »Wer nichts erheirat' und nichts ererbt, der bleibt ein arms Luder, bis daß er sterbt.« Unter solchen Umständen war an eine

Herstellung der deutschen Einheit, an die Beseitigung auch nur eines der winzigen Staaten nicht zu denken; das hätte die Benachteiligung der Töchter und Schwestern, die Familienkatastrophe, den Familienkrach bedeutet. Und ein gelernter und gebrannter Familienvater scheut dies Feuer. Zar Alexander war offen genug, das dem Reichsfreiherrn vom Stein zu sagen: »Die deutschen Kleinstaaten müssen bleiben, denn wo soll ich sonst die passenden Partien für meine Großfürsten und Großfürstinnen herbekommen? Ich benötige Deutschland als russisches Gestüt!«

Nur eben der arme Onkel August mit seiner einen häßlichen Tochter konnte zu diesem Gestüt weder Hengst noch Stute beitragen und war mit niemandem verbandelt. Das war der englische Regent zwar auch nicht; aber der hatte mit seiner eigenen Ehe genug zu tun und war desinteressiert. Als man ihm später die Nachricht von Wellingtons Sieg bei Waterloo überbrachte, quittierte er nur mit dem Seufzer: »Was Wellington, was Waterloo! Sagt mir lieber, wie ich meine Frau loswerden kann!«

Blieb der vierte im Bunde, der Preußenkönig – als trauernder Witwer ebenfalls ein Außenseiter der Wiener Mischpochologie. Aber selbst er hatte sich im lüsternen Wiener Klima verliebt, und zwar in die bildschöne Gräfin Zichy. Zwar hatte die Arme nichts davon: ihre Tête-à-têtes bestanden darin, daß sie von ihm das preußische Exerzierreglement und die Geheimnisse der preußischen Rangabzeichen erlernen mußte, wofür sie sich mit frommen Liedern revanchierte, die wiederum der König lernte. So sah man das merkwürdige Paar denn ganze Abende lang »im traulichen, aber finsteren Beieinander«. Immerhin hinderte ihn die Liaison, sich ums Politische zu kümmern, das ihn sowieso nicht interessierte; er überließ es seinem Kabinett, und das, wie gesagt, wollte Onkel August ab- und Sachsen besetzen.

Einstweilen hatten es die Russen besetzt, und obwohl man sie ringsum als Barbaren beschimpfte, verstanden sie es auf die Dauer mit den Sachsen und insbesondere mit den schönen Sächsinnen recht gut: die pflückten sie fleißig und ohne große Mühe von den Bäumen, auf denen sie bekanntlich wachsen. Über ihre Männer aber ließen sie dafür einen Orden- und Titelregen niedergehen, und dem Volke öffneten sie den bisher dem Adel vorenthaltenen Brühlschen Garten: ganz Dresden wurde damals russophil. Außerdem blieb es frankophil: Napoleon hatte als erster dafür gesorgt, daß die sächsische Infanterie wenigstens Mäntel bekam, bis dahin hatte sie im Winter gefroren; und Napoleon hatte den Sachsen eine Lehre darüber erteilt, wie sich ein leidlich listiges Volk in Besatzungszeiten zu verhalten hat: »Entweder muß man den Mut haben, auf alle Annehmlichkeiten des Lebens zu verzichten, alles entbehren zu können, was angenehm und bequem ist, das Leben selbst hinzugeben, mit einem Worte seine Meinung mit seinem Blute zu besiegeln. Oder aber man hat diesen Mut nicht: dann tut man besser, sich um nichts zu bekümmern und die Welt ihren Gang gehen zu lassen.« Diese Ansicht ist, meine ich, des Nachdenkens noch immer wert, wenn auch vielleicht nicht der Zustimmung. Die Sachsen aber haben sie beherzigt.

Sicher ist, daß die Preußen, die dann Besatzungsmacht wurden, das Besatzungsgeschäft nicht so gut verstanden wie Franzosen und Russen. Mit preußischer Adelsarroganz bezeichneten sie gleich das ganze sächsische Volk als »eitel, leichtsinnig und *nur* höflich (sic!)«, und selbst der preußische Gesandte mußte nach wenigen Monaten des raffinierten Sich-unbeliebt-Machens feststellen: »Preußisch werden die Sachsen nie werden, das ist ihnen per Idiosynkrasie zuwider – wie manchen Menschen das Rückwärtsfahren.« Auslandspsychologie war nie Preußens starke Seite. Und so hatte es Onkel August nur den Preußen zu verdanken, daß ihn sein Volk mit heißer Liebe zurückzuersehnen begann.

Nun war die Meinung der Völker zwar noch nie ein politischer Faktor; man machte sich nichts daraus, es sei denn, man habe sie selbst zuvor gemacht. Aber ein bißchen umgedeutet paßte die Haltung der Sachsen jedem der Vier in seinen politischen Kram; man formulierte sie als die Forderung nach der sächsischen Einheit. Heute bringt man die Einigung Europas nicht zustande und hat sich infolgedessen darauf geeinigt, daß ihr die deutsche Einheit vorangehen müsse; damals brachte man die deutsche Einheit nicht zustande und einigte sich infolgedessen auf die sächsische. Sachsen muß ganz und ungeteilt bleiben – das erklärten alle zur »unabdingbaren Forderung«; aber Rußland sagte: unter dem Zaren, Preußen sagte: unter unserem König, Österreich sagte: unter dem Kaiser, und nur Onkel August sagte: unter Onkel August.

Unter so betrüblichen Umständen griff der bisher so überanständige sächsische König zu dem bewährten Mittel des württembergischen: er zahlte alles mit gutem sächsischem Gelde, er bestach – ein bißchen Österreich und in größtem Maßstab Frankreich, dies in der Person des Herrn Talleyrand. Und siehe, das Ergebnis entsprach durchaus dem Verhältnis der aufgewandten Geldsummen: Österreich ließ sich nur zum Vermitteln herbei, Frankreich aber zu glühendem Eintreten für Onkel Augusts Rechte – ausgerechnet im Namen der »Legitimität«.

Doch es ist eine alte Erfahrung, daß der Mensch auf seinen größten Fehler am stolzesten ist, auf den größten Fehler seiner inneren Anlage sowohl wie einer äußeren Situation. Onkel August war stolz darauf, daß sein Sachsen das Land der europäischen Mitte war. Er meinte, wie ja auch seine Gegner, als solches müsse es erhalten bleiben. Aber machen wir uns nichts vor: wer unter lauter streitenden und habgierigen Nachbarn in der Mitte lebt, der hat am meisten zu leiden. Mitte sein ist nicht Segen und nicht Grund zum Stolz und kaum Aufgabe, sondern einfach Pech.

Während der Kongreß tanzte, marschierte plötzlich Napoleon; der »Robinson Crusoe«, wie man den Herrn von Elba in Wien nannte, wurde in wenigen Wochen wieder Herr von Frankreich. Es ging, wie es immer geht: kaum war ein gemeinsamer Gegner da, da wurde man sich einig – einig auf Kosten des Friedlichsten. Man brauchte ihn zum Mitkämpfen, aber man brauchte ihn nicht zu groß; Preußen erklärte, durch ein allzu aufgerüstetes Sachsen bedroht zu sein; und um die Einheit Europas zustande zu bringen, wurde Sachsen – geteilt. Sachsen-Polen wurde russisch, Nordsachsen preußisch, der bescheidene Rest onkelaugustisch – und damit eigentlich österreichisch; nicht nur weil Österreich vermittelt hatte und Onkel August ihm dankbar sein mußte, und Dankbarkeit war ja sein Hauptfehler, sondern auch weil für das höfische und liebenswürdige Volk der Sachsen »Preußen immer die Ehefrau, Österreich aber die Mätresse war«.

So geht es immer, wenn vier große Sieger für die Einheit eines kleinen Besiegten sind: es endet mit seiner Teilung. Und trösten mochte den armen Onkel August und mag vielleicht auch unsere Zeit ein ganz, ganz klein wenig das dummschlaue Wort, das der gute Kaiser Franz an ihn richtete: »Nu, nu, was lassen S' denn den Kopf hängen? Schaun S', wann das Land geteilt wird – nachher kommt's am ersten wieder z'samm!«

Sachsen ist indessen nicht wieder zusammengekommen: seine Entmachtung hat Österreich fünfzig Jahre später den Sieg über Preußen gekostet. Und so hat wohl doch der gescheite Gentz recht, der damals feststellte, »daß gerade die sogenannten großen Sachsen zuletzt immer ein lächerliches Ende nehmen«.

Ja, die sogenannten großen Sachsen! Es gab seit der russisch-österreichisch-preußischen Allianz von 1815 keine einzige Siegerkonferenz mehr, die ihre eiskalten Machtbeschlüsse nicht als heißes menschliches Anliegen pathetisiert hätte – oft, und das ist noch schlimmer, im besten Glauben. Man lese nur nach, wozu sich die drei Monarchen damals verbanden: »gemäß der Heiligen Schrift, die allen Menschen befiehlt, sich als Brüder zu lieben, durch die Bande der wahren und unauflöslichen Bruderliebe verbunden zu bleiben; sich stets Beistand und Hilfe zu leisten; die Religion, den Frieden und die Gerechtigkeit aufrechtzuerhalten. Sie betrachten sich nur als Glieder einer und derselben christlichen Nation, von der Vorsehung beauftragt, die Zweige einer Familie zu regieren. Sie fordern alle Mächte auf, die die gleichen Grundsätze anerkennen, zu diesem heiligen Bunde zu treten.« Ja, man lese nach, was da versprochen, und vergleiche, was dann gehalten wurde: das Ergebnis ist, es läßt sich nicht zarter sagen, das große Kotzen. England freilich trat damals nicht bei, das doch einiges von Toleranz, und auch der Papst nicht, der doch einiges von Brüderlichkeit, Vorsehung und Heiligkeit verstand. Und wenn der Geschichtsklatsch zuweilen lügt: so lügen wie der Beschluß dieser und mancher späteren Konferenz kann er gar nicht. Ja, der kleine Klatsch vermag nicht einmal so unwahr zu sein wie die großen Historiker. Denn die großen Historiker legen ihrer Geschichte Ideen zugrunde, und die wechseln, der Klatsch aber den Menschen, und der wechselt nicht.

Daß die Menschlichkeit keine große politische Rolle spielt, wird jeder zugeben; mancher aber wird glauben, daß die kleinen Menschlichkeiten überhaupt keine politischen Rollen mehr spielen. Ich weiß nicht, ob er ganz recht hat: irgendeines Feldherrn abnorme Sexualstruktur spielt zweifellos auch in heutige Kriegsabläufe und irgendeines Staatsmannes schlechter Gesundheitszustand auch in heutige Konferenzabläufe hinein; also auch die

Frauen, die sie pflegten oder nicht pflegten, die Ärzte, die sie behandelten, die Wunderkuren, an die sie glaubten, mithin das »Menschliche«, das man zu Unrecht und mit billiger Arroganz das »Allzumenschliche« nennt. Es »menschelt«, wie es der Schwabe so hübsch nennt, eben auch in der Geschichte, und fünfzig Prozent ihres Ablaufs sind auf dies Menscheln zurückzuführen – mindestens fünfzig Prozent.

Gewiß irrt der Klatsch oft, denn Klatsch ist ja das, was man zur Zeit noch nicht ganz genau weiß. Mindestens ebenso oft irrt aber auch die Geschichte, denn Geschichte ist ja nur das, was man lange nachher ganz genau zu wissen *glaubt*.

Und hier setzt der Aberglaube mancher Historiker ein: der Aberglaube, der annimmt, die Geschichte sei ein Schauspiel, dessen Akteure ihr Rollenbuch bereits vor ihrem ersten Auftreten bis zu Ende kennen und die ihre Rolle im Dienst eines höheren Autors spielen, sei der ein Gott oder nur ein Prinzip. Ach nein, sie kennen die nächste Szene nicht, sie stottern heute und verhaspeln sich morgen und haben übermorgen den Text vergessen und sind überübermorgen glänzend disponiert, sie werden durch familiäre Sorgen gelähmt und durch erotische Erfolge beflügelt, der Kritiker kann ihnen am nächsten Morgen nachweisen, daß sie ausgesprochenen Renaissancestil gespielt hätten, aber sie haben am Abend den Begriff Renaissance noch gar nicht gekannt und also nicht wissen können, was sie ihm schuldig waren oder schuldig blieben. Die da Stil- und Ideengeschichte schrieben, haben, so sagt es Frau von Staël, »die Geschichte anonym gemacht«.

Und darüber, geben wir es zu, ist die Geschichte langweilig geworden. Sie schreckt weniger darum ab, weil zu viele Zahlen, sondern darum, weil zuwenig Menschen in ihr vorkommen – Menschen wie du und ich. Geld, Müßiggang und Macht verdarben, verschlampten und verdummten nicht nur die Adelskaste früherer Jahrhunderte, sie ruinieren Herrn Müller oder Schulze samt Familie noch heute und genauso; es ist unsinnig, jene Adelskaste deshalb für schuldig zu halten: ihre Mitglieder haben seit den Herren Stein und Gneisenau, die sie allerdings erst dazu zwingen mußten, den Bildungsstand bürgerlicher Abiturienten einigermaßen erreicht. Dennoch wird ihnen eben der Bürgerliche das höher anrechnen als sich selbst; als Viktoria von England im vorigen Jahrhundert bei der Weltausstellung ihrem ungezogenen

Söhnchen vor allen Leuten eine klebte, jauchzte alle Welt vor Glück, daß die Königin »genauso war wie unsereiner«, und heute zerfließen höchst vernünftige Leute vor Glück darüber, daß eine Königstochter gern Boogie-Woogie tanzt, auch wie unsereiner. Aber das ist nicht die Schuld der Könige, sondern der Bürger, die immer noch so furchtbar gern Untertanen sind. Und die Mätressenwirtschaft? Seitensprünge sind die Konsequenz der Vernunftehe, auch bei Bürgerlichen. Und die sonstige Mißwirtschaft gekrönter Häupter? Du lieber Himmel, ein treuer Gatte kann ein gehauener Betrüger sein und ein heimlicher Lüstling ein Engel der Wohltätigkeit, und wenn die Familiengeschichte der Sippe Meier so im Lichte der Öffentlichkeit gestanden hätte wie die der Stuarts oder der Hohenzollern, es würde heißen: Meier der Erste war ein Mehrer des Hauses, scheute aber vor gewagten Mitteln nicht zurück, Meier der Zweite hatte ein Verhältnis mit Schulze der Dritten, das nicht ohne Folgen blieb, und Meier der Sechste, genannt der Dicke, soff sich tot, von schlimmeren Dingen zu schweigen; ich will Herrn Meier nicht beleidigen, denn nichst ist beleidigender als die Wahrheit. Nein, der Klatsch setzt zwar auf kein Piedestal, aber er zieht eben deswegen auch von keinem Piedestal herab; er stellt nur gleich.

Aber unterstützt der Klatsch damit nicht die Meinung, aus der Geschichte könne man nur eines lernen, daß man nämlich nichts aus ihr lernen könne, und wie der kleine Moritz sie sich vorstelle, genauso sei sie? Wiederum nein: er negiert ja den Sinn und die Folgerichtigkeit nicht, er hat und anerkennt sogar seine ganz spezifische Art von Folgerichtigkeit und schafft sie da, wo die Geschichte sie nicht geben kann – siehe die Liebe im Hause Österreich, die Ohrfeige im Hause Preußen; er läßt nur auch dem Zufall seinen Platz. Er teilt durchaus Schillers große Meinung, die viele Historiker nicht zu teilen wagen, die Weltgeschichte sei das Weltgericht; aber er weiß und beweist, daß auch dem Weltgericht so mancher Justizirrtum passieren kann. Und wenn er die unzweifelhafte Neigung hat, solche Justizirrtümer dem Weltgericht mit Wonne nachzuweisen: um so besser! Gerade höchste Juristen brauchen breiteste Kritik. Und alles ungeprüfte Pathos landet und strandet in Heuchelei. Der ganz unpathetische Klatsch aber lacht nicht böser als das Pathos und lächelt versöhnlicher, und er entdeckte in der Weltgeschichte jene wirkende Kraft, deren die

Historiker längst vergaßen: die ganz simple Liebe, die über Glück oder Unglück in Herrn Müllers enger Wohnung ebenso bestimmt wie über die gute oder schlechte Politik in den weiten Reichen der Kaiser. Sie gingen mitsammen aus dem Paradies, die Menschen, die Liebe und der Klatsch, sie blieben beisammen bis heute.

Diejenigen freilich, die nur den Beweis anerkennen und nicht den Hinweis, die im Ernst den Scherz nicht vertragen und im Scherz nicht den Ernst – sie werden sagen, dies sei ein leichtsinniges Buch. Sie haben recht, aber, wie ich zu hoffen wage, im alten, zweigeteilten Sinne des Wortes: es ist ein leicht sinniges Buch. Vielleicht weniger – gewiß nicht mehr.

Ich stamme aus jenem winzigen Ländchen Anhalt-Bernburg, dessen letzter Herzog durch das Wort berühmt wurde: »Ich will auch eine Eisenbahn haben, und wenn sie tausend Taler kostet!« Sie kostete mehr als tausend Taler, jedoch sie wurde gebaut. Als sie aber zum ersten Male fahren und Serenissimus als erster Fahrgast einsteigen sollte, packte ihn die Angst. Indessen dann riß er sich zusammen, warf den Kopf zurück und sagte: »Wohlan denn! Im Dienste des Verkehrs wage ich mein Leben!«

Wohlan denn, im Dienste des Klatsches – und so weiter.